Camilla Cederna

# Reise in die Geheimnisse Italiens

## Ein Reisebuch

Aus dem Italienischen von
Martin Schneebeli und
Ulrich Hartmann



Kiepenheuer & Witsch

Titel der Originalausgabe
*Casa nostra. Viaggio nei misteri d'Italia*

Aus dem Italienischen von Martin Schneebeli
und Ulrich Hartmann

Umschlag Hannes Jähn, Köln
Gesamtherstellung May + Co, Darmstadt
ISBN 3 462 01837 X

*Über das Buch*

Es gibt wohl kein vergleichbares Buch über das Reiseland Italien, das dem Leser auf so spannende und unterhaltsame Weise Einblick »hinter die Kulissen« eines Landes eröffnet, das trotz der jährlichen Touristenströme auch immer noch ein unbekanntes Land ist.

Wer von Italien mehr kennenlernen möchte als die üblichen Baudenkmäler, Museen und Urlaubsorte, sollte auf diese Lese-Reise von Norditalien bis Sizilien nicht verzichten.

Camilla Cederna, eine der herausragenden Journalistinnen Italiens und intime Kennerin der sozialen und politischen Intrigen ihres Landes (sie brachte z. B. 1978 durch ihre Recherchen den damaligen Staatspräsidenten Giovanni Leone zu Fall), stellt sich mit ihrer »Reise in die Geheimnisse Italiens« zum ersten Mal dem deutschsprachigen Publikum vor.

*Die Autorin*

Camilla Cederna war bis 1980 Redakteurin und Sonderbeauftragte des politischen Wochenmagazins »L'Espresso« (Rom). Seit 1980 arbeitet sie für »Panorama« (Mailand). Sie hat zahlreiche Bücher veröffentlicht: *Noi siamo le signore* (1958), *La voce dei padroni* (1962), *Fellini 8 1/2* (1963), *Signore e signori* (1966), *Le pervestite* (1968), *Maria Callas* (1968), *Penelli. Una finestra solla strage* (1971), *Sparare a vista. Come la polizia del regime DC mantiene L'ordine pubblico* (1975), *Il lato debole* (1977), *Milano in guerra* (1979), *Nostra Italia del miracolo* (1980), *Il mondo di Camila* (1980).

# OKKULTISMUS IN TURIN

*Zeit:* Mitte Februar 1982.

*Ort:* Eine hübsche Villa auf einem Hügel, von dem aus Turin nicht zu sehen ist, umgeben von Wald, auf der sonnigen Terrasse Sträucher, die immer noch grün sind.

*Personen:* Der Hausherr, sehr reich, ironisch, von ausgesuchter Höflichkeit; ein etwas zynischer Intellektueller; eine sympathische, schweigsame junge Frau.

*Was ich erfahren möchte:* Ist es wahr, daß Turin eine magische Stadt ist, daß es noch zahlreiche Satanssekten gibt?

Allen gemeinsam, so könnte man sagen, ist die Abneigung, meine Neugier zu befriedigen. In solchen Fällen halte ich mich zurück und bohre nie nach. Man macht Konversation, spricht über den Nebel, der die Stadt unten einhüllt, das hervorragende Essen, den neuen Rolls-Royce mit Telefon und allen Schikanen, der unwiederbringlich im Po verschwunden ist, schließlich über die Tochter einer bedeutenden Persönlichkeit des Arbeitgeberverbandes, die mit sechzehn von dem — höchstens achzehnjährigen — Sohn eines nicht minder bedeutenden Industriellen ein Kind erwartet: Abtreibung kommt nicht in Frage, aber Heirat genausowenig. Und dann, beim Kaffee auf der Terrasse, schiebt sich der Intellektuelle, ein smarter Schriftsteller, eine Gianduia-Praline in den Mund und beginnt von sich aus, auf meine Frage zu antworten.

(Später erfahre ich, daß der inzwischen Gesprächsbereite besonders geeignet ist, mir die gewünschten Informationen zu liefern. In seinem Geburtshaus in der Provinz Turin verbrannte man im siebzehnten Jahrhundert eine Arbeiterin als Hexe; ebenfalls im 17. Jahrhundert gab es unter seinen — alle in großen Portraits verewigten — Verwandten einen Kardinal, dem nur wenige Stimmen zum Papst gefehlt hatten und der nicht nur als Philosoph und Dichter galt, sondern auch im Geruch eines Häretikers und Mediums stand. Geht man weiter in der Verwandtschaft, findet sich ein Ballonflieger und enger Freund von Jules Verne, der mit seiner Mongolfière am Monte Rosa abstürzte. Er selbst machte schon in seiner Kindheit die ersten eigenen Erfahrungen als Medium; sein literarisches Werk kann man als mystisch-metaphysich bezeichnen.)

Turin — eine magische Stadt? Zweifellos. Man braucht nur in den Gelben Seiten nachzuschlagen, um festzustellen, daß hier die Magier und Wahrsager ungleich zahlreicher sind als in jeder anderen Stadt Italiens; und auf einen kleinen Wink des Hausherrn an den dreisprachigen Diener materialisiert sich (so darf man es wohl bezeichnen, dermaßen schnell geschieht es) auf dem Tisch das große zitronengelbe Buch. Spaltenweise Magier, Okkultisten, Astrologen, Kartenleger, Kaffeesatzleser, Numerologen, Medien, Hellseher, Parapsychologen, Traumdeuter, Götterbeschwörer, Hypnotiseure und Berater in Liebes-, Gesundheits- und Geschäftsfragen — und das sind nur diejenigen, die für sich werben — unzählige weitere erscheinen nicht im Branchenverzeichnis. «Wenn Sie zum Einkaufen zur Porta Palazzo gehen, legen ihnen dort die Frauen unter den Sonnenschirmen für fünf-, sechshundert Lire die Karten. Kurz gesagt: In Turin machen die Händler des Übernatürlichen mehr Umsatz als der Fiat-Konzern, das wird Ihnen jedermann bestätigen.»

Unter dem zustimmenden Lächeln des Hausherrn, der für den Reiz des Paradoxen sehr empfänglich ist, meint mein Gesprächspartner, Turin sei sicherlich eine magische Stadt, andere Merkmale hält er jedoch für entscheidender: puritanisch-verschämt an der Oberfläche, freizügig-schamlos darunter sei die Stadt; die Piemontesen hätten eine perverse Sexualität, was möglicherweise mit ihrem Ursprung als Bergvolk zusammenhänge; seit jeher habe Turin eine gewisse Servilität an den Tag gelegt, einst gegenüber dem König, heute gegenüber Fiat. Der Gemeinplatz, daß Turin «falsch und höflich» — eben wie der Hof — sei, treffe zu.

Vom Flugzeug aus könne man sehen — fährt der Schriftsteller fort —, daß Turin an vier Flüssen (Stura, Dora, Po, Sangone) liege. Von oben betrachtet ergäben sie das Zeichen des Tao, was auf den chinesischen Initiationsweg des Lao-Tse verweise. Außerdem sei Orten auf dem dreiundvierzigsten Breitengrad, wie oben Turin, ein besonderes Schicksal bestimmt; Turin zum Beispiel sei die Hauptstadt des einzigen großen, autonomen Staates gewesen, der die Einigung Italiens betrieben habe.

All dies wird auf eine Art vorgetragen, bei der gleichzeitig Bewunderung und vage Irritation mitschwingen; apokalyptische Töne schlägt der Schriftsteller nicht an; oft wirkt er amüsiert, man spürt, daß er das Erzählen genießt und sich einen Spaß daraus macht, unterschiedliche Dinge zu vermischen. Da die Magie in Turin eine ernsthafte Angelegenheit sei — fährt der Erzähler fort —, halte man die Riten verborgen. Die Geheim- und zweifellos auch die Satanssekten seien zahlreich. Der Magie verschrieben habe sich die Anfang dieses Jahrhunderts von dem Armenier Gurdjeff gegründete Gemeinschaft, bei deren Ritualen die Anwesenden schweigend im Kreis säßen, bis ein spontanes Wort als Auslöser einer Vision den Bann breche. Von Bedeutung sei auch die theosophische Gesellschaft der Gruppe von Ur (auch eine magische Stadt), die auf die Chaldäer zurückgehe; sie halte spiritistische Sitzungen ab, bei denen altägyptische und chaldäische

Geister beschworen würden. Therapeutische Ziele verfolge die Chromotherapie-Gruppe, die Kranke durch Umwickeln mit bunten Bändern zu heilen versuche.

Als fast sicher bezeichnet es mein Gesprächspartner, daß die erste Freimaurer-Loge in Turin entstanden sei. Und ob die «Carboneria», die ihren Schwerpunkt in Turin hatte, etwa keine Geheimgesellschaft gewesen sei? Die Mitglieder der heute von einem Oberst geleiteten «Associazione Pietro Micca» pflegen — so erfahre ich — jenes Netz von unterirdischen Gängen abzulaufen, das damals aus strategischen Gründen und zu Verteidigungszwecken unter der Stadt angelegt wurde; der Legende nach spiele sich alles, was den Geruch des Satanischen habe, dort unten ab, in Wirklichkeit aber würden solche Dinge in modernen Häusern und eigens dafür bestimmten Tempeln betrieben. Auch die Katholische Kirche habe in Turin ihre Eigenheiten, man denke nur an so einzigartige Erscheinungen wir Don Bosco, San Giuseppe Cottolengo und San Giuseppe Cafasso (unter anderem Beichtvater der zum Tode Verurteilten). Eine Nebenbemerkung gilt dem Altägyptischen Museum von Turin, das nach dem von Kairo das schönste der Welt sei und alle Bombenangriffe überstanden habe, weil es von außerirdischen Kräften beschützt werde.

Pause für einen weiteren Kaffee und eine weitere Praline, die den Erzähler anscheinend inspiriert, seine vermischten Mitteilungen fortzusetzen. Die erste Gemeinschaft der Templer sei diejenige von Moncalieri (im Süden von Turin) gewesen; ihre ackteckige Kirche stehe noch. Überreste des Druidenkults, wie gravierte Dolmen, finde man im Val di Susa und auf dem Musiné. Dieser hoffnungslos kahle Berg, der eher in eine afrikanische Landschaft passe, diene dem Gerücht nach als Hangar für fliegende Untertassen.

Tatsache ist hingegen, daß Turin außergewöhnliche Persönlichkeiten beherbergte. Die Tochter des Negus starb hier, ihr Grab befindet sich auf dem städtischen Friedhof. Ebenfalls in Turin begraben ist die Urgroßmutter des gegenwärtigen Aga Kahn, eine Ballettänzerin. Nietzsche wohnte in einer

Pension in der Via Carlo Alberto, hier verfiel er dem Irrsinn und umarmte ein Pferd in der Via Cesare Battisti; Cagliostro lebte einige Zeit in Turin, ebenso Nostradamus, der 1556 dorthin kam und in Verbindung mit Emanuel Philibert von Savoyen stand, der bekanntlich okkulten Dingen sehr zugeneigt war. Ebenfalls in Turin entblößte Rousseau, aus einem erotisch-exhibitionistischen Drang heraus, seinen Allerwertesten, und zwar unter den Lauben der Via Po. In Turin entstand die metaphysische Schule in der Malerei; die ersten Bilder dieser Art von De Chirico zeigen denn auch Plätze in Turin. «Genügt Ihnen das?» fragt mich mein wertvoller Informant, fährt fort zu plaudern und zitiert als Zugabe — ein wenig, weil er sich über mich lustig machen möchte, ein wenig, weil ihn das Seltsame der Mitteilung, die in keinerlei Zusammenhang mit dem Okkultismus steht, selbst belustigt — die Inschrift auf der kleinen gewölbten Gedenktafel in der Passage Umberto I, die an die erste Kartoffel in Turin erinnert.

«Vergessen Sie auch nicht», setzt er dann in ernsterem Ton hinzu, «daß es in Turin Gustavo Rol gibt.» Rol, von Beruf Antiquar, soll über paranormale Fähigkeiten verfügen; man sagt, er sei in der Lage, aus dem Nichts berühmte Partituren und Bilder zu materialisieren, in geschlossenen Büchern zu lesen, zu erraten, wer nach ihm verlangt und ihn aufsuchen wird, und vor allem, die Erscheinungsform eines Gegenstandes zu verändern. (Ich habe früher schon beschrieben, wie Fellini, nach einem mehrtätigen Besuch bei ihm, überwältigt zu mir kam und mir von den «Wundern» erzählte, die Rol vor seinen Augen vollbracht habe. Zwei Stunden hatte er schon gesprochen, als er unvermittelt, wie vom Blitz getroffen, seine Erzählung abbrach. «Erzähl weiter!» sagte ich, fasziniert und zugleich neugierig, zu ihm. Darauf er: «Nein, denn gerade in diesem Augenblick hat mir Rol geraten, der Cederna nichts mehr zu erzählen, es sei eine, die alles veröffentliche.»)

Den ersten Dämonologen und passionierten Erforscher des Okkulten treffe ich in Giaveno, gut vierzig Kilometer von Turin entfernt. Der Weg dorthin führt durch Avigliana mit seinen zwei Seen, in deren Nähe, wie gemunkelt wird, sich der Eingang zur Hölle befindet.

Der 45-jährige Alessandri ist ein äußerst produktiver Maler: sein bisheriges Werk umfaßt mehr als zehntausend phantastische und weitere achttausend realistische Bilder; Teile seines Werks waren bei mehreren Dutzend Ausstellungen in Europa sowie in Nord- und Südamerika zu sehen. Motive seiner phantastischen Malerei sind Dämonen, Heilige, Verrückte, Monster; viele schöne Mädchen tauchen auf, oft als Werkzeuge des Dämonischen dargestellt, manchmal bedeckt mit Schmeißfliegen oder umschlungen von diamantengekrönten Schlangen.

Alessandri ist von kräftiger Statur und hat einen leicht angegrauten Stutzbart; über den haselnußbraunen Augen hängt ihm eine Strähne in die Stirn; er lächelt sanft. «Ich mag alles Irrationale, Emotionale, alles, was außerhalb des Normalen liegt, die Verrückten, die Nonnen in der Klausur, die Prostituierten, aber gewiß nicht die Bankmenschen.» Gegenüber dem Schreibtisch hängt ein Skelett, das ihn fixiert; es stammt von einem Indianer, und zwar von einem jungen, denn es fehlen ihm die Weisheitszähne. «Nein, nein, im Koffer mitgebracht habe ich das nicht», antwortet er nachsichtig auf meine Frage, die er für ein wenig idiotisch halten muß. «Nein, es gibt eine Importfirma dafür.» An einer Kette um den Hals trägt er das tibetische Dorje-Amulett; «dorje» bedeutet Diamantenblitz und ist Symbol für das Nirwana, das heißt, für höchste Ausgeglichenheit und Reinheit.

Alessandri stammt aus einer gläubigen Familie; als Elfjähriger war er fasziniert, als er in San Giovanni Rotondo (damals noch ein trostloser Vorort) Pater Pio erlebte. Sein Vater und ein Onkel, beide sehr fromme Männer, hatten ihn dorthin mitgenommen. «Seine 'christliche Wildheit' machte Pater Pio zu einer eigenartigen Erscheinung; beim Lesen der Messe war er schweißgebadet, er verklärte sich, aus seinen Händen strömte Blut, und die Thermometer, die ihm einige deutsche

Wissenschaftler in die Achselhöhlen gesteckt hatten, zerbarsten.»

Unglaublich, was für eine magnetische Kraft von ihm ausgegangen sei. Unglaublich auch, was sich 1943 ereignete, als die Familie Alessandri — evakuiert in die nordöstlich von Turin liegende, Canavese genannte Gegend — ein Zimmer, in dem alle Möbel aus Turin aufgestapelt waren, betrat, um nach einer Pistole zu suchen, die man draußen vergraben wollte. Der Vater öffente eine Schublade — und heraus springen drei Mäuse (Symbol des Bösen, des Dämonischen, des Schmutzes). Es stinkt nach Moder, Kot und Urin. Auch das Paket, von dem man annahm, es enthalte die Pistole, wird gefunden, schmutzig und übelriechend, doch sofort verbreitet sich ein intensiver Veilchenduft im Zimmer. In dem Paket befindet sich ein Paar Pantoffeln von Pater Pio aus braunem Samt und Gummi, die ein Mönch aus der Verwandtschaft der Familie Alessandri geschenkt hatte.

Mit den Jahren jedoch vergißt Alessandri dieses Ereignis, das heute, wenn er daran zurückdenkt, bei ihm alle Zweifel an der Existenz Gottes beseitigt. Er macht die folgenschwere Bekanntschaft eines staatenlosen Rumänen namens Wulvur, den er als Journalisten, Übersetzer, Dolmetscher, Elektroinstallateur, Antiquar, Krankenpfleger, Philanthropen, und Vermittler von Modellen erlebt. «Er war das Gegenteil des Schutzengels, mein dämonisches alter ego», erklärt Alessandri, «und seine Machenschaften hatten den einzigen Zweck, mich zum Bösen zu verführen. Als ich ihm eines Tages vorwarf, er verhalte sich mir gegenüber geradezu teuflisch, gab er das zu meiner Überraschung unumwunden zu und erklärte mir, daß ich mit diabolischen Mitteln alles erreichen könne, was ich wolle. Wenn ich herausragen, paranormale Kräfte besitzen, außergewöhnliche Freuden genießen wolle, müsse ich in seine Satansgemeinde eintreten und alles so machen wie er.»

Damals begann die dunkelste Phase seines Lebens, auch wenn er, auf solche Weise in Versuchung geführt und dann befriedigt, sich dessen gar nicht bewußt war. Wulvur führte ihn in die Lehre der Schwarzen Kirche ein, und er unterwarf sich nach und nach allen Ritualen, die ihm auferlegt wurden. «Um in die Sekte aufgenommen zu werden, mußte ich vor allen Anwensenden den fünf Bindungen abschwören, mich den fünf Tonsuren unterziehen, mich feierlich zu den fünf versöhnenden Entsagungen bekennen, die fünf Opferriten vollziehen und schließlich die fünf Gelübde ablegen.» (Von einer seltsamen Alarmstimmung erfaßt, stellte ich keine Fragen zu den Tonsuren und dem Übrigen. Daß es sich um blasphemische Zeremonien handelte, soviel hatte ich begriffen. Alessandri sprach dann mit einer solchen Hast weiter, daß es mir nicht gelang, alles festzuhalten, nur hin und wieder drangen Wortfetzen wie «Blut» und «Federn von schwarzen Hühnern» an mein Ohr.)

«Als schließlich alle Voraussetzungen erfüllt waren, warteten wir das Datum ab, das für die offizielle Aufnahme in die Schwarze Kirche fest vorgeschrieben ist, nämlich ausschließlich die Nacht auf den dreiundzwanzigsten September (das Herbst-Äquinoktikum).»

Seine Satanstaufe, mit Wulvur als Taufpaten, fand in einer den «fünf abscheulichen Geheimnissen» geweihten Kirche im Val di Susa statt, und Alessandri erklärt mir die damalige Messe mit einer Unbefangenheit, als beschriebe er ein Ballett. Ein kleiner Raum, die zehn anwesenden Personen nackt, die Kerzen schwarz und einen stinkenden Rauch verbreitend, da das Wachs menschliches Haar enthält, schwarz auch die Hostie (gelegentlich wird aus Blasphemie ein Stück Rübe verwendet). Die Teilnehmer entleeren sich in den Kelch, der auf die Scham eines nackten, auf dem Altar liegenden Mädchens gestellt wird. Die Teufelsanbeter führen auf sieben widernatürliche Arten den Geschlechtsakt aus.

Es blieb nicht die einzige Schwarze Messe, an der Alessandri teilnahm. Während der anderen Zeremonien, die in regelmäßigen Abständen stattfanden, lernte er, in die Träume von Frauen, die er begehrte, einzudringen und sie sich gefügig zu machen, erfuhr er von den verschiedenen Verfahren, Talismane und Amulette mit Wirkungskraft zu laden und materielle Vorteile zu Lasten anderer zu erringen, und wurde schließlich in die Kunst eingeweiht, Geister erscheinen zu lassen und sich ihrer zu bedienen. «Und hatten sie Erfolg?» — «Aber gewiß», kommt es bestätigend aus dem Bart.

Als Mitglied der Satanskirche besuchte er die Tempel der Teufelsanbeter von Paris, Kopenhagen und Warschau (wo für ihn «die Glückskröte» geschmolzen wurde) und nahm in Wien an weiteren Schwarzen Messen teil. Eines Tages wurde ihm ein schwarzer Hund mit spitzer Schnauze gebracht, ein schüchterner, lieber kleiner Bastard rumänischer Herkunft namens Virus. Es war ein telepathischer Hund, mit dessen Hilfe er nach Aussage Wulvurs auf den Geist jedes Menschen hätte Einfluß nehmen können, ohne selbst auch nur im geringsten in Erscheinung zu treten. Zuerst begnügte er sich damit, sich seiner beim Kartenspiel zu bedienen, aber Alessandri mußte bald feststellen, daß der Hund einen bösartigen Charakter hatte: er raubte ihm den Schlaf mit Alpträumen, erfüllte ihn mit verrückten Begierden und einem unwiderstehlichen Bedürfnis, ihnen nachzugeben. Sein Wille wurde von Virus beinahe vollständig gebrochen, doch es blieb ihm noch genug Mut, den Hund an seinen Herkunftsort zurückzubringen, und diese Reise war eine der traumatischsten.

Nach Hause zurückgekehrt, machte er sich daran, das Gesehene zu zeichnen (in einem anderen Zimmer befindet sich ein Gemälde, das eine der Schwarzen Messen in all ihrer Zügellosigkeit zeigt) und die hübschen jungen Frauen, die man ihm zugeführt hatte, auf seinen Bildern festzuhalten. In diesen Monaten der Arbeit verlor er dann alle Machtgelüste und sagte sich vom Satanskult los, in der Überzeugung, daß ein Mensch, der Teufelswerk treibt, selbst zum Teufel wird. Noch im Zustand moralischer Haltlosigkeit machte er sich auf nach Osten, um «die Wahrheit oder die Illusion der Wahrheit zu suchen» und in der Hoffnung, «die Schlange», die er in sich trug, «ausspucken zu können».

Sicher ist ihm das gelungen, denn die zahlreichen Telefonanrufe, die er während unseres Gesprächs erhält, beweisen, daß Wulvur und Virus der Vergangenheit angehören und daß Alessandri sich zum Wohltäter gewandelt hat. «Bleib ruhig, ich bin da zu deinem Schutz», «Ich handle nur zu deinem Besten», sagt er zu den Frauen, die von ihm Hilfe erbitten, sich von Stimmen verfolgt, paralysiert oder richtiggehend besessen fühlen.

«Animus», sagt er mit einem Mal zu mir und führt mich in ein anderes sehr großes Zimmer, sein Privatmuseum. Seit zwanzig Jahren sammelt er Gegenstände aus Tibet, und der Glasschrank, in dem sie verwahrt sind, ist brechend voll: Buddhastatuen, Mönche, Lamas und furchterregende Gottheiten mit vierunddreißig Armen und neun Köpfen. Die zierlichste Figur ist winzig klein und stellt die tantrische Umarmung dar, die zum Nirwana führt. Alessandri hat leicht reden, daß hier der Mann die Methode und die Frau die Lehre bedeute. Es wird wohl so sein, aber es will einem nichts derartiges einfallen, wenn man betrachtet, wie der Mann die zierliche Frau umarmt, wie er sie hält und an sich drückt, während ihre schmächtigen Arme und Beine ihn zärtlich umfangen: sie wird besessen.

«Nein, bitte spielen Sie sie nicht!» sage ich leise zu ihm, und ich meine die Teufelstrompete aus Menschenknochen, ausgeschlagen mit menschlicher Haut und überzogen mit dem Fell von einem Yak, einem Tier, das ein Sinnbild des Dämonischen sein kann. «Und bitte blasen Sie auch nicht die gute Trompete aus dem Oberschenkelknochen einer Jungfrau.» Ich habe auch keine Lust, die Rosenkränze aus 108 kleinen Totenschädeln oder aus Scheiben von menschlichen Knochen anzufassen, schon gar nicht die blankgeschliffenen Gefäße, die scheinbar aus Elfenbein, tatsächlich aber aus den Schädeldecken von Männern und Frauen gemacht sind und die in Tibet bei Menschenopfern mit Blut gefüllt werden.

Da ist auch die Kröte, welche die polnischen Satansanhänger vor seinen Augen geschmolzen hatten. Sie hatten eine schöne große genommen und ihr, gutherzig, wie sie waren, ein Anästhetikum gespritzt; nachdem sie eingeschlafen war, wurde sie mit Ton bedeckt und mit flüssigem Blei übergossen. Mit dem Hammerschlag und den hervortretenden Augen wirkt das Tier, als sei es wieder lebendig geworden; erscheint in vielen der besseren Arbeiten Alessandris.

Die grinsenden Teufelsmasken aus Nepal, Japan und Indien sind nicht zu zählen. Mein Blick fällt auf einen Kriegsfetisch aus Thailand, der — in beinahe natürlicher Größe und bedeckt mit einem Leintuch — auf einer Kiste liegt. Das Holz ist mit Spritzern von Menschenblut übersät; die spärlichen Haare stammen von Affen. Schließlich sehe ich, vor Schreck wie gelähmt (und der Kuli gibt plötzlich den Geist auf), wie der Herr des Hauses aus einem schwarzen Tuch die «Hand des Ruhms» auspackt, die mumifizierte Hand einer englischen Lady, die wegen ihrer Teufelspraktiken gehängt wurde. Ein Satansjünger hatte sie in der Nacht darauf abgetrennt und einbalsamiert, und hier liegt sie nun vor mir, schön, trotz der Farb- und Wachsflecken, die sie bei blasphemischen Messen davongetragen hat. Alessandris Geschichten sind schwer verdaulich: er bekam die Hand vom Aufseher einer Turiner Teufelssekte, der sich heute in der Nervenheilanstalt befindet. Er behielt sie als Kuriosum, bediente sich ihrer auch bei Diebstählen und zur Eroberung widerspenstiger Frauen.

Daß die physikalische Lage Turins für das Freiwerden von Energien verantwortlich sei, die bisher von den anerkannten Wissenschaften noch nicht erklärt werden könnten, ist auch die Auffassung einer anderen Autorität auf dem Gebiet des Okkulten: Paolo Oddenino Paris — von seinem Gesicht bekomme ich wegen des braunen Barts, der Brille und seinen sensitiven Händen nur einen unvollkommenen Eindruck — weist mich außerdem darauf hin, daß Turin die einzige Stadt in Italien ist, in der sich eine Initiations-Schule behauptet hat. Er selbst ist Psychotherapeut und lehrt an einem eigenen Institut verschiedene Techniken zur Entwicklung geistiger Fähigkeiten, etwa des Willens, der Aufmerksamkeit, des Gedächtnisses, der Intuition, des Wahrnehmungsvermögens. Auch für ihn besteht kein Zweifel, daß jeder von uns den Teufel in sich hat. Die echten Satanisten — so höre ich — arbeiteten absolut im Verborgenen und versuchten ihre Ziele durch Rituale zu erreichen, mittels derer sich mehr oder minder verderbliche Kräfte erwecken ließen. Einige von ihnen, so berichtet Oddenino Paris, hätten ihn aufgefordert, sich ihnen anzuschließen, und ihm dafür finanzielle Vorteile und gesellschaftlichen Erfolg versprochen, auch (ähnlich wie die Freimaurer) Förderung des neugewonnenen Adepten auf seinen speziellen Interessensgebieten. Seiner Meinung nach seien dies jedoch trügerische Lösungen, und führe diese Art von Bindung zur Verstärkung paranoider Tendenzen des Individuums.

Oddenino Paris verfügt über paranormale Kräfte und eine beachtliche psychokinetische Begabung (Fähigkeit des Geistes, auf die Materie einzuwirken). Er vermag mittels Gedankenkonzentration Gegenstände durch einen Tisch oder eine Wand hindurchgehen, Personen schweben und Dinge von weit entfernten Orten herkommen zu lassen. Gelegentlich versammeln sich bei ihm einige Freunde, und sie beginnen eine Unterhaltung, zum Beispiel über einen Ausflug. «In den Bergen», sagt der erste, «lag Schnee», ergänzt der zweite, «wir kamen in einen Pinienwald», fährt ein Dritter fort, «und pflückten einen schönen Pinienzapfen», schließt der letzte. Dreißig Sekunden später materialisiert sich auf dem Tisch ein leicht feuchter Pinienzapfen.

Der letzte Apport war ein noch mit Sand bedecktes Seepferdchen, das eine Frau in ihrer Erzählung von einem Strandspaziergang erwähnt hatte. Solche Apporte, wie etwa auch der von einigen Tropfen Tinte aus der versiegelten Flasche in einer von den Anwesenden ebenfalls hermetisch verschlossenen Wasserflasche, erklärt der «Magier» als ein Verlassen der Dimension, in der wir leben, und einen Übergang in eine andere, die weder Raum- noch Materiebegriff kennt und in der auch die Zeitdimension beinahe aufgehoben ist.

Oddenino Paris spricht von verschiedenen Wirklichkeiten: «Ich gehe und hole mir, was mir dient.»

Als er von der Tatsache und dem Grund meines Aufenthalts in Turin erfährt, meldet sich Gianenigi Marianini, ein weiterer Okkultismusexperte (der sich gleichzeitig als guter Katholik begreift), um mir mitzuteilen, daß er anstelle des ursprünglich vorgesehenen Redners im «Club dei Ciclopi» zu meinen Ehren sprechen werde, und zwar über nichts geringeres als den Teufel.

Der Saal ist brechend voll von beinahe ausnahmslos voluminösen Frauen, die fast alle einen Turban tragen. In meiner Nähe sitzt ein noch junger Mann, der sich bemüßigt fühlt, mir mitzuteilen, daß er vor kurzem zum Katholizismus konvertierte; zur Lektüre empfiehlt er mir ein kleines Buch mit dem Titel «Augen auf vor den Schlichen des Satans». Dann, bevor der Vortrag beginnt, sagt er: «Gott behüte Sie!» und verspricht, daß er am Abend mit seiner Frau für mich beten werde. Ein etwas ungewöhnlicher Anfang, besonders für einen Vortrag über den Teufel. Ich bedanke mich beinahe gerührt.

Es spricht der «Dritte Offizier der Barmherzigkeit und des Todes» Marianini (Haare und Spitzbärtchen graumeliert, der Anzug ebenfalls). Er redet ohne zu stocken, man merkt, daß er vom Teufel etwas versteht, manchmal ist er sogar witzig. Auch der Papst Paul VI. habe gesagt: der Teufel existiere — und wie! Der Teufel sei eine «Person», nicht im physischen, sondern im individuellen Sinn, selbständig, klar definiert. Er habe Kenntnis von vielen Dingen, auch von unseren geheimen Gedanken, er hasse Gott, der die Ursache seines Niedergangs sei, und er hasse den Menschen, weil dessen Erschaffung auf den Abfall der abtrünnigen Engel zurückgehe. Auf die Frage, wie viele Teufel es gebe, antwortet der Redner: unzählige. Bei einem Exorzisten habe eine Stimme aus dem Besessenen gesagt: «Wir sind Legionen». Man könne ihre Zahl auf mehr als sechstausend veranschlagen; aus dem 17. Jahrhundert sei der Fall eines Kapuzinermönchs bekannt, in dem

6600 wohnten, ein etwas weniger bösartiger namens Silviano miteingeschlossen.

Erst in unserem Jahrhundert, fährt Marianini fort (inzwischen hängen die Zuhörer buchstäblich an seinem Bart, die Stühle knarren, die Turbane schwanken), sei eine hierarchisch gegliederte Satanskirche mit verschiedenen Gemeinden entstanden, wodurch die Teufelsanbeter Gelegenheit hätten, alltäglich ihre — übrigens gutbesuchten — Rituale zu zelebrieren. Nach herkömmlicher Auffassung stehe die schwarze Messe in Verbindung zur Orgie (und vielleicht habe dies für die letzten Jahre auch zugetroffen, aber das sei so nicht ganz richtig, weil dadurch das Blasphemische der Zeremonie durch Genußsucht und zügellose Ausschweifung in den Hintergrund gedrängt werden könnte. Überzeugender sei der reine Satanismus, Ausdruck der Gottesverachtung. Die Zuhörer erfahren weiter, daß diese Konfession eine solche Verbreitung gefunden habe, daß sie in Amerika sogar vom Staat finanziell unterstützt werde (wie alle anderen Konfessionen, die eine bestimmte Zahl von Gläubigen aufweisen), daß der Papst der Satanskirche — ihr letztes Oberhaupt war Alexis Crowley — seinen Sitz in London habe, der schwarze Stuhl gegenwärtig vakant sei und ein Turiner gute Chancen habe, beim nächsten Kapitel (oder Konklave) gewählt zu werden (der Saal erschauert).

Nach London, wo es sechzigtausend Teufelsanbeter gebe, folge Turin mit vierzigtausend (einige melden Zweifel an und sagen dreißigtausend), während es in Chicago zwanzigtausend seien. Der Vortrag wird kurz unterbrochen, um bekanntzugeben, daß am Ausgang Karten für einen Ball zugunsten ausgesetzter Hunde (keine telepathischen, versteht sich) verkauft würden, dann mit einer Erörterung jener 18 mysteriösen, gewiß satanischen Verbrechen, die sich im Hügelland in der Umgebung ereignet haben, fortgesetzt. Achtzehn hübsche junge Mädchen wurden tot aufgefunden, der Schmuck unberührt, das Geld noch in der Handtasche.

Will man der Meinung der Katholiken Glauben schenken,

dann gibt es schon Gründe, warum in Turin der Kampf des Bösen gegen das Gute so heftig tobt. Zu den wichtigsten Ursachen dafür gehören angeblich die berühmten Reliquien, die sich hier befinden, darunter als bedeutendste das heilige Grabtuch, ferner ein Stück des Kreuzes, das in der Santa Maria Ausiliatrice (wo vor vielen Tausend Jahren ein der Isis geweihter Tempel stand) verwahrt wird. Bedeutung haben in diesem Zusammenhang auch die Chiesa della Gran Madre, eine der wenigen religiösen Stätten der Welt mit Aszendenz zu anderen Konfessionen (das heißt zum klassischen Heidentum), und die Consolata-Kirche, früher ein internationales Zentrum für Exorzismus.

Damit er einige meiner Fragen über sich ergehen lassen kann, überläßt Mariniani das Wort einem anderen Kenner der Materie (ein Herr, dessen gepflegter Bart ungefähr bis zur Taille reicht). Gibt es den Werwolf von Rivoli wirklich? — Selbstverständlich, es ist ein Arzt, der in Vollmondnächten die Tür seiner luxuriösen Villa einschlägt, sich heulend auf allen Vieren fortbewegt und in den Wäldern mit den Hunden rauft. Natürlich verwandelt er sich nie in einen Wolf, und am folgenden Tag übt er, zwar leicht angeschlagen, aber ganz normal, seinen Beruf aus.

Stimmt es, daß in Turin viele von der Kirche anerkannte Exorzisten leben und ihr Metier auch ausüben? — Ja, und zwar Pater Gandolfo, ein Jesuit, Pater Rocco, ebenfalls Jesuit, und dann noch ein Weltgeistlicher, eine Art Notarzt für von Dämonen Befallene. Der verstorbene Franziskanerpater Antonio Scagliotti heilte um die fünfzig Besessene am Tag, einige davon waren ganz normal verrückt, andere hingegen wurden von unerklärlichen Phänomenen gepeinigt. Analphabeten, die lebende und tote Sprachen sprachen, bekannt gottesfürchtige Menschen, welche die schlimmsten Flüche ausstießen und Opfer von Leviationen waren oder Kenntnis von zukünftigen Ereignissen hatten.

Marianini führt mir auch einen eigentümlichen, bei Schwarzen Messen verwendeten Gegenstand vor: Holzkugeln, in denen, wie es heißt, Teile von menschlichen Herzen eingeschlossen sind. Gianluigi Mariniani hat auch wunderliche Bekanntschaften: zum Beispiel begegnet er zu Hause oder in der Nachbarschaft gelegentlich dem Satansbischof. Und wie reagiert er bei diesen Begegnungen? Er wirft sich vor ihm auf die Knie, küßt ihm den Ring und sagt zu ihm: «Eure hochwohlgeborene, verehrteste Exzellenz, verflucht mich, da ich nicht gesündigt habe!» Und der? «Er tut, als ob nichts wäre und geht in seinem Ornat weiter, das einem Prälatengewand ähnelt — aber grün ist, denn grün ist die Farbe des Teufels.»

Und zum Schluß, immer noch als Beweis dafür, daß Turin sich als magische Stadt von allen anderen Städten unterscheide, erzählt mir Marianini von der Erfindung eines Ingenieur Chiari: ein elektronisches Gerät, genauer ein «Spirit Detector», der in der Lage sei, in einem von übernatürlichen Phänomenen heimgesuchten Haus deren Auftreten nachzuweisen. Der Apparat stelle im übrigen auch den Grad der Spiritualität (nicht religiös, sondern psychologisch definiert) eines Menschen fest, versuchsweise anzuwenden bei einem Gläubigen nach religiöser Versenkung und bei einem Materialisten. Bei letzterem erfolge weder ein akustisches noch ein optisches Signal. Fröhliche Töne erklängen dagegen, wenn ein Spiritualist seine Hand hineinstecke oder wie vor kurzem ein Kardinal des Kameliterordens, bei dem das Blinken der Lämpchen nicht mehr aufhören wollte. Man kann annehmen, daß der Apparat bei der Hand eines erfolgreichen Geschäftsmannes oder eines gerissenen Händlers stumm bleibt und kein noch so schwaches Lichtlein aufflackert. Zum ersten Mal wird damit die Welt des Geistes in einer gewissen Weise quantifizierbar. Mit perfektem Handkuß, untadeliger Verbeugung und einem gewinnenden Lächeln verabschiedet sich Mariniani von mir; seine Neugier ist immer noch wach, aber der Blick ruhig, jede Leidenschaftlichkeit erloschen.

# EROS UND SPIEL

*Die erotisch-sinnliche Stadt Treviso*

Man hatte mir Treviso als Hauptstadt des Eros geschildert. Da konnte ich natürlich nicht anders als hinfahren, um mir von den Einwohnern der Stadt — denen man auf erotischem Gebiet offenbar alles nachsagen darf —, ihrer Zügellosigkeit und ihren unziemlichen Gelüsten auf zweifelhafte Vergnügungen ein eigenes Bild zu machen. Zur weiteren Festigung dieses Rufs hat nicht etwa ein Einheimischer, sondern einer aus dem Süden beigetragen: Luciano Vincenzoni, der das Drehbuch zu dem von Pietro Germi in Treviso gedrehten Film «Signore e Signori» geschrieben hat.

Was Treviso als Hauptstadt des Eros betrifft, wurde ich bald wieder auf den Boden der Wirklichkeit zurückgeholt. Einiges ließ sich jedoch in seiner Geschichte finden. Nach der Überlieferung war Treviso immer eine genußfreudige Stadt, und noch heute erzählt man sich vom «Castello d'amore», der «Liebesburg», einem mittelalterlichen Spiel, das darin bestand, daß blumengeschmückte und lanzenbewehrte Männer eine hölzerne Festung stürmten, in der die hübschesten Mädchen der Stadt eingeschlossen waren. Die Aussicht, die Gunst einer der jungen Frauen zu erringen, trieb auch Kavaliere aus Venedig und Padua zur Teilnahme an diesem Wettstreit. Die Gemarkung Treviso trug den Namen «Mark des Frohsinns und der Liebe». Der Faschingsdienstag war der Tag der Schwelgerei, des Frohsinns und der Kostümierung, und auch zu Ostern gab es zahlreiche Tanzvergnügen, Maskenbälle und mehr oder weniger gespielte Entführungen anmutiger Mädchen. Zur Zeit der «Liebesburg» nannte man den Geschlechtsakt «Treviser Tanz».

«Laß dir nicht einreden, daß die lasterhaften Zeiten vorbei wären», warnt mich ein befreundeter Dichter. «Im Gegenteil: das Laster blüht, nur wird es heute anders genannt, etwa 'Zerstreuung' oder 'Phantasie'. (Übrigens wurden bis vor kurzem mit dem Ati-Flug Rom-Treviso jeden Samstagmorgen Dutzende von attraktiven Freudenmädchen in die Stadt eingeflogen; die Schließung des Flughafens war ein schwerer Schlag für einen Teil der Männerwelt. Aber jetzt verkehrt — weil die ortsansässigen Damen die Nachfrage einfach nicht befriedigen können — ein Zug). Kurz und gut: es geht nicht um den Akt an sich; das Problem besteht gerade darin, etwas — ein Labyrinth?, ein Hindernis?, ein tückisches Gelände? — zwischen das Objekt der Begierde und deren ritueller Erfüllung zu bringen.

Treviso ist berühmt für seine schönen Frauen. Die meisten von ihnen haben einen dunklen Teint und funkelnde schwarze Augen; auch ihre Haare sind schwarz, lang und glatt, oft tragen sie einen Pony-Schnitt; sie sind gut gebaut, aber nicht vollbusig-üppig. Die Frauen von Treviso sind für ihre liebenswürdige und aufgeschlossene Art bekannt, aber auch dafür, daß ihr Auftreten als züchtige Unschuld sehr provozierend wirken kann. Gerade darin, in dieser Kunst des Flirtens, in dieser Strategie, das Feuer der Begierde zu entfachen, besteht ja das «Laster» dieses Ortes. Wie sagt doch der Dichter? «Wenn es etwas gibt, das die Frauen — jüngere wie reifere — im Übermaß besitzen, ist dies die Gabe, auf subtil-maliziöse Art die Sinnlichkeit zu wecken.»

Sinnlichkeit wird von Anthropologen als eine der herausragenden Wesenszüge des venetischen Menschenschlags betrachtet; daß sie hier so kultiviert wurde, hängt auch mit der Herrschaft des Kirchenstaates zusammen. Hinter der katholischen Fassade (jedes Dorf, jede Stadt wird von einer riesigen

Kirche überragt) verbergen sich Genußfreude und Lust am Wagnis. Die Dinge spielen sich hier mit liebenswürdiger Lockerheit, aber nie offen, ab, alles ist ein Spiel am Rande der Galanterie, geprägt von einem hochentwickelten Sinn für Strategie und Technik des Anbändelns.

Vom ersten Augenblick an bezauberte mich diese Stadt mit ihren Schatten und verschwommenen Konturen, ihren blassen Farben, den hübschen Häusern mit verblichenen und doch eindrucksvollen Resten vielfarbig-bizarrer Fassadenfresken, ihren verwinkelten Gassen, den Bergbächen und Flüssen, die sich hier vereinigen («Wo Sile und Cagnan sich zueinander gesellen», heißt es bei Dante im IX. Gesang vom *Paradies*). Eine Stadt mit vielen grünen Gärten und Höfen, geheimnisvollen kleinen Plätzen, schützenden Gassen und Lauben und einer reichhaltigen und schmackhaften Küche. Geht man hier in ein gutes Restaurant, dann befolgt man die Regel, nach der ein gutes Essen, wie die Liebe, mit voller Konzentration und Andacht genossen sein will.

Kennern gefallen auch die jungen Männer von Treviso, bunte Paradiesvögel mit wunderbaren Federn. Halb De Pisis (Rosatöne, sinnliche Augen), halb Tiepolo (die gewisse leichte Anmut von zwischen den Wolken schwebenden Engeln).

Vor dem murmelnden Hintergrundgeräusch der vielen Wasser gedeihen dann auch die Freude am Plaudern — in diesem weichen, singenden Dialekt, der fließender ist als an andern Orten — und eine besondere Fabulierkunst. Die Einwohner von Treviso finden großes Vergnügen an Erzählungen, die sich zwischen Wahrheit und Phantasie bewegen, aus Liebe zur Rhethorik, aus dem harmlosen Vergnügen heraus, sich gegenseitig zu foppen, allseits genossenen Klatsch weiterzuverbreiten. Der Klatsch venetischen Stils benötigt einen gut gewürzten, stimulierenden Stoff, der dann durch Erzählungen von Freunden, Zeugen oder erfunden Personen angereichert wird. Bei der Lästerrede venetischen Typs handelt es sich um ein absolut städtisches Vergnügen, um eine Fabulierlust im Stile des fünfzehnten Jahrhunderts, bei der man dankbar auf alte Legenden zurückgreift. Es ist dafür gesorgt, daß bei den christdemokratischen Parteigrößen weder ein Partnerwechsel noch die Protektion eines Epheben unbemerkt bleibt.

Treffpunkte, an denen der Redefluß nie versiegt, sind die unzähligen Gasthäuser, die nicht nur Gelegenheit zum Meinungsaustausch bieten, sondern auch geradezu Orte der Sozialisierung sind, wo keine Standesschranken gelten, sondern Arbeiter wie Aristokraten sich «un ombra de vin» (gewöhnlich ein Glas prickelnden Cartizze) genehmigen und dabei in diesen euphorischen Zustand verfallen, der das Leben viel erfreulicher machen kann. Legenden, Aberglauben, alle Arten seltsamer Begebenheiten und amouröse Abenteuer bilden den Gesprächsstoff. Einige sehen immer noch in den mondlosen Nächten die «Cornera» in ihrem Achtspänner vorbeisausen; gemeint ist Caterina Cornaro, Königin von Zypern, die Asola zu Lehen und Bembo als Geliebten hatte und, wie es heißt, später eine Hexe wurde; in ihrer großen Kutsche fährt sie dahin, hält nicht bei einem Bettler an, der sie um ein Almosen bittet, und beinahe fährt sie einen Priester um, der gerne mitgenommen werden möchte; schließlich endet sie in einem schlammigen Pfuhl, der sie in die Hölle hinunterreißt.

Man erzählt sich von Besessenen, die zur Wallfahrtskirche der Madonna von Caravaggio auf dem Weg nach Castelfranco pilgern, um sich den Teufel austreiben zu lassen, von Kindern, die nachts nicht schlafen und nur in der oberhalb von Pieve di Soligo gelegenen Wallfahrtsstätte des heiligen Gallus oder in einer mit kleinen Kissen vollgestopften Kapelle, die in Richtung Montebelluna liegt, geheilt werden können. Und noch immer zeigt man mit dem Finger auf die Mädchen, die «Bauernhochzeit» feiern, das heißt zum Liebemachen ins Heu gehen. «Die Zaira zieht an sich für die Mess' in der Kappell' / das Gotteshaus erreicht sie nicht / im Heu zieht einer sie aus ganz schnell.» Ein Arzt, der schon alles erlebt hat, erinnert sich an einen verzweifelten Vater, der ihm erzählte, wie er den fünfzehnjährigen Sohn «so Dinge» mit der Hauskatze treiben sah, und der nun wissen wollte, wem die Jungen wohl ähnlich sehen würden, etwa gar ihm mit der großen Nase oder eher dem Großvater mit dem schneeweißen, aber an den Spitzen rötlichen Schnurrbart.

Soll man das nun glauben oder nicht? Auf alle Fälle ist das Zuhören sehr unterhaltsam, mag der Erzähler auch seine Geschichten mit einigen zusätzlichen Seltsamkeiten anreichern. Es waren (zum Beispiel) einmal zwei Verkommene, verschrobene Gräfinnen, die auf dem Friedhof in leeren Grabnischen wohnten und von den Kränzen die Chrysanthemen abästen. Als man sie in eine Anstalt einwies, stellten sie in eine Ecke des Zimmers einen Säbel: «Den hat Vittorio hiergelassen», sagten sie und meinten König Viktor Emanuel II., der «zu Mama auf Besuch» kam. Der Erzähler berichtet, wie er eine von ihnen ein gutes Stück begleiten mußte; obwohl schon uralt, kannte sie keine Scham (überhaupt versuchten beide trotz ihres verwahrlosten Zustands sogar auf dem Friedhof die Männer zu bezirzen; sie trug einen Pelz aus Fischschuppen von einer Art Kabeljau, der unter den Achseln mit Klebstoff geflickt worden war, so daß ihr Begleiter, der sie stützte, eine gute Weile an ihr kleben blieb).

Die zwei adeligen Damen waren Töchter des Grafen R., nach dem ein hübscher Platz in Treviso benannt ist; er war ein für seine Späße berühmter Aristokrat und wurde neunzig Jahre alt. Wegen eines Streits mit einem österreichischen Offizier wurde er zum Duell im Park einer Villa gefordert. Der Offizier, der ausgezeichnet Italienisch sprach, sagte vor dem Zweikampf zu ihm: «Einer von uns muß hier auf dem Boden bleiben». Darauf der Graf: «Bleiben sie ruhig hier, dann geh' ich schon mal», und entfernte sich. Er pflegte auch seine Freunde bei sich zu Hause oder in Wirtshäusern betrunken zu machen, und währenddessen die Eingänge ihrer Häuser zumauern zu lassen. Die Ehefrauen, die ihre Männer für stockbetrunken hielten, wünschten sie zum Teufel, ließen sie klopfen, treten und hämmern, rührten sich nicht und warteten ab, ob sie es schaffen würden, den Schlüssel ins Schlüsselloch zu stecken, das es gar nicht mehr gab; am Morgen jedoch, als sie zur Messe gehen wollten, mußten auch sie um Hilfe rufen.

Beim Schwatzen und Erzählen, insbesondere in Gegenwart einer Schar von Neugierigen, kommt man auch gerne auf Vergangene Skandale zu sprechen, die Treviso möglicherweise den Ruf der Lasterhaftigkeit eingebracht haben. Da ist etwa der berühmte «Baronessa-Prozeß», der vor dreißig Jahren die Spalten sämtlicher Zeitungen füllte. Das Freifräulein war eine recht dumme Gans, uneheliche Tochter eines immens reichen Adeligen aus Treviso, der die Vaterschaft anerkannt hatte, und ihr, als sie heiratete, als Mitgift eine schöne Villa an den Hängen des Montello gab. Sie heiratete einen Baron aus dem Süden, der damals Direktor des Sozialversicherungsamts Treviso war. Aber schon bald nach der Hochzeit funktionierte die Ehe überhaupt nicht mehr, und zwar wegen der häufigen hysterischen Anfälle der jungen Frau und wegen ihrer grenzenlosen Mannstollheit. Sie zog daher zu ihrer Mutter, und die beiden, deren Attraktivität zwar äußerst gering war, führten ein ausschweifendes Leben. Sie gingen auf die Märkte und luden Händler in ihre Villa ein; die lehnten natürlich nicht ab, und laut damaligen Berichten breitete sich der moralische Sumpf immer mehr aus. Man sprach nur noch von Gelagen, Gruppenorgien und Drogen (Kokain, behaupten einige, Bicarbonat sagte der damals bekannte Magier Bustelli, der die Tochter auf Bitte ihrer Mutter mit reichlich Bicarbonat zum Schnupfen versorgt hatte, um ihre Zügellosigkeit ein wenig einzudämmen).

Schließlich bekam die Tochter, ohne daß jemand, ihre Mutter eingeschlossen, Verdacht geschöpft hätte, einen Sohn von einem natürlich unbekannten Vater. Da eine gerichtliche Trennung bevor- und eine ansehnliche Apanage von seiten des Ehemanns auf dem Spiel standen, beschlossen Mutter und Tochter, die Sache zu vertuschen. Sie erstickten den Säugling und warfen ihn in einen Wasserlauf in ihrem Garten, ohne sich zu überlegen, daß der Graben zum Ortsmittelpunkt des weiter unten liegenden Dorfes führte, wo die Waschfrauen die Wäsche wuschen. Es war nicht schwer herauszufinden, woher die Leiche stammte, und als am Abend ein Besucher im vorgeschrieben lustfreundlichen Dress erschien, fand er statt der Frauen die Carabinieri und den Oberstaatsanwalt vor. Die beiden Frauen beschuldigten sich gegenseitig, der Prozeß erregte allgemeines Aufsehen, Starreporter kamen aus allen Ecken des Landes. An die Unschuld der beiden glaubte niemand. Mutter und Tochter erhielten Zuchthausstrafen, wurden dann aber ins Irrenhaus von Aversa verlegt, wo die Mutter starb.

Einen anderen Skandal behandelte Germi in «Signore e Signori», im Unterschied zum Film jedoch wurden die Beteiligten in Wirklichkeit nicht freigesprochen. Die reale Hauptperson war eine Minderjährige aus Preganziol mit lockerem Lebenswandel, eine leichte Beute (nicht nur) für die damaligen «Vitelloni», stadtbekannte, wohlhabende Lebemänner zwischen fünfunddreißig und vierzig. Als das Mädchen zu Hause von der Sache erzählte und Namen nannte, kamen die Betroffenen zu den Eltern und versprachen ihnen Geld für ihr Schweigen. Da sie aber schließlich weniger zahlten, als vereinbart worden war, verklagte sie der Vater, und sie landeten alle für einige Monate hinter Gittern.

Es waren die Zeiten, in denen Treviso mit Sybaris verglichen wurde. «Und wissen Sie, was die Ehefrau eines bekannten Industriellen ihrem kräftigen Geliebten in einem Eifersuchtsanfall antat? Raten Sie mal, wo sie ihm einen tödlichen Biß versetzte»; der Vorfall wurde zum Stadtgespräch, und man wußte immer noch pikantere Einzelheiten. Ganz zu schweigen von der hinreißend schönen Minerva, der Frau eines hohen Militärs; sie hatte ein Abenteuer mit einem venezianischen Unternehmer aus der Müllereibranche, der ihr tausend Lire (nach heutigem Wert etwa zehntausend Mark) gegeben hatte. Auf der Rückreise aber verlor die Schöne das Geld im Zug. Jedermann erfuhr von dem Mißgeschick, und wochenlang gab es kein anderes Gesprächsthema, wurde die

Geschichte der fortan als «einfältige Göttin» bezeichneten Dame in immer neuen Variationen erzählt.

Heute gibt es zwar größere sexuelle Freiheiten, doch hat Treviso sein erotisch-sinnliches Fluidum bewahren können. Hauptthema des Klatschs sind die «Giochi di squadra» (Partnerwechsel), der Ehemann mit einer anderen, die Frau mit einem anderen, der Arme Opfer einer Vielzahl weiblicher Launen; und alle zusammen gehen sie auf Kreuzfahrten, Einladungen, Partys, als ob nichts wäre. Und dann die Geschichte über Lesbierinnen, über Transvestiten, die bildhübsche Straßenmädchen heiraten, oder die von einem jungen Homosexuellen (einer vom Typ halb De Pisis, halb Tiepolo), der Aktaufnahmen von Männern machte und dem es — obwohl selbst mittellos — gelang, den hübschen exotischen Jungen, in den er sich verliebt hatte, auszuhalten, weil eine führende Persönlichkeit der herrschenden Partei in ihn vernarrt war; jetzt verfügt er über eine prächtige Villa, einen Wagen und einen ansehnlichen Monatswechsel.

Subtiler ist das Verführungsspiel geworden, das Spiel der Blicke und Gesten, das maliziöse, das komödiantische Spiel; ein Wechsel aus Sich-Abwenden und Sich-Nähern kann es sein, aus Gesagtem und Ungesagtem bestehen, eine gewisse Vulgarität raffiniert zu kaschieren, sich extravagant zu geben. Ein junger, sympathischer Lehrer wird eines Tages von einer Dame, die mit ihm über die schulischen Leistungen ihres Sohns sprechen möchte, zum Nachmittagstee eingeladen. Sie ist eine auffallend schöne Frau — von Anfang an bereit, sich ihm hinzugeben. Zuvor aber muß das gesamte Ritual durchgespielt werden: beim Überreichen der Tasse streift sie leicht seine Hand, läßt dann ihr Taschentuch fallen, damit sich beim Aufheben die Köpfe berühren. Aber damit ist das Spiel noch lange nicht zu Ende. Als nächstes zeigt die Dame dem Lehrer das Klavier, auf dem der liebe Herr Sohn übt, anschließend den Schreibtisch, an dem er lernt, sein Fotoalbum und dergleichen mehr. Der Lehrer wird ungeduldig, ist aber gleichzeitig verunsichert, da immer sie es ist, die das Spiel lenkt. Er kann unmöglich gehen, ohne den Kleiderschrank des Sohnes gesehen zu haben.

Im Zimmer des Knaben angelangt, entledigt sich die gute Mutter schließlich ihrer Kleider; verführerisch-exklusive Dessous sinken zu Boden. Die Dame nimmt eine Goldkordel, verschnürt das Ganze zu einem Päckchen, das sie dem Lehrer schenkt. Und wie geht es weiter? Damit sich der Lehrer recht intensiv um den Sohn kümmert, lädt ihn die Mutter nochmals zum Tee ein. Das gleiche Zeremoniell wie beim ersten Mal, nur daß die Frau jetzt vor und während des Akts vulgäre Beschimpfungen hören will. Am Ende bekommt er das zweite Wäschepaket geschenkt.

Der Lehrer besitzt schließlich sechs solcher parfümierten Bündel in verschiedenen Farben. Dann beginnen die Ferien, Dame samt Sohn verschwinden, und mit den geheimnisvollen Wäschegeschenken hat es ein Ende. Der Fehler, das weiß man, liegt beim Lehrer, der den Jungen in die nächste Klasse versetzt hat.

In einer Stadt, in der nichts als getuschelt wird, kann es einen nicht wundern, daß auch die Schatten flüstern. Treviso ist als Hochburg des Spiritismus bekannt. Diesen Ruf verdankt die Stadt vor allem einem außergewöhnlichen Medium, das inzwischen verschwunden ist. Sein Name war Bruno Lama, von Beruf war er Techniker, und eigentlich fiel er weder durch sein Äußeres noch durch sein Verhalten irgendwie auf, nur hatte er die Eigenart, wie ein Geist unvermittelt da zu sein, ohne daß jemand sein Kommen bemerkt hätte. Als wir uns eines Abends über Spiritismus unterhalten, erzählt mir mein Tischnachbar von einem engen Verwandten, der, dreißigjährig, während einer spiritistischen Sitzung dem Jenseits die Frage nach der Art seines Todes stellte. «Frag nicht», lautete die Antwort der geheimnisvollen Wesenheit, doch der junge Mann ließ nicht locker und erhielt schließlich folgende Auskunft: «Du wirst innerhalb von drei Monaten unter einem Zug sterben.» Von Natur aus skeptisch, aber trotzdem ganz gehörig eingeschüchtert, fuhr der Mann drei Monate lang nicht mit der Bahn und näherte sich auch keinem Bahnübergang. Aber eines Tages, kurz vor Ablauf der drei Monate, geriet er mit seiner Vespa unter einen LKW, der einen Eisenbahnwagen transportierte, und starb.

Eine andere spiritistische Sitzung im Haus einer gewissen Ursula. Sie wollte im Wohnzimmer, in dem auch ihr Vater war, ein Tischrücken durchführen. Der Vater lächelte ungläubig und gab der Tochter den Rat, sich nicht auf einen solchen Quatsch einzulassen. Das Mädchen ging daraufhin mit ihren Freunden in ein anderes Zimmer, das mit dem Wohnzimmer durch einen etwa zwanzig Meter langen Gang verbunden ist. Diesmal gab es keine Warnungen, auch keine Botschaften. Als der Tisch leicht zu zittern schien, spürte die junge Frau plötzlich, wie ihr die Perlenkette vom Hals gerissen wurde — die Perlen hüpften, eine hinter der anderen, den Gang entlang, bis vor die Füße des ungläubigen Vaters, der sich gerade einen Film mit Spencer Tracy anschaute.

Der «Arzt, der schon alles erlebt hat» und auch Schriftsteller und Archäologe ist, heißt Cino Boccazzi, war mit dem Medium befreundet und hat mit ihm zusammen an vielen spiritistischen Sitzungen teilgenommen. Eines Abends verschwindet während einer solchen Sitzung eine Taschenlampe. Wie immer nimmt Boccazzi auf dem Nachhauseweg das Medium in seinem Wagen mit, als er in gerader Linie, etwa zweihundert Meter vor sich ein rotes Licht erblickt, das ungefähr ein Meter sechzig über dem Boden schwebt und sich rasch auf ihn zu bewegt. Seltsam, denkt er, ein Mofa, das rückwärts fährt? Er hält an, das Licht kommt immer näher, schlägt auf die Frontscheibe auf, und etwas rollt auf dem Boden davon. Er steigt aus, und ein Männchen auf einem Fahrrad, das er kurz zuvor überholt hat, flüstert ihm entgeistert zu: «Sie kam von ganz alleine.» Es ist die Taschenlampe, und das Medium meint dazu ganz ruhig: «Das sind Residualphänomene.» Boccazzi führt mich eines Abends zur Umfriedung eines verlassenen Friedhofs und fordert mich auf, einen Stein über die Mauer zu werfen, hinter der sich ein Brunnen befindet. Ich werfe ihn hinüber, und einen Augenblick später kommt der Stein von alleine zurück und fällt mir vor die Füße; er ist naß. Trotz der Aufmunterung meines Freundes werfe ich nicht mehr. Er hingegen schleudert einen, den er mit dem Kugelschreiber gekennzeichnet hat, über die Mauer. Nichts kommt zurück, aber vier Kilometer von dem Friedhof entfernt, auf der Piazza dei Signori, prallt der Stein gegen die Windschutzscheibe, geht auf unerklärliche Weise durch diese hindurch und schlägt gegen Boccazzis Jacke, wo er eine nasse Stelle hinterläßt. «Hast du verstanden?» Sie wollen nicht gestört werden», sagt er zu mir. Das können sie schließlich verlangen, denke ich mir und habe das Gefühl, daß ich nie wieder Steine in Friedhöfe werfen werde.

Wir haben Mondfinsternis. Am klaren Himmel von Maser, wo ich zu einem Fest eingeladen bin, kann ich sie gut beobachten. Wie der Mond verschwindet, leuchtet er heller als zuvor. Inzwischen brennt unterhalb des Hauses ein großes Feuer, mit dem die Karnevalszeit eröffnet wird und das Böse vertrieben werden soll (es ist der dritte Abend nach dem Dreikönigsfest). In der glühenden Asche wird die «Pinza» zubereitet, ein süßer Fladen, der ausgezeichnet schmeckt. Blickt man um sich, sieht man überall auf den Hügeln und Feldern leuchtende Feuerpunkte; es herrscht ein fröhliches Treiben, und je nachdem, wohin die Funken fliegen, macht sich ein jeder seine eigene Weissagung.

Die Landschaft der Gemarkung Treviso ist reich an Feldern, Hügeln und ausgedehnten Ebenen. Noch bis vor fünfzehn Jahren wurde der Boden nach dem System der Halbpacht bearbeitet: Kleine landwirtschaftliche Betriebe bestimmten folglich das Bild. Dann verstärkte sich der Trend zur Teilzeitarbeit: die Kleinbauern arbeiteten nicht mehr nur auf dem Feld, sondern auch in Krankenhäusern, Schulen, großen Fabriken oder als Lkw-Fahrer. Ihren Urlaub nahmen sie zur Zeit der Weinlese, und an den Wochenenden arbeiteten sie im Weinberg.

In den letzten Jahren wurde jedoch das Halbpachtsystem

abgeschafft, und viel Reb- und Ackerland vernichtet. Eine bedeutende alte Familie, Nachfahren der Dogen, deren Oberhaupt eine eigensinnige Gräfin ist, hat durch Zerstörung ihrer Lebensgrundlage sechshundert von neunhundert Einwohnern eines Dorfes zum Wegzug gezwungen. Die Vertriebenen zogen nach Piemont und in die Lombardei. Die «Contessina» ließ Gruben, regelrechte Abgründe ausheben und darin ganze Häuser verschwinden, um jede Rückkehr der Bewohner unmöglich zu machen.

Auf Anweisung der «Contessina» wurden außerdem Ulmen- und Eichenhecken zerstört, Gräben zugeschüttet, das Vieh abgeschafft und die Viehhirten weggeschickt, Gemüse- und Obstgärten vernichtet. Die Ebene mit ihren ausgedehnten Maispflanzungen gleicht heute Texas (und das nicht nur in der Gemarkung Treviso, sondern auch in Friaul und im Umland von Venedig). Maisanbau ist in der Tat eine Monokultur, die Ertrag bringt, maschinell betrieben werden kann und daher den Grundbesitzern Ärger mit Arbeitskräften weitgehend erspart, während die Kleinbetriebe, wo der Bauer noch in engem Kontakt zur Natur stand, eine gewisse Beaufsichtigung erforderten.

Aber durch den Mais wird der Boden ausgelaugt, und weil der Wind auf keine Hindernisse mehr stößt, verbreiten sich Krankheiten wie zum Beispiel die Rote Rebenspinne sehr leicht. Wenn es keine Ställe mehr gibt, fehlt auch bald der natürliche Dünger, und der Verbrauch von hochwirksamen Giften, Unkrautvertilgern, deren extreme Schädlichkeit bekannt ist, nimmt ständig zu. Der gute alte Gutsverwalter wird verabschiedet, heutzutage ist der Agrartechnokrat auf dem Traktor gefragt. Es ist zu befürchten, daß Treviso, das in eine der schönsten durch menschliche Arbeit geschaffenen Landschaften eingebettet lag, bald von ausgedehnt-plattem Ackerland umgeben sein wird, in dem kein einziger Baum mehr steht.

Und schon beginnen die Besucher der Kneipen und Wirtshäuser um ihr Elixier zu fürchten, den köstlichen weißen oder roten, trockenen oder spritzigen Saft, der zum Gespräch anregt, die Fabulierlust nährt, den Eros stimuliert.

# VON SCHWEINEN UND TÄNZEN

*Reggio Emilia, die Stadt mit mehr Schweinen als Einwohnern*

«Betrachten wir mal die Schweineproduktion der Provinz: hier gibt es bei weitem mehr Schweine als Einwohner. 1975, als ich Bürgermeister von Ciano d'Enza war, produzierte Reggio eine Million Schweine im Jahr. Und wissen Sie, wieviel Dreck die im Vergleich zum Menschen machen? Also, viereinhalbmal soviel. So als ob wir in der Provinz statt vierhunderttausend Einwohnern viereinhalb Millionen hätten . . .» — «Meine Güte! Und was machen Sie mit all dem Zeug?» — «In Reggio werden Sie das schnell verstehen», wird mir versichert und außerdem noch erklärt, daß die Universität Bologna hier einen Zweijahreskurs eingerichtet hat: «Tierproduktionskunde», Abschlußkolleg der Fakultät für Agrarwissenschaft. Erforscht wird das Verhalten von Kühen und Schweinen, und die Möglichkeiten, praktisch zu arbeiten, sind hier besser als sonstwo.

Mein Gesprächspartner ist ein noch junger Mann, der nun wirklich nichts Schweinchenhaftes an sich hat, so schlank, smart und agil ist er, dazu leicht gebräunt. Es ist Alessandro Carri, Ortsvorsitzender der KPI in Reggio Emilia, von 1976 bis 1979 jüngstes Senatsmitglied. Wir unterhalten uns im Palazzo Rocca Saporiti, einem schönen Gebäude aus dem achtzehnten Jahrhundert. Irgendwann einmal hat dort ein Kardinal gewohnt, seine Mätresse in einem kleineren Palazzo gegenüber, und vom Fenster aus konnte er sehen, wie sie frühstückte, vor dem Spiegel stand, stickte, ihm zuwinkte, auf ihn wartete.

Jetzt ist das Gebäude Sitz der KPI. Schöne Kassettendekken, ein riesiger, mit einem tausendköpfigen Drachen ringender Herkules, der große Festsaal mit den Balkonen für das Orchester, und von den Salons, die, ohne Schaden zu nehmen, zu gut eingerichteten Büroräumen wurden, blickt man auf vier harmonische Innenhöfe.

«Kann man sagen, Reggio mit seinen 65 000 Parteimitgliedern sei die kommunistischste, aber auch die konsumfreudigste Stadt der Emilia?» «Gewiß», lautet die prompte Antwort des Ortsvorsitzenden, der weiter ausführt: «Reggio ist eine der wohlhabendsten Städte Italiens, wir stehen an vierter Stelle der Landesrangliste. Und der Reichtum verteilt sich vor allem auf den Mittelstand und breitere Volksschichten. Daß die Einwohner von Reggio auch fleißige Sparer sind, steht außer Zweifel: die Bankeinlagen belaufen sich auf dreitausend Milliarden Lire. Es gibt keine Familie, die nicht mindestens zehn, fünfzehn Millionen auf der Bank hat; in jeder Familie sind nämlich zwei, wenn nicht gar drei Personen berufstätig. In den sechziger Jahren, als das Land billig war, erwarben viele, auch mittellose Bauern Grundbesitz durch günstige Darlehen; so verflochten sich Landwirtschaft (Viehzucht, Futtermittelproduktion und zum Teil auch der Weinbau) und Industrie, während die Verarbeitung der landwirtschaftlichen Produkte auf genossenschaftlicher Basis erfolgt.» In seiner Schilderung der Menschen, der einträglichen Arbeit, der Genossenschaften (Molkereien, Schlachtung und Fleischverkauf, Ställe, Kellereien auf gemeinschaftlicher Basis), die für das Einkommen des einzelnen Sicherheit und Rückhalt bedeuten, spricht Carri, wie andere in Reggio auch, von der «Oase des Glücks», in der man hier lebe. Wenn man in solch einer Oase lebt, droht nur eine Gefahr: daß die Merkmale des Nationalcharakters verlorengehen. Aber man tut alles, um dies zu verhindern.

Reggio ist die Nummer eins auf dem Schweine- und Wurstwarenmarkt (sein Anteil an der Landesproduktion beträgt etwa zehn Prozent). Es erscheint mir deshalb nicht mehr als recht und billig, die ersten Tage meines Aufenthaltes ganz dem Schwein zu widmen. Vorbei an einer prächtigen alten Villa, die vor kurzem von einem erfolgreichen Züchter erworben wurde (auf den Säulen zu beiden Seiten des Tores zwei Schweineköpfe aus Keramik, naturfarben), gelange ich zu einem weitläufigen Gebäudekomplex, wo unter anderem Kochschinken hergestellt wird. Anzumerken ist, daß ich lebende Exemplare nirgendwo zu Gesicht bekam, weder im Freien scharrend noch in Boxen. Man befürchtet nämlich, daß von draußen etwas eingeschleppt werden könnte und diese empfindlichen Tiere sich infizieren. Nur in einer großen Futtermittelfabrik sah ich Fotos von riesigen Ebern, gigantischen Sauen, von beiden zusammen bei schüchternem Flirt.

Zurück zum Kochschinken: der Knochen wird entfernt, das Fleisch kommt in eine Maschine, die aus feinsten Nadeln die Salzlake (Wasser, Salz, Nitrate, verschiedene Aromastoffe, keine Polyphosphate) einspritzt. Etwas blaß geworden, gelangt der Schinken in eine große Tonne, die gewissermaßen die Arbeit einer Masseuse übernimmt: während vierundzwanzig Stunden dreht er sich in einem Vakuum, damit die Salzlake gleichmäßig verteilt wird. Lange Ruhe, langes Kochen nach dem Verlassen des Models, in dem er seine «Schinkenform» erhalten hat. Auf der Schinkenoberfläche bildet sich eine Art Protein-«Gel», eine Schutzschicht für das Fleisch. (Die Rohschinken hingegen gehen, wie gesetzlich vorgeschrieben, in die unmittelbar südlich von Parma liegenden Erzeugergebiete.)

Reggio, die Nummer eins auf dem Schweinemarkt, belegt bei der Schlachtung den zweiten Platz. Da lohnt sich wohl auch ein Blick in die «Schlachtgenossenschaft von Asso» (der Schlachthof, wie sich dann herausstellt). Dort sah ich in einem abgesonderten Bereich das «Erblassen» des gekochen Schinkens, um kurz darauf zu erfahren, wie er sein schönes fleischiges Rosa wiedererlangt — zusammen mit einem zarten

Duft. «Dieses Jahr werden wir hundert Milliarden Lire Umsatz machen (im Vorjahr waren es neunzig)», sagt mir der Genossenschaftsleiter, Gianni Galeotti. «Unsere Genossenschaft hat 7 500 Mitglieder; unmittelbar nach Ablieferung der Ware werden sie bezahlt (das ist der Vorteil der Genossenschaft). 1 500 000 Stück Rinder und Schweine schlagen wir jährlich. Die Schweineschlachtung erfolgt in Brescello in der Bassa Reggiana, der Gegend von Don Camillo und Peppone, hier unten dagegen werden die Rinder geschlachtet. Möchten Sie hinuntergehen?»

Einen Augenblick zögere ich; zum Schlachten eingeladen zu werden, das ist mir noch nie passiert. Aber dann gehe ich doch mutig die schwarze Eisentreppe hinunter. Zum Glück ist der Schuß in die Schläfe schon abgefeuert. So sehe ich an riesigen schwarzen Haken, die sich längs einer schwarzen Schiene vorwärtsbewegen, die Hälften (oder auseinandergeschnittenen Leiber) von jungen und älteren Kälbern und Rindern. Die Spezialität des Hauses sind jedoch die Kälber der Limousine- und der Charolais-Rasse.

Riesige Fleischstücke in verschiedenen Rosa- und Rottönen, leicht gemasert, weiß die Fettstreifen, die Rippen sichtbar. Die Kälte der Räume mindert ein wenig den warmen und schweren Geruch des über den Boden fließenden Blutes, die Hosen müssen bis zur Mitte des Schienbeins hochgekrempelt werden. Hier beginnt die Zerlegung der Tiere. Kaum sind sie tot, werden sie maschinell enthäutet. Die Maschine macht weder Schnitte noch Risse. (Die Häute werden gesalzen und auf den internationalen Märkten an Gerbereien verkauft.) Dann wir der Kopf abgetrennt; man macht daraus Fleisch für die Mortadella. Der Raum mit den Bergen von enthäuteten Köpfen hinterläßt wohl den stärksten Eindruck. Dort sind in Schürze, rotem Unterhemd, grüne Schiffchenmütze auf dem Kopf, fast ausschließlich kleingewachsene Männer mit sausenden Äxten zu Gange. Es sind die «Kopfspalter», und sie handhaben die Äxte beinahe rhythmisch, vierteln die Köpfe, und während sie die zerhacken, steigt aus dem Innern ein wenig Nebel auf, der noch warme Dampf. Dumpfe Betriebsamkeit von Äxten und Messern, Gerüche, Geräusche, Farben, eine Atmosphäre, die Gedanken an die Hölle wachruft. Die Därme werden entfernt, an Fabriken verkauft und dort für industrielle Zwecke verwendet, während das Fett in den großen Eisenbehältern auf dem Boden für die Seifenindustrie bestimmt ist. Wir gehen auf der schwarzen Eisentreppe wieder nach oben, stoßen dabei mehr als einmal — wie in einem Hitchcock-Film — auf blutverschmierte Messer.

Die Schweine werden, kaum hat man sie aus ihren Koben getrieben und auf einen LKW zusammengepfercht — zum ersten Mal sehen sie den Himmel —, von dort herunter gleich in einen Laufgang gedrängt, der in den Exekutionskäfig mündet. Was auch die abgebrühtesten Schlachter verblüfft, ist, daß einige Rinder oder Schweine so etwas wie eine Vorahnung des nahen Endes zu haben scheinen; sie versuchen alles, um diesem unheilvollen Gang auszuweichen, sträuben sich dagegen, in Richtung auf den Todeskäfig zu gehen, brüllen, quieken, sperren mit den Hufen, schlagen aus und lassen sich nur mit Mühe vorwärts treiben.

Ist das Schwein schließlich im Käfig, wird der Schalter betätigt, die an den Ohren befestigte Klemme öffnet und schließt sich, der Stromstoß trifft das Tier, das in einer Wanne mit kochender Flüssikgeit endet, in der die Haut aufgeweicht wird. (Wehe dem Tier, das unerklärlicherweise den Stromstoß überlebt. Das kommt durchaus vor; der Schrei ist unbeschreiblich.) Es folgen dic Reinigung, das Flämmen in einer Art Grill, der die Borsten abbrennt. Die Zerteilung ist anders als bei den Rindern. Die Schweine erwartet nämlich eine elektrische Säge, die sie hälftet, dann erfolgt die Zerlegung: Keule, Lende, Speck, Bauchstück, Schulter, Nacken, Backe, Kopf. Pro Stunde werden bis zu 120 Stück getötet, pro Woche sind es 2000. Das Blut in den riesigen Behältern wird verkauft und bei der Düngemittelherstellung verwendet. (Als Auszeichnung für die Beschäftigten der Genossenschaft gibt es eine Medaille, die zwei Tierköpfe nebeneinander zeigt:

den faltigen Kopf eines Rinds, das traurig aussieht, und den eines Schweins mit gezwungenem Lächeln.)

Und jene ätzenden, geradezu giftigen Exkremente, die sich nicht zu Dünger verarbeiten lassen? Dafür ist ein junger Mann aus Mailand zuständig, Tilche Andrea sein Name, der bei der italienischen Energiebehörde CMEM auf dem Gebiet der alternativen Energien arbeitet. Er kontrolliert die Anlagen, in denen dem Schweinekot das Methangas entzogen wird, aus dem man elektrische Energie und Heizwärme gewinnt.

Fahrt in das Gebiet von Cadelbosco di Sotto. Trauerweiden umstehen den Schweinekoben, der hier ausschließlich von Sauen bevölkert ist (Eintritt verboten: man befürchtet für die Sauen Maul- und Klauenseuche sowie Lungenentzündung). Jedes Muttertier wird gedeckt, sobald es brünstig ist. Die Sauen werfen zweimal jährlich, jedesmal acht oder neun Ferkel, die, sobald sie dreißig Kilo Gewicht haben, an Mastbetriebe verkauft werden; dort wachsen sie zu Kolossen von ungefähr 160 Kilo heran. Die Mast erfolgt meistens in den Käsereien, in denen Molke anfällt, die, vermischt mit reichhaltigem Futter (Soja, Fleischmehl, Gerste, Mais, Erdnüsse, Rüben, Schalen, Antibiotika, Fett und Kalzium), aus ihnen gewichtige Exemplare für die Schinkenproduktion macht. 1500 Muttersauen werfen 28000 Junge im Jahr.

Aus dem Pferch fließt ein Strom von übelriechendem Kot, der in eine Filtrieranlage gepumpt wird, wo die gröbsten festen Bestandteile, wie verklumptes Stroh, zurückgehalten werden, während der flüssige Teil in die «Seen», Becken von vier Meter Tiefe, zwanzig Meter Breite und dreißig Meter Länge geleitet wird. Dort setzt sich die Jauche, mit der im Sommer die Äcker gedüngt werden. Sie ist frei von Schadstoffen wie Stickstoff und Phosphor, die besonders für das Grundwasser und die Flüsse sehr gefährlich sind.

Die Jauche, die man zur Energieerzeugung verwendet, wird zuerst in einem Digestor umgewälzt und dann auf 35 Grad erwärmt, um mittels einer beschleunigten Reaktion die

Gasbildung zu begünstigen. Das Gas gelangt dann in einen sogenannten Doppelgenerator, eine Anlage, die sowohl Elektrizität als auch Heißwasser erzeugt. Durch diese autonome Energieproduktion wird ein ganzer Stadtteil von Reggio mit Strom für den Betrieb von Heizungs- bzw. Klimaanlagen versorgt (selbstverständlich ohne jegliche Geruchsbelästigung).

Der Rubel rollt in der Oase des Glücks, und natürlich wimmelt es von Neureichen, die mit Käse, Schweinen, Rindern, Wein, durch einen der 1600 Industrie- oder der 18000 Handwerksbetriebe zu Geld gekommen sind. Man erzählt sich von einem bekannten Käsehändler, der den Klub «Circolo dei cavalli» nicht mehr besuchen mochte, da dieser seiner Meinung nach durch einige «nicht genügend reiche Mitglieder im Wert gemindert» worden sei. Eines Tages schlug er einigen engen Freunden vor, einen neuen, weitaus exklusiveren Klub zu gründen, den er «Circolo delle quattro S» nennen wollte. Die vier S standen für «soldi» (Geld), «salute» (Gesundheit), «sesso» (Sex), «sampagne» (Champagner). Jemand machte ihn darauf aufmerksam, daß «champagne» mit «ch» und nicht mit «s» geschrieben wird, worauf er antwortete, daß er für spitzfindige Bemerkungen oder Witze auf seine Kosten keinen Anlaß sehe. (Erwähnt werden muß noch, daß im Dialekt von Reggio S sehr ähnlich wie ein deutsches Sch ausgesprochen wird.)

Ein anderer, der sein Vermögen mit Trikotwaren gemacht hat, gab eines Abends eine Party in seiner Villa auf dem Land. Im Garten liefen ein halbes Dutzend scharfe, in Deutschland dressierte Dobermänner frei herum. Als sich zu vorgerückter Stunde einige Gäste auf den Heimweg machen wollten, gelang es dem Gastgeber einfach nicht, die Hunde zu sich zu rufen. Sie reagierten nämlich nur auf deutsche Kommandorufe und der mit den Tieren vertraute Angestellte hatte Ausgang. So mußten die Gäste die Nacht zusammengedrängt in der Villa verbringen (ein Haus mit einem Pool im Freien und einem drinnen, letzterer ganz «naturecht», d. h., umgeben von Felsen, künstlichen Steinen und Plastikbäumen).

Ein dritter kauft sich, kaum ist er steinreich geworden, einen Ferrari, für ihn das Symbol seines neuen Wohlstandes. Und was macht er, wenn er Besuch hat? «Kommen Sie, ich mache Sie mit meiner Frau bekannt», sagt er und führt den verdutzten Gast in die Garage, damit er dort den Wagen bewundern kann, während der Gastgeber dessen innere und äußere Vorzüge preist. Nach der «Frau» ist in der Regel der Leuchter im Eßzimmer an der Reihe; er erzeugt psychedelische Lichteffekte, «genau wie in der Disco».

Dann gibt es noch die Geschichte von der Dame aus begüterten Kreisen, die von ihrem Mann einen wundervollen Brillantring geschenkt bekommen hat. Zig Karat hat er und zig Millionen Lire gekostet. Und was geschieht, als sie in einem Restaurant einer Freundin, Gattin eines bedeutenden Industriellen, voll Stolz diesen Ring — «. . . warum läßt du dir nicht auch einen schenken?» — zeigt? Folgendes: Leicht enerviert, entnimmt die Freundin ihrer Handtasche ein Etui mit sechs Brillanten, alle viel größer als der auf dem Ring, und erklärt: «Brillanten, die trage ich so.» Der Rest ist Schweigen.

Auslöser für den wirtschaftlichen Aufschwung von Reggio und den Aufbau vieler kleiner und mittlerer Betriebe war eine Werksschließung, die der «Imprese Reggiane» im Jahre 1950. Der Schwerpunkt dieses mit 12000 Beschäftigten größten Unternehmens der Region lag bei der Reparatur von Eisenbahnwagen, aber daneben wurde sozusagen alles von der Nadel bis zum Flugzeug produziert. Die Zwangsliquidation und Schließung des Betriebs war ein dramatisches und folgenschweres Ereignis. Die Arbeiter arbeiteten noch ein Jahr lang ohne Lohn weiter und stellten Traktoren her. Die Leitung der Fabrik lag dabei in den Händen eines von ihnen gewählten Fabrikrats. Als man ihnen schließlich den Strom abstellte und den Kohlennachschub unterband, war der Kampf im Oktober 1951 zu Ende.

Daraufhin beginnt in den Jahren 1952/53 der Aufschwung der Kleinindustrie von Reggio. Mit Ausnahme von einigen aus Deutschland und Südamerika zurückgekehrten Emigranten sind die Industriellen von heute die Facharbeiter von einst. Bei den Gewerkschaften finden sie vorbehaltslose Unterstützung; die Gewerkschaften des Bezirks Reggio waren die ersten, die ein unbegründetes Fernbleiben vom Arbeitsplatz nicht tolerierten. Einer der 1950 entlassenen Arbeiter, der damals Fräser gewesen war, ist heute Präsident und Geschäftsführer einer bedeutenden Gießerei.

Siebzig Prozent der Industriebetriebe produzieren — auch für den Absatz auf dem internationalen Markt — landwirtschaftliche Maschinen, Kleintraktoren, Mähmaschinen, Pflüge, Bewässerungsanlagen, Sämaschinen, Gartengeräte, Ladegeräte, Dieselmotoren für Landwirtschaft und Industrie.

Die anhaltend große Zahl derer, die wegen der Aussicht auf ein höheres Einkommen alles daransetzen, selbständig zu werden, schafft höchstens ein Problem: Arbeitskräftemangel. Deshalb wächst die Bereitschaft der Unternehmer, zugewanderte Arbeitskräfte einzustellen. Es gibt in Reggio zwei Gruppen von Arbeitnehmern aus Süditalien. Die größere (ungefähr 2000) kommt aus Cutro (Catanzaro). Sie haben eine richtiggehende Abscheu vor der Fabrikarbeit und arbeiten daher als Verputzer, Fliesenleger oder Maurer. Verzweifelt kämpfen sie darum, für ihre (meist vielköpfige) Familie eine menschenwürdige Wohnung zu bekommen. Die zweite Gruppe süditalienischer Arbeiter kommt aus Caserta; sie arbeiten vorwiegend im Akkord in der Bauindustrie. Aber die Arbeitskräfte aus dem eigenen Land reichen nicht aus; in der Metall- und Maschinenbauindustrie hat man deshalb schon 25 Gruppen von Arbeitern aus Ägypten eingestellt. Alle sind qualifizierte Fachkräfte. Viele haben studiert oder sitzen abends zuhause über ihren Büchern, damit sie nach der Rückkehr in die Heimat ihr juristisches Staatsexamen ablegen können.

Die Zuwanderung der Ägypter schafft jedoch auch in vielen Bereichen Probleme: Schule, Wohnung, Sprache (seit zwei Jahren besuchen sie Italienischkurse), Sitten, Nahrung (sie sind in Reggio gelandet und essen kein Schweinefleisch!),

Religion, soziale Kontakte. Insgesamt will man verhindern, daß die Ägypter ein ähnliches Getto bilden wie die Zuwanderer aus Cutro, die immer unter sich bleiben und sich nur in einer bestimmten Bar treffen. Sehr geschätzt wegen ihrer Arbeitsauffassung, Ehrlichkeit und Treue sind «jene schwarzen Fräuleins vom Kap Verde» (so ein Polizist aus Caserta), die als Dienstmädchen angestellt sind.

In Reggio blüht natürlich auch das Bankgewerbe. Da gibt es zum Beispiel den «Banco San Geminiano e San Prospero», «Bank der Pfaffen» genannt, das drittgrößte von den mehr als 80 Geld- und Kreditinstituten der Region. Zu den besonders interessanten Banktätigkeiten gehört hier seit vielen Jahren die Führung von eigenen Lagerhäusern zur Aufbewahrung von Parmesankäse. In den Lagerräumen finden etwa 270000 Laibe Platz. Für die Produzenten, im allgemeinen landwirtschaftliche Genossenschaften, und die Käsereien bedeutet das eine große finanzielle Hilfe: Vorschußzahlungen gegen Ware als Pfand.

Am zweiten Abend in dieser Stadt, die in Fett und Blut zu ertrinken, in der sich alles um Käse, Schweine und Kälber zu drehen scheint, in der der Schinken kosmetisch und Käselaibe wie Juwelen behandelt werden, in der viel von den Extravaganzen der Neureichen die Rede ist, die etwa Stolz darauf sind, daß sie als einzige in Italien die Sieben Zwerge auf der Terrasse stehen und die Sofas mit Leopardenfellen bezogen haben, am zweiten Abend in dieser Stadt also erlebe ich eine angenehme Überraschung.

Im Stadttheater, das im neunzehnten Jahrhundert erbaut wurde und heute nach Romolo Valli benannt ist — von außen halb Scala, halb Sperlari-Turm, im Inneren ein Feuerwerk von Glanz und Farben, an der Decke Triumphszenen aus der Mythologie —, sah ich eine beeindruckende Aufführung des Kabuki-Theaters, der bedeutendsten Schauspieltruppe Japans, deren Tradition bis ins achtzehnte Jahrhundert zurückreicht und die in Europa bisher nur Gastspiele in Paris, Berlin, London und Reggio gab. Warum gerade Reggio? Weil

Reggio neben und trotz all dem, wovon bisher die Rede war, eine lange Theatertradition besitzt. Einige Vertreter der ATER (Theatergesellschaft Emilia-Romagna) fuhren zu Verhandlungen nach Japan, der Direktor des Kabuki kam zum Gegenbesuch nach Reggio und fand Einrichtungen und Leitung des Theaters hervorragend.

Die beiden Vorstellungen waren im Nu ausverkauft und hatten einen triumphalen Erfolg. Das Kabuki zeigte in der Mischung eines Gesangs- und Tanztheaters ein Drama über Gewalt, Leidenschaft und Einsamkeit. Viel Gewalt wird auch beim Schminken angewendet, und viel Kraft erfordert allen das Tragen der Kostüme, (die bis zu 28 Kilo wiegen, während eine Perücke auch ihre zehn Kilo hat). Hinreißend der Hauptdarsteller mit dem königlichen Namen Ichikawa Ennosuke III., dem ich ausnahmsweise einige Minuten beim Schminken zuschauen durfte. Die Prozedur dauerte fünf Stunden: aus dem zunächst schneeweiß geschminkten Gesicht machen schwarze, rote und türkisblaue Linien ein schmerzerfülltes und gleichzeitig grinsendes — mehr als eine simple Maske, ein Ausdruck tiefster Verwirrung —, das mit seiner Kraft und wilden Schönheit die Zuschauer bis in die letzte Reihe in seinen Bann zieht.

Diese Stadt ist also seit jeher mit dem Theater verbunden. Im achtzehnten Jahrhundert beherbergte sie viele große und kleine Theater. Auch von außerhalb strömten die Besucher zu deren Aufführungen oder zur «Fiera della Ghiara», einem großen Maskenzug. Stendhal ließ sich in Reggio von einer Aschenbrödel-Vorstellung verzaubern und erwähnt das «Teatro della Cittadella» als berühmte Sängerschmiede. «Zwischen großer Leidenschaftlichkeit und Liebe zur Musik, Ausdrucksformen ein und derselben menschlichen Gefühlsregung, machten die Herzen der Einheimischen nie einen Unterschied; das war der eigentliche Grund der Vorliebe, die Stendhal für die Stadt und ihre Bewohner hatte. Hier nämlich fand er, was er in glanzvolleren, als Zentren der Kunst gepriesenen Städten vergeblich gesucht hatte: 'Ce ton poetique du sentiment, ou, si l'on veut, ce commencement de folie qui fait les poètes'. . .» schreibt der Musikwissenschaftler Luigi Magnani in *L'idea della Chartreuse*.

Mehr von diesem für mich überraschenden Kulturleben von Reggio erzählt mir der Intendant des «Teatro Romolo Valli», Guido Zannoni. «Wir haben ein Musikgymnasium, das Ihrem Konservatorium entspricht. Vielleicht ist Ihnen unbekannt, daß Di Stefano in Reggio in der Oper Manon und Pavarotti in der Bohème debütierte, daß hier auch Abbado mit dem Faust einen seiner ersten Auftritte hatte.»

Wer ist nun dieser unermüdliche Initiator vielfältiger Theateraktivitäten, der Mann, der in einem Jahr 280 Aufführungen über die Bühne bringt (gegenüber 150 in Parma), der in Reggio noch vor Mailand, die Ausstellungen über Schönberg und Visconti organisiert hatte? Kommt er aus dem Bürgertum, wurde er erzogen in einer Welt von Musik und Theater, besteht sein Leben darin, daß er von einem Festspiel zum anderen eilt, ist er Stammgast in Salzburg, Avignon, Bayreuth, Monaco, Edinburgh? Ganz im Gegenteil!

Zannoni ist der Sohn eines Maurers und Kommunisten, der gleich nach der Heirat im Jahre 1924, als ihm die Faschisten sein Haus in Brand steckten, nach Frankreich emigrierte; die Mutter arbeitete viele Jahre lang auf den Reisfeldern. Ein hartes und entbehrungsreiches Leben also. Zurück in Italien, und zufällig gerade in Reggio, arbeitet Guido 1960 nach dem Militärdienst zwei Jahre als LKW-Fahrer und dann in allen möglichen Berufen, den des «Straßenbesprengers» eingeschlossen, bevor er von der Gemeinde als Fahrer des Bürgermeisters und der Stadträte eingestellt wird. Er leidet darunter, daß er keine Universität hat besuchen können, und bemüht sich verzweifelt darum, sich durch Lesen auf dem Gebiet zu bilden, das ihn am meisten interessiert.

Als man erkennt, was für einen Fahrer man eingestellt hat, wird er von der Gemeinde mit der Organisation einiger kultureller Veranstaltungen betraut, dann schickt man ihn als Pressereferent zum Theater, und 1971 ist er dann Theaterdirektor. Natürlich wird er wegen seiner Herkunft von den Pseudointellektuellen der Provinz anfänglich angefeindet und strikt abgelehnt. Aber er setzt alles daran, es zu schaffen. «Meine Bitten waren immer bescheiden, und nie hat mich jemand abgewiesen.» In seinem Theater gibt es kein Getto in Form der Galerie: Alle Besucher benutzen denselben Eingang, alle Einrichtungen stehen für jedermann zur Verfügung. Nach der Restaurierung des großen Theaters im Jahre 1974 kümmerte sich Zannoni auch um die Instandsetzung des «Teatro Ariosto» (ein Theater mit 1 000 Plätzen, dessen Galerie und Eingangshalle aus der Zeit des von Stendhal erwähnten «Teatro della Cittadella» stammen) und die des ebenfalls an der Piazza del Teatro Valli gelegenen Verdi-Saals (im achtzehnten Jahrhundert die Nebenbühne eines anderen Theaters), der abgerissen werden sollte.

Jetzt fällt mir unter anderem ein, daß der gutaussehende junge Mann von der Energiebehörde nicht nur über die Verwendung von Schweinekot und die Ernährung von Mutterschweinen gesprochen, sondern mir auch erzählt hatte, Reggio sei eine Hochburg des Balletts. Nicht nur gebe es hier eine Reihe mehr oder weniger fest etablierter Balletttruppen, auch die Tanzschulen schössen wir Pilze aus dem Boden. Angeboten würden Kurse für Damen, die einmal in die Disco gehen wollen, genauso wie solche für Fortgeschrittene im klassischen Tanz. Von Gesellschaftstänzen über moderne Tänze bis zu Jazztanz oder akrobatischem Rock and Roll könne man hier alles lernen.

An den Wochenenden seien die Turnhallen voll mit Leuten, die sich bewegen, Gymnastik machen oder Jazztanz üben. Auch er selbst, hatte der junge Energiefachmann gesagt, verbringe dort — wie mehr als 50 % der Bevölkerung — einen Teil seiner Freizeit, tanze und bewege im Rhythmus der Musik alle Muskeln, die er für gewöhnlich nie gebrauche.

Zannoni bestätigt mir, was ich über die Tanzleidenschaft der Reggianer gehört habe. Seit vier Jahren gibt es in Reggio eine von Stipendiaten gebildete Truppe des ATER-Balletts, deren Vertrag halbjährlich erneuert werden muß. (Reggio ist die einzige italienische Stadt, die zusätzlich zum Opernballett eine reine Balletttruppe hat.) Die Fortbildungsklassen leiten berühmte Tänzer(innen) wie Elisabeth Terabust, Star des «London's Festival Ballet», der Däne Peter Schaufuß und der Tänzer und Choreograph Amedeo Amodio. Liliana Cosi von der Scala hat ihren eigenen Ballettkurs; die große Ballett-expertin und -kritikerin Vittorio Ottolenghi hielt im Valli während einiger Monate eine Reihe von Seminaren ab, zu denen sich die Teilnehmer drängten.

Die Begeisterung der Jugend von Reggio für das Ballett ist so groß, daß ein Heer von Tänzern und Tänzerinnen heranwächst. Ich begegne jedoch auch einem Papa, dem es gar nicht gefällt, daß seine Tochter eifrige Elevin einer Schule für klassischen Tanz ist. «Alle diese Schulen, um die Füße zu bewegen, dabei gibt es in Reggio nicht einmal ein Café, wo man sich zum Plaudern gemütlich hinsetzen kann, kein anständiges Grillrestaurant und keinen Fischladen. Um nur ja keine Tanzstunde zu verpassen, hat meine Tochter eine Reise auf die Malediven, die ich ihr angeboten hatte, ausgeschlagen. Und dann kann man ja an diesen Schulen auch kaum interessante Bekanntschaften machen.» Der Mann, der, wie ich zu verstehen glaube, in kurzer Zeit zu großem Wohlstand gekommen ist, hat gesellschaftliche Ansprüche, die er nicht befriedigen kann. «Man weiß gar nicht mehr, mit wem man zu einem gepflegten Essen ausgehen soll: die, welche genug Stil haben, können es sich nicht leisten, und wer es sich leisten kann, der hat nicht genug Stil.» Als er dann sieht, daß sich seine Verstimmung, obgleich nur ansatzweise, auch auf mich überträgt, rät er mir: «Kommen Sie; ein wenig Lambrusco und Sie werden sehen, daß auch Ihnen Ihre Arbeit viel leichter fällt!»

Gesagt, getan. In seinem *Viaggio in Italia* schrieb Piovene: «Der Lambrusco, ein spritziger, harntreibender Wein, der eine leichte Berauschung hervorruft und sie zugleich aufhebt, kann nicht weit reisen und sollte bevorzugt da getrunken werden, wo man ihn anbaut. Er ist ein echter *genius loci.*» Genau! Inzwischen ist der *genius loci* der Winzergenossenschaft Reggio auch in die USA eingedrungen; 1980 wurden dorthin 766000 Hektoliter Wein im Wert von etwa fünfzig Milliarden Lire exportiert.

Empfang beim Präsidenten der «Cantine Riunite», Walter Sachetti, der für die KPI fünfzehn Jahre im Abgeordnetenhaus und fünf Jahre im Senat saß. Er zeigt mir die Verpackungen für Amerika und Japan, beide identisch, eine Kartonschachtel mit zwei Fläschchen (in der Form wie Coca-Cola-Flaschen), weniger als ein Viertel, genau 180 Gramm, ein Glas im Flugzeug. «Riunite» lautet das Markenzeichen, auch im Ausland. Die «Cantine Riunite» exportieren Lambrusco, den es als Rotwein, Weißwein und als Rosé, Typ Scandiano, gibt, frisch und prickelnd, trocken und lieblich; die Ausländer bevorzugen den bläßlich-rubinroten Lambrusco. «1981 haben wir 1210000 Hektoliter abgefüllt, das sind 150 Millionen Flaschen. In England und in Japan, die keinen Unterschied zwischen Schaum- und Perlweinen machen, zahlen wir Steuern wie für Champagner. Am meisten Anklang findet er in den Staaten New York, Pennsylvania und Kalifornien; jetzt beginnt er auch in Privathäusern heimisch zu werden.»

Während er mir ein Glas Weißen anbietet, der so eiskalt ist, daß ich überhaupt keinen Geschmack wahrnehme und er mir beinahe die Mandeln betäubt, erzählt er mir, welche Politiker er mochte: Togliatti, Di Vittorio, Dossetti, Moro, Nenni, Lombardi. Gronchi schätzte er sehr. Heute hingegen, so meint er, fehlt den Politikern, in der Sprache der Weinkenner, die «Dichte», das heißt Farbe, Duft, ein unverwechselbares Bukett.

# GLÜCK UND UNGLÜCK

*Brescia, Hochburg in puncto Arbeitsunfälle*

Ein von smaragdgrünem Rasen und hohen Pappeln umgebenes herrschaftliches Haus in Brescia: Einst war dies der Palazzo Martinengo, später der Palazzo Salvadego; heute dient es dem «Circolo del Teatro», der früher «Circolo dei Nobili» hieß, als Clubgebäude. In einem Lehnstuhl sitzt ein Mitglied, vertieft in die Lektüre des konservativen «Giornale Nuovo», und läßt sich Kaffee servieren. Später wird jemand zum Bridge kommen. Sehr schöne Räume, besonders der mit den Fresken von Moretto: An den Wänden versammelt sind die edlen Damen des Hauses Martinengo, die mächtigsten Feudalherren der Republik Venedig, immer ein Porträt in einem Bogen der eleganten Galerie. Sie sehen aus wie ein wenig steife, in Brokat und Samt gehüllte, mit Perlen behängte Puppen, akkurat die Frisuren aus dichten Löckchen, auf den Knien haben sie ein mehr als winziges Schoßhündchen, in der Hand eine Nelke oder einen Apfel. Im Hintergrund Dörfer, die von den Schlössern der Familie beherrscht werden, Laub- und Schnörkelwerk, liebliche kleine Täler.

Damen, Schlösser, Laubwerk, liebliche Täler sind Vergangenheit. Geblieben ist ein Tal, zwanzig Kilometer von Brescia entfernt, von dem man heute häufig spricht. Eine Geschichte: Es war einmal ein Mann, wohl um die sechzig, der hatte seine vielköpfige Familie in Apulien zurückgelassen, weil er gehört hatte, daß man im Norden Arbeiter suche. Und weil er Hände hatte, die zupacken konnten, hatte er seinen Pappkoffer und seinen Stock genommen und sich auf die beschwerliche Reise gemacht. Im Morgengrauen erreicht er ein dunkles, enges Tal, an dessen steilen Hängen sich große und kleine Häuser, Schuppen und Fabriken drängten. Graublaue Rauchsäulen stiegen zum Himmel auf, die Bäche schillerten in allen Farben oder waren mit schneeweißem Schaum verziert. «Das ist das Paradies», sagte der Mann aus dem Süden zu sich. Bald fand er eine Arbeit, die ihm ein gutes Auskommen gab, und nach drei Jahren hatte er schon eine Hand unter einer Presse gelassen.

Eben dieses Tal und die umliegenden Orte haben durch die unglaublich hohe Anzahl von Einwohnern, die bei der Begrüssung mit der Rechten «die Hörner zeigen», traurige Berühmtheit erlangt. Es sind die Opfer der Pressen, die — mit Pedalantrieb und unzureichenden Sicherheitsvorrichtungen — hier zu Tausenden illegal betrieben werden. Die Unfallopfer büssen fast ausnahmslos Mittel- und Ringfinger ein. Ein Moment der Unachtsamkeit, mangelnder Koordination zwischen Hand und Fuß genügt, und schon ist das Unglück geschehen.

Arbeitsunfälle sind eine Landplage in ganz Italien, von der zu wenig gesprochen wird, und wenn, dann nur bei einer ausgewachsenen Katastrophe. Dabei ereignen sich in Italien jedes Jahr etwa 1,3 Millionen Arbeitsunfälle mit mindestens dreitägiger Arbeitsunfähigkeit; dreitausend Menschen sterben jährlich durch Unfälle am Arbeitsplatz. Es ist ein lautloses Erdbeben, so als ob alljährlich ein ganzes Dorf verschwinden würde. Arbeitsunfälle fordern fünfmal mehr Opfer (Tote und Verletzte) als der Straßenverkehr.

Was unterscheidet Brescia von den anderen Industriestädten des Nordens (die Stadt ist das viertgrößte Industriezentrum nach Mailand, Turin und Genua) in bezug auf Unfälle am Arbeitsplatz? Brescia (Stadt und Provinz) hält einen traurigen Rekord. Es hat die höchste Unfallziffer; sie ist praktisch doppelt so hoch wie die von Mailand. Allenthalben wird dieser Zustand angeprangert, alljährlich werden die stets alarmierenden Provinzstatistiken veröffentlicht, aber nur wenige wissen eine Erklärung für diesen Rekord. Verschiedene Gründe lassen sich denken. Liegt die Schuld bei den Arbeitgebern?

Folgender Fall hat sich zugetragen: Ein Amtsrichter erhält von einem schweren Unfall (Fingeramputation an einer Hand bei einer Arbeiterin) nicht auf dem Amtsweg Kenntnis, sondern aus der Presse, und das auch nur, weil sich zufälligerweise in der Unfallstation ein Reporter aufhält. Dem Richter, der das unglückliche Opfer befragt und der sich zum besseren Verständnis des Vorfalls die Unfallstatistik des Betriebs zeigen läßt, stehen die Haare zu Berge, als er feststellt, daß in den vergangenen zehn Jahren etwa dreißig Frauen die Hände verstümmelt wurden; aber nichts ist nach außen gedrungen, nie wurde eine Untersuchung eingeleitet. Das ist die Realität der Schwarzarbeit, der Schattenwirtschaft, aber auch die traurige Wirklichkeit der verheimlichten, nie überprüften und zur Anzeige gebrachten Unfälle.

In Brescia gibt es Arbeitgeber verschiedenster Art; zum überwiegenden Teil handelt es sich jedoch um kleine oder mittlere Unternehmer. Bezeichnend für ihre Denkweise ist sowohl ihre Haltung bei Auseinandersetzungen mit der Gewerkschaft als auch ihre Einstellung zu Arbeitsunfällen. Das wird einem bewußt, wenn man sich zum Beispiel mit Arbeitsrichtern unterhält. Ein Arbeiter verletzt sich und der Arbeitgeber wird vorgeladen. «Warum lassen Sie mich wegen dieses Arbeiters herkommen?» fragt der. «Ich hatte eine Menge Unfälle im Betrieb, sogar noch schlimmere, aber man hat mich immer in Ruhe gelassen.» Andere sind noch unverschämter und zugleich fatalistischer: «Es ist wie auf den Straßen, Unfälle lassen sich nicht vermeiden; wenn man arbeitet, besteht logischerweise auch ein Risiko.» Mit ebensoviel Zynismus wie Unlogik behaupten wieder andere seelenruhig: «Dieser Arbeiter ist leichtfertig, unerfahren, läßt sich leicht ablenken; es war seine Schuld.» Oder: «Er war der beste Arbeiter, so tüchtig, so erfahren, aber zu selbstsicher im Umgang mit der Maschine.» Oder auch: «Wenn etwas passieren soll, passiert's!»

Wie aber erlebt die Arbeiterklasse die Arbeitsunfälle? Auch hier hat die Wirklichkeit viele Gesichter. Es gibt große Gebiete, in denen die Praxis, das Risiko durch Geld abzugelten, einem kompromißlosen Einsatz der Gewerkschaften gewichen ist. Beim Unternehmen «Bisider» zum Beispiel hatte die Gewerkschaft die Behörden auf Arbeitsrisiken, Lärmbelästigung und Luftverschmutzung hingewiesen. Aufgrund technischer Abklärungen während mehrerer Monate wurde vom Amtsrichter die vollständige Schließung der Fabrik angeordnet. Der Beschluß wurde erst rückgängig gemacht, als das Unternehmen detaillierte und verbindliche Zusagen machte — mit einem Kostenaufwand von etlichen Milliarden Lire — Sanierungs- und Umstrukturierungsmaßnahmen durchzuführen.

Daneben findet man jedoch die fatalistische Denkweise der Arbeitgeber auch bei den Arbeitern. Und unglaubliche Schuldgefühle kommen bei ihnen noch hinzu. Es ist das tief verwurzelte Denken, wonach der «tüchtige» Arbeiter nicht nur gut und viel produziert, sondern sich auch vor Unfällen zu schützen weiß, indem er den tödlichen Schlägen der Maschine ausweicht oder auf hohen Gerüsten ohne Geländer sicher das Gleichgewicht hält. Wird er erdrückt, fällt er, dann liegt die Schuld seiner Meinung nach bei ihm: er hat sich ablenken lassen, hat zu langsam reagiert, es wurde ihm schwindlig. Folglich ist er kein guter Arbeiter. Was wollen da also die Justiz und das Gewerbeaufsichtsamt mit ihren Untersuchungen? Warum die Justizmaschinerie in Gang setzen und damit diesem armen Teufel von Chef Scherereien verursachen? Wird durch den Unfall die weitere Arbeitsfähigkeit des Arbeiters in Frage gestellt, so braucht man noch lange nicht das Genie, den Mut, die Fähigkeit des Arbeitgebers anzuzweifeln, des Brotgebers der Bevölkerung, der hin und wieder vielleicht kleine Freiräume der Marktwirtschaft ausnutzt (mit dem Resultat jedoch, daß Anlagen veralten und Gebäude baufällig werden).

Wie kommt es zu einer solchen Haltung? Mit ein Grund ist die überkommene Hochachtung vor der industriellen Gesellschaft. Die Art der Arbeit und die Bedingungen, unter denen der Arbeitgeber einen arbeiten läßt, werden nicht hinterfragt. Gefangen in seiner Denkweise und seiner Bewunderung wird der Arbeiter seinerseits zum Opfer und Mitschuldigen. Er läßt sich auf ungehemmte Akkordarbeit ein, akzeptiert selbst die gefährlichsten Verhältnisse am Arbeitsplatz und ist beinahe noch stolz darauf, unter solch erbärmlichen Bedingungen zu arbeiten.

Hier ein beispielhafter Fall der Kopplung Opfer-Komplize. In der Nähe von Brescia wurde unter Beteiligung vieler Kleinunternehmen ein riesiges Stahlwerk errichtet. Beim Hochziehen von Innenpfeilern stürzte einer von den Arbeitern, der in über zwanzig Meter Höhe auf einem leiterähnlichen Gerüststeg mit großen Zwischenräumen ging, hinunter. Niemand hatte den Unfall bemerkt. Als man ihn Stunden später fand, wurde Alarm geschlagen. Bevor jedoch die Polizei benachrichtigt wurde, legten zwei Arbeiter auf Anweisung des Baustellenleiters dem Toten einen Sicherheitsgurt an, womit die beiden Arbeitskollegen des Verunglückten den gleichen Zynismus an den Tag legten wie ihr Chef. Später gestanden sie jedoch und beschuldigten, wenn auch widerstrebend, ihren Herrn und Wohltäter der Fahrlässigkeit. Die größte Angst in Fällen wie diesen ist die Angst vor verdeckten Sanktionen wie etwa der Versetzung an einen unangenehmeren Arbeitsplatz, ein typisches Druckmittel der Arbeitgeber.

Deswegen kann es gelegentlich vorkommen, daß der Richter beim Verunglückten auf wenig Kooperationswillen trifft. Schließlich gibt es ja den INAIL (Nationale Versicherungsanstalt für Arbeitsunfälle; es besteht Versicherungspflicht, die Beiträge werden direkt vom Lohn abgezogen). Alles, worauf er Anspruch hat, wird ihm von dort schon vergütet werden. In solchen Fällen muß dann dem Arbeiter (und auch dem Arbeitgeber) erst klar gemacht werden, daß der Strafprozeß von Amts wegen geführt wird und daß es das Recht auf Nebenklage zur Erlangung vollumfänglichen Schadenersatzes gibt.

Zu den Schwierigkeiten, die in der Mentalität der Arbeiter begründet sind, und zur Inkonsequenz der Gewerkschaften gesellen sich noch weitaus ernstere, manchmal geradezu «organisierte» Hindernisse und Widerstände.

Nach dem Schauder beim Durchblättern des erwähnten Unfallregisters, in dem Dutzende von Verstümmelungen festgehalten waren, wurde dem Richter klar, daß man die verunglückten Frauen zwar tatsächlich zur Unfallstation brachte, daß jedoch die Heilprognose immer auf fünfundzwanzig bis dreißig Tage lautete (bei mehr als dreißig Tagen besteht nämlich Anzeigepflicht beim Amtsgericht). Deswegen wurde auch gegen den Stationsarzt Anklage in verschiedenen Punkten, unter anderem wegen Begünstigung, erhoben.

Beredt schildern die verunglückten Frauen die Zustände an ihrem Arbeitsplatz; sie beklagen sich über die Maschinen, die Federn der Schneidegeräte, die oft schlagartig bersten, über die mangelnde Wartung und das Fehlen eines Reparaturbereitschaftsdienstes. Eine Arbeiterin beschreibt ihren Unfall: «Ich habe in der Montage gearbeitet; nach dem Urlaub wurde ich, weil ich wegen Krankheit einige Tage gefehlt hatte, zur Strafe an die Schneidemaschine versetzt. Ich hatte immer an der Maschine gearbeitet, an der ich dann verunglückte, die wurde immer noch mit dem Pedal, nicht durch Knopfdruck in Gang gesetzt. Ich nahm mit der linken Hand das Materialstück, legte es unter den Stempel, trat auf das Pedal und nahm das Stück mit der rechten Hand heraus. . . Zu der Zeit hieß es, wir würden die Produktionsprämie schaffen, also arbeitete ich schnell; die Prämie habe ich nicht bekommen, dafür den Finger verloren. Vielleicht habe ich das Pedal nicht im Takt getreten, die Presse kam jedenfalls herunter, als ich mit der linken Hand darunter war, und trennte mir die zwei letzten Glieder vom Mittelfinger ab.»

Seit ein paar Jahren ist jedoch einiges in Bewegung geraten. Die Gewerkschaft ist zwar noch nicht in der Lage, jeden Unfall sofort von einem eigenen Sachverständigen überprüfen zu lassen, aber sie beschränkt sich nicht auf massive Proteste, sondern erstellt zum Beispiel Gutachten über die Unfallrisiken in ausgewählten Betrieben. Das Amtsgericht Brescia hat einen direkten Draht zu den in die Unfallstation abgeordneten Polizisten eingerichtet. Nur noch selten bleibt heute ein Arbeitsunfall unentdeckt; immer häufiger verschaffen sich bei schweren Fällen Polizei oder Carabinieri selbst einen Eindruck am Unglücksort.

Und so kommt es mitunter soweit, daß einige Unternehmen (mittlere und große vor allem) zu rechnen beginnen und dabei feststellen, daß auch ein nur leichter Unfall immense Kosten verursacht (Strafen, verlorene Arbeitsstunden, Gerichtskosten, höhere Beiträge für die Pflichtversicherung), daß hingegen ein Rückgang der Unfälle am Jahresende manchmal als beträchtliche Ersparnis zu Buche schlägt, ganz zu schweigen davon, daß eine Modernisierung der Sicherheitsvorrichtungen auch bedeutet, mehr und besser zu produzieren.

Über die Knauserigkeit und Gewinnsucht der Kleinstunternehmen (mit mechanisch betriebenen Maschinen ausgerüstete Betriebe, in denen die ganze Familie plus einige Schwarzarbeiter beschäftigt sind), die sich in den letzten Jahren mit atemberaubender Geschwindigkeit vermehrt haben, sind einige bissige Anekdoten im Umlauf. Der Inhaber eines Kleinbetriebs sitzt abends in der Küche über seiner Polenta. Ganz plötzlich kommt ihm die Idee, daß seine Großmutter, die an Schüttellähmung und damit an dauerndem Zittern leidet, ihm nützlich sein könnte. Also bringt er sie am nächsten Tag in die Werkstatt und bindet ihre zitternde Hand an einen Riemen, der etwas Nützliches ohne Unterbrechung in Gang halten soll.

Dem Beispiel dieses erfolgreichen Experiments folgend, betrachtet ein anderer Kleinunternehmer seine bejahrte Schwiegermutter. «Ich habe eine Idee», sagt er zu ihr. «Morgen nehme ich dich mit in die Fabrik; du kannst mir helfen, und zwar ohne große Anstrengung, du wirst schon sehen. Mit dieser

Hand (die, in der du keine Arthritis hast) ziehst du an einem Seil und gleichzeitig drückst du mit dem rechten Fuß ein Pedal; du wirst sehen, du hast sogar noch deinen Spaß dabei. . .» Die Alte aber, noch schlauer als der Schwiegersohn, ist nicht aufs Maul gefallen: «Wenn du glaubst, du kannst mir auch noch einen Besen hinten reinstecken, damit ich gleichzeitig den Boden wische, hast du dich aber schwer getäuscht. Ich bleibe hier oben, und in die Werkstatt kriegst du weder meinen Fuß, noch meine Hand, noch meinen Hintern!»

Es scheint mir nicht richtig, Brescia zu verlassen, ohne den Ort gesehen zu haben, der dem alten Mann aus Apulien einst wie das Paradies erschien. Also hinaus aus der Stadt in Richtung Valtrompia nach Lumezzane, das in einem acht Kilometer langen und zwei Kilometer breiten Tal liegt. Es gibt sie wirklich, die aschgrauen oder bläulichen Rauchsäulen ebenso wie die sterbenden oder toten Bäche. Die Anhäufung von Fabriken mit darunter liegendem Wohntrakt, von Wohnhäusern mit darunter liegenden Werkstätten, von Schuppen und Hütten ist von einer fast unsäglichen Häßlichkeit. Dazwischen stehen hier und da bleigrau, tomatenrot, faulig-grün, braun, leber- oder lachsfarben getünchte Hochhäuser. Noch mehr als die Architektur beleidigen die Farben das Auge. Dazu kommt ein Wald von gelben Schildern, auf denen die Namen der Werkstätten, Industriebetriebe, Gießereien, Fabriken für Bestecke, Wasserhähne, Töpfe, Drahtwaren usw. stehen.

Der christdemokratische Bürgermeister Damiano Scaroni, ein redseliger Mann, gibt bereitwillig Auskunft über das fleißige Tal. (Ursprünglich gab es hier drei Orte, die durch die Anfang der 50er Jahre einsetzende Industrieansiedlung miteinander verschmolzen sind.) Damals hatte Lumezzane elftausend Einwohner, heute ist es der am dichtesten bevölkerte Ort Italiens mit ungefähr 1500 Betrieben. Weideland gibt es natürlich kaum noch, und auch die Haselnußsträucher, Buchen und Robinien mußten fast alle den Fabriken weichen.

Was wird hier hauptsächlich hergestellt? «Das läßt sich leicht sagen: Alles, was man im Haushalt braucht: Nußknacker, Flaschenöffner, Betten, Lampen, Schlösser, Kruzifixe, Töpfe, Kochplatten sowie fünfundneunzig Prozent der italienischen Eßbestecke. Und schauen Sie sich mal auf dem Parkplatz um: Jeder Wagen hat mindestens ein Teil aus Lumezzane, auch der Fiat (Lichter, Gußteile). Sowohl die Fiat-Werke als auch Necchi und Innocenti lassen hier arbeiten.»

«Gefällt Ihnen unser Korkenzieher aus massivem Messing? Praktisch und formschön, nicht wahr? Wir verkaufen ihn für etwa vier Dollar an eine große amerikanische Firma: die von der Kreditkarte, American Express; und die verkaufen ihn dann für neunundzwanzig weiter. Unsere Erzeugnisse, Dosenöffner eingeschlossen, können Sie in Kapstadt, Oslo, Tokio und Hongkong wiederfinden.»

Die Hälfte der vierundzwanzigtausend Einwohner von Lumezzane sind Einheimische, zwölftausend sind Zuwanderer — fünftausend von ihnen kommen aus dem Süden, aus Kalabrien, Kampanien, Sizilien und Sardinien, die übrigen aus der Lombardei und dem Umland von Brescia und Cremona —; alle haben sich gut integriert. Um zehn Uhr geht man hier schlafen (die Arbeit beginnt um sieben); es gibt keine Gaststätte, kein Tanzlokal. Einige Unternehmer sind natürlich reich geworden, und man erzählt sich von gelegentlichen Ausschweifungen, zum Beispiel von einem, der hin und wieder ein gutes Dutzend Flaschen Champagner köpft, um Stimmung zu schaffen. Reisen und Kreuzfahrten zu den Seychellen und den Antillen sind nichts Außergewöhnliches. Aber in der Regel stecken die Unternehmer ihre Gewinne in landwirtschaftliche Betriebe (vorzugsweise in der Toscana) und Weinberge; einige sind auch schon ins Weingeschäft eingestiegen.

«Stimmt es, daß man Sie kleine Japaner nennt?» Der Bürgermeister antwortet leicht gekränkt: «Wir können eine solche Bezeichnung nur zurückweisen. Wir haben von den Japanern nichts zu lernen. Unsere Industrie hat eine hundertjährige Tradition; wir exportieren ganze Firmen, die sich z. B. in

Chiari, Ospitaletto oder Montichiari angesiedelt haben; in den letzten dreißig, vierzig Jahren waren es etwa zweihundert, Tochtergesellschaften ausgenommen. Unter unseren eintausendfünfhundert Betrieben sind wenigstens fünf- bis sechshundert potentielle Großunternehmen. Sie expandieren nicht am Ort, weil hier kein Platz ist, aber anderswo schießen die Ableger wie Pilze aus dem Boden.»

Die Unfallstatistik? Natürlich gebe es Arbeitsunfälle. (Die tödlichen, wie zum Beispiel der Fall eines Arbeiters, der vom Dach stürzte oder der eines anderen, der sich in einer drehenden Maschine verfing und nicht mehr herauskam, seien selten.) Von etwa 2000 Unfällen im Jahr seien 1000 ganz leichte, sagt der Bürgermeister, als ob er über einen Mückenstich sprechen würde: ein Finger, ein Fingerglied, nicht viel mehr, während etwa 1000 einen größeren ärztlichen Eingriff erforderten. Die Unternehmer seien geneigt, Konflikte durch Vermittlung zu lösen und Streitfälle zu einem vernünftigen Abschluß zu bringen; seit der gesetzlichen Regelung der Unfallverhütung ständen die Unternehmen mit dem Rücken an der Wand. In vielen Fabriken seien Schutzvorrichtungen eingebaut worden, aber natürlich seien noch nicht alle damit ausgerüstet; Unvorsichtigkeit sei häufig mit im Spiel, weiter werde das Unfallrisiko durch die Produktionsvielfalt mancher Betriebe erhöht, auch durch die neuen Maschinen und Anlagen, mit denen man noch keine Erfahrung habe. Jedenfalls gebe es hier nicht mehr Arbeitsunfälle als in anderen Industriegebieten. «Der Ort explodiert», zu diesem Urteil kam eine Gruppe von Soziologen in einem im Auftrag der christdemokratischen Gewerkschaft Cisl erstellten Bericht. Und wirklich: Die Einwohner von Lumezzane sind an schnellem Fortkommen interessiert. Besonders intensiv beschäftigt sich der Bürgermeister deshalb momentan mit dem Problem der Straßenverbindungen: «Stellen Sie sich vor, um die großen Verkehrsstraßen zu erreichen, müssen wir uns über einen schmalen Fahrweg quälen. Die Leute hier wollen aber in einer Dreiviertelstunde in Mailand sein, nicht erst nach zwei Stunden.»

Schnell sind sie zweifellos, wie eine Anekdote beweist, die man sich am Ort über einige Arbeiter erzählt, die schwarz oder «halb schwarz», jedenfalls illegal arbeiteten. Der Arbeitsinspektor kommt zu einer überraschenden Betriebsbesichtigung, und als er zur Werkhalle geht, um mit dem Besitzer zu sprechen, sieht er etliche Leute eilig die Böschungen und Talhänge hinaufklettern. «Wer läuft denn dort wie die Hasen?» Darauf der Besitzer: «Wissen Sie, ich mag es, wenn die Arbeiter flink sind.»

Brescia ist eine «weiße» (d. h. konservative) Stadt. Bei den letzten Wahlen erhielten die Christdemokraten 40, die Kommunisten 27 und die Sozialisten 10 Prozent der Stimmen. Das Bürgertum gerät in Panik beim Gedanken an die Kommunisten und liest den «Giornale Nuovo»; der «Corriere della Sera» gilt als links. Die eigentliche Machtgruppe der Stadt bilden eine Reihe von alteingesessenen Industriellen an der Spitze der «Banca San Paolo» und das ehemals katholisch-liberale Bürgertum, die Nachkommen der Großgrundbesitzer, unter denen heute eine ganze Anzahl tatkräftiger Industriemanager sind. Die «Banca San Paolo» beherrscht die wichtigste Tageszeitung («Giornale di Brescia») und den Verlag «Scuola editrice», einen Giganten des Lehrmittelverlagswesens.

Darüberhinaus ist Brescia ein Zentrum des Katholischen Verlagswesens. Die Verlagshäuser «Morcelliana», «Queriniana», «Scuola», sind hier ansässig.

Eine ausführliche Würdigung verdienten der Verlag «Queriniana» (der in den letzten Jahren eine Hauptrolle im fortschrittlichen Katholizismus gespielt hat und von neuen Glaubensströmungen beeinflußt ist) und die altehrwürdige Zeitschrift «Humanitas» (die während des Faschismus und in den Jahren danach große Bedeutung hatte). Kurz gesagt, der Katholizismus stellt sich in Brescia in seiner ganzen Bandbreite dar: es gibt sowohl Traditionalisten, Gruppen, die über Macht und Prestige verfügen, als auch starke Strömungen des kritischen Katholizismus. Die DC erreicht in Brescia mit 40 % zwar einen überdurchschnittlich hohen Stimmenanteil, hat aber kaum Persönlichkeiten hervorgebracht, die überregional in Erscheinung getreten wären.

Die Bastion des Besitzbürgertums und des skrupellosen Unternehmertums ist heute der Cab («Credito agrario bresciano»). Beherrscht wird er von seinem Hauptaktionär Gino Lucchini, Präsident der Industriellenvereinigung.

Lucchini ist auch der König der Stahlproduzenten. Der EG-Kommissar für Stahl, D'Avignon, hatte mehr als eine Auseinandersetzung mit den Brescianern, weil Brescia den kostengünstigsten Armierungsstahl in ganz Europa produziert und damit den EG-Markt durcheinander bringt; der Preis ist immer abends nach einem opulenten Mahl im Restaurant «La Sosta» beim Kartenspiel «Tressette» ausgehandelt worden.

# MODERN UND ANTIK

*Möbelfabrikation in der Poebene bei Verona*

«Dieser Schreibtisch hier, Louis XVI, besser bekannt als 'holländischer Stil'. Der Eckschrank Mantua, 18. Jahrhundert, der Tisch Florentiner Renaissance, massiv Nußbaum, handgeschnitzt, das große Regal, Genueser Stil mit Elementen von Louis XV. Sie sollten einmal sehen, wie das den Japanern gefällt! Dann hier die tresorartige Kredenz, 18. Jahrhundert, nach der die Deutschen ganz verrückt sind.» Dies erklärt mir ein großer, hagerer Herr, und er wirkt wie ein guter Gastgeber, der die Gäste miteinander bekannt macht, und zwar nicht so, wie es heute üblich ist, daß man kaum die Namen versteht, sondern so, wie man es einst zu tun pflegte, so klar und deutlich klingen «Louis XV», «Louis XVI», «Chippendale» durch die peinlich geordneten Räume.

Und gemächlich führt er mich durch diese Räume, damit ich die zum Verkauf ausgestellten, zumeist strahlend glänzenden Möbel bewundern kann: Er ist es auch, der in den Lexika und Kunstbüchern nachschlägt, um die antiken Möbel zu kopieren, wobei er sich hütet, sie auf antik zu trimmen, er entwirft auch die Skizzen und überwacht die Herstellung. Es sind Kopien und damit basta, und ihr Makel für den, der antike Möbel oder jene alten der Großmutter liebt, besteht in einer glänzenden, nicht rückgängig zu machenden Mittelmässigkeit sozusagen, es ist ein Wollen und nicht Können, zu schön und vollendet, als daß es echt sein könnte.

Dies ist nur eine der Fabriken, in denen pseudo-antike Möbel hergestellt werden und die dem Gebiet «Bassa Veronesse», (der zur Provinz Verona gehörende Teil der Poebene), zu unglaublichem Reichtum verholfen haben. Es sind Ortschaften, die man als viele voneinander getrennte Abteilungen einer einzigen Firma bezeichnen müßte. Es genügt, die Schilder an der Straße zu lesen, gleichsam ein Wald von knalligem Gelb, Empfehlungen, Aufforderungen, Bitten ohne Unterbrechung: »Stilmöbel, Einrichtungen, Statuen, Maßanfertigung. Schnitzarbeiten, komplette Zimmer, antike Madonnen, Messingbetten, Stuhlfabrik, Einlegearbeiten. Spezialisierter Drechsler, Strohflechter, Auspolsterung, Tiroler Möbel, Ledersessel, Lackierer.» Die dank der Schattenwirtschaft äusserst wohlhabenden Orte heißen Bovolone und Cerea; man braucht sich nur zwischen Fabriken und Schuppen die Häuser derjenigen anzuschauen, die unmäßig verdient und die wunderschöne, schlichte Architektur Venetiens zerstört haben, das traditionelle Bauernhaus mit dem einfachen, harmonischen Aufbau. An ihre Stelle traten Zement Ziegel oder Holz für das absurde Chalet schweizerischer Prägung, hier die Villa mit einem Schwimmbecken von olympischem Ausmaß, aber nur achtzig Zentimeter Tiefe, da der Besitzer nicht schwimmen kann, dort die geschmacklose, überladene Pagode, jenes andere Haus mit dem Löwen von San Marco auf dem Stuck, ein falscher Palazzo Ca' d'Oro, eine Villa, die sich ein ehrgeiziger Geldmensch aus den gleichen Materialien bauen ließ, die auch Palladio verwendet hatte, aber herausgekommen ist eine Art Tempel mit falschen Proportionen, und auch die Zahl der Säulen an der Stirnseite ist unglaubhaft. Und dann die Häuser, in denen Mansarde und Taverna nicht fehlen durften (neben überdimensionierten Sälen für Diners), obwohl sich der Architekt (auch er sehr reich geworden) vielleicht hätte daran erinnern sollen, daß die alten Häuser schon immer Dachspeicher enthielten, die wie Luftkammern wirkten und als Abstellräume dienten oder gelegentlich auch Seidenraupen beherbergten. Aber nein, für sie ist die Mansarde ein Zeichen großen Wohlstands, und es spielt keine Rolle, daß sich dort nur die Hitze sammelt. Die übergroße Menge an offenkundiger Unechtheit ist aufmerksamen Beobachtern zufolge die Frucht der Kungelei zwischen Verkäufern und Käufern, wie die politische Führung verantwortlich ist für die sozialen und wirtschaftlichen Verhältnisse. Die Christdemokraten, an der Macht in der Region Veneto, verkörpern diesen Typ von Gesellschaft perfekt; sie verwalten sie mit Geschick, sind taub, wenn es um grundsätzliche Probleme geht, haben hingegen ein offenes Ohr für die Förderer einer blühenden Entwicklung. (Ihr Wahlspruch könnte lauten: «Beruhigen, nicht bewegen».) Und es ist diese große Zahl von fleißigen Arbeitstieren, die unermüdlich inmitten der Holzspäne arbeiten, sie sind es, die ihre politischen Vertreter so wollen, wie sie sind. Die Späne und der während acht, neun, zehn Stunden pro Tag eingeatmete Holzstaub verursachen Bronchialasthma, Emphyseme und auch Krebs in den Nasennebenhöhlen, aber die Schutzmasken werden als störend empfunden und nur wenige tragen sie die ganze Zeit.

Andere Berufskrankeiten traten in Bussolengo im Süden, in San Giovanni Lupatoto im Osten und in Tregnano im Norden von Verona auf; es sind Orte, die durch die Schuhfabriken sehr reich geworden sind. Viele junge Arbeiterinnen wurden mit Hexan-Vergiftung (ein Derivat des Benzols) ins Krankenhaus eingeliefert, und es gab auch einige Fälle von Lähmungen. Heute sind die Erkrankungen zurückgegangen, da die Fabriken die Belüftung verbessert haben und sich die Arbeit verlagerte — in die Privathäuser und vor allem in den Süden; dort erkranken in den Schuhwerkstätten die mehr oder weniger schwarz beschäftigten Kinder von Neapel.

Auf einigen Streckenabschnitten ist die Straße nach Bovolone (hinsichtlich des Pro-Kopf-Einkomens unter den ersten Gemeinden der Region) gesäumt von langen gewellten Plastikdächern, die an die Stelle der alten Gewächshäuser getreten sind; dort pflanzt man Erdbeeren und anderes Frühobst, unter anderem Melonen. Ausgedehnte Tomatenfelder, endlos die Obstkulturen mit Einrichtungen zur Hagelabwehr und festinstallierten Beregnungsanlagen; trotz des Möbelhandwerks hat diese Ecke des Veneto eine Landwirtschaft mit den höchsten Flächenerträgen in Europa (im Sektor Frühobst und Frühgemüse).

Die Zahl der in der Landwirtschaft Beschäftigten, welche die Minimalbeiträge für die Kranken- und die Rentenversicherung zahlen, ist sehr groß; sie erhalten so auch Arbeitslosenunterstützung für praktisch das ganze Jahr. Es handelt sich um Frauen, die in der Erdbeer- und Melonensaison zwei Wochen lang als Pflückerinnen arbeiten und damit als landwirtschaftliche Arbeitskräfte gelten. Dabei sind es eigentlich Arbeiterinnen aus der Möbelindustrie, die zu Hause oder bei Verwandten arbeiten und einen schönen Batzen Geld verdienen.

Die Figur des guten Christdemokraten verkörpert der Bürgermeister von Bovolone, Professor Guido Migliorini, «Do-re-mi» genannt, weil er als Pianist Konzerte in vielen Ländern der Welt gegeben hat; außerdem ist er auch Komponist. Das Reisen hat er aus Gesundheitsgründen aufgegeben, heute erteilt er Musikunterricht an der Schule. Er steckt in einem eleganten gipsfarbenen Flanellanzug, großgewachsen, elfenbeinfarbener Teint, regelmäßige Gesichtszüge, ein honigsüßes Lächeln, schwarzes onduliertes Haar und hier und da, wohlverteilt, eine Silbersträhne. Unter dem Dach eines ganz gewöhnlichen zweistöckigen Hauses hat er ein kleines Arbeitszimmer, das wie ein Mini-Chalet ganz mit Holz verkleidet ist, aber seine offiziellen Amtsräume befinden sich in einem alten Palazzo. Auf eigene Kosten hat er das Haus mit Möbeln im englischen Stil, selbstverständlich aus der lokalen Produktion, eingerichtet.

Wie ist dieser Möbel-Boom zu erklären, dieser beinahe fanatische Arbeitsstil, dieser schwindelerregende Aufstieg? Ist es wahr, daß die Einwohner von Bovolone steinreich sind? Das sind die ersten Fragen an den Bürgermeister, die mir einfallen. Während er von der Entstehung der für seine Gegend typischen Arbeit erzählt, hat er etwas von einem Märchenerzähler. Vor dem Krieg war Bovolone ausschließlich ein landwirtschaftliches Zentrum, obwohl da natürlich auch Handwerker lebten, zum Beispiel der Schreiner Merlin, der vom faschistischen Parlamentsabgeordneten Bruno Bresciani, einem Liebhaber und Sammler echter antiker Möbel, unterstützt und protegiert wurde. Während des Faschismus ging der Abgeordnete hin und wieder nach Deutschland, um ein seltenes Möbelstück zu erwerben, das er dann Merlin zeigte, der es für ihn nachbaute. Heute führen die Erben des tüchtigen Handwerkers die Arbeit fort, aber von Einzelstücken ist keine Rede mehr, denn die Firma ist riesig und heißt, im Einklang mit der modernen Werbung, «Merlin's Organization».

Die Krisenzeit des Zweiten Weltkrieges überstand man dank der Handwerksbetriebe, in denen die Jugendlichen von Merlin im Gebrauch von Hobel und Säge unterrichtet wurden. Solche Werkstätten entstanden überall, in Kellern, Häusern, Schuppen, «und damit fing alles an».

Einer macht seit zwanzig Jahren die Beine für französische Tische, einer macht Stühle, einer polstert sie, wieder ein anderer macht die Madonnen mit ihren schönen Rissen, denn die neuen Madonnen «laufen nicht». Und alle sind dank einem Geflecht von Freundschaften, Beziehungen, Verwandtschaften zu riesigen Vermögen gekommen. Zum Einkaufen hierher kommen die Deutschen, die Amerikaner, die Japaner, die gleichzeitig 50 komplette Kücheneinrichtungen mit Tischen, Backtrögen, Sitztruhen bestellen, und schließlich die italienischen Brautpaare, die ein Haus «mit Stil» haben möchten. Daher die Villen und die riesigen Bankkonten. Unter den 13000 Einwohnern von Bovolone (1965 waren es noch achttausend) gibt es etwa dreihundert mit einem Vermögen von schätzungsweise 3 bis 4 Milliarden Lire. Und die Zweigstellen der Banken in Bovolone und Cerea verwalten Einlagen in Höhe von Hunderten von Milliarden.

In diesem Dreieck im Süden Veronas Arbeit zu finden ist für Jugendliche ein Kinderspiel. «Wahrscheinlich werden Sie es nicht glauben», meint der Bürgermeister, «aber es gibt hier junge Männer, die mit der Fertigung von gebogenen Beinen für Kredenzen, Beinen für französische Tische im Monat weit mehr als eine Million verdienen (acht Stunden in einer Fabrik, dann weitere Stunden in einer privaten Werkstatt). Sie schaffen knapp den Hauptschulabschluß, haben aber schon bald ein eigenes Haus, der Wagen ist eine Sonderanfertigung, die Kleider tragen das Markenzeichen der 'Großen', zum Tennisspielen haben sie exquisites amerikanisches Schuhwerk». Hier unterbricht ein tiefer Seufzer den Monolog des Bürgermeisters. Mit dem Luxus und dem unbegrenzten Wohlstand haben, Gott sei's geklagt, auch die Drogen Einzug gehalten. In Bovolone dürfte es etwa 50 Drogenabhängige geben, es gab auch schon einige Drogentote, und drei oder vier Dealer wurden aus der Schule «hinausgeworfen».

Eine sehr gute Sache ist zu bemerken: die Betriebe haben als Arbeiter auch Behinderte eingestellt, die mitunter sehr hohe Kreativität entwickeln. In Cerea gibt es eine Behinderten-Kooperative und in Bovolone befindet sich eine Schule «Il Pellicano»; dort entstehen tadellose Einlegearbeiten, und es bestehen auch Pläne, diese von der Gesellschaft zu oft zurückgewiesenen Jugendlichen auch in der Landwirtschaft einzusetzen.

Gegenwärtig dürfen aufgrund der Bauverordnungen keine Baugenehmigungen für Häuser oder Werkstätten erteilt werden. In den sechziger Jahren wurden in Bovolone und im Ortsteil Villa Fontana zu viele Bewilligungen erteilt, die Siedlungen wurden alle widerrechtlich erstellt, so daß erst jetzt die Arbeiten für die Kanalisation beginnen. Einen Bebauungsplan hat man hier nie gesehen. Andererseits «läßt sich eine geradezu leidenschaftlich arbeitsame Bevölkerung nicht mit Plänen kontrollieren», meint der Bürgermeister, den Ton seiner wohltemperierten Stimme modulierend.

Stimmt es, daß die Wirtschaft sich außer auf Gewinnakkumulation auch auf Wechsel gründet? «Ja», meint der Professor, «zahlreiche Wechsel sind im Umlauf. Sie sind bisher zu

97 % honoriert worden, und wir erhoffen dasselbe für die Zukunft.» Als Folge der Wechsel ist auch der Umsatz der Wucherer beträchtlich: neben der Sparkasse und der «Banca mutua popolare» gibt es Privatbanken, die zu Zinssätzen von 20 – 30 % pro Monat Geld verleihen.

Der Ort wählt zu 54 % christdemokratisch. Bei den Gemeindewahlen treten auch Bürgerlisten wie die «Möwe» und die «Eiche» an; auch sie machen zwar christdemokratische Politik, nur etwas mehr «links». In der *Giunta,* dem Gemeinderat, sitzen 14 Christdemokraten, 1 Sozialdemokrat, je 2 Vertreter der «Eiche» und der «Möwe», 5 Kommunisten, 5 Sozialisten und 1 Vertreter des neofaschistischen MSI. Die dominierende Farbe in der Region Veneto ist also das Weiß der DC.

Zufrieden, den Bürgermeister eines so blühenden Ortes mit solch gelassener Sicherheit sprechen gehört zu haben, gehe ich mit Freunden essen. Es ist möglich, daß ich von jeher das Wort nicht mochte, aber die Wucherer wecken meine Neugier. Gibt es sie tatsächlich? Natürlich gibt es sie und sie verleihen Geld zu 30 % pro Monat. Es gibt allerdings auch andere, die zu normalen Zinssätzen verleihen, den Kunden dafür aber eine Menge wertloses und unnützes Zeug anhängen, wie zum Beispiel einen Posten Verkehrsschilder (aus einer Konkursmasse für 7 Millionen erworben und für 70 Millionen gehandelt). So zahlt einer, der 100 Millionen Lire brauchte, diese Summe plus die normalen Zinsen zurück, und zusätzlich hat er dem Wucherer noch Sachen abgekauft, die zu nichts zu gebrauchen sind.

«Die Verträge werden überdies kaum je in bar abgeschlossen», erklärt der Freund und Informant weiter, «sondern es handelt sich oft um Tauschgeschäfte, Ware gegen Ware statt Geld gegen Ware.» Ein Möbelgeschäft zum Beispiel bezahlt eine Halle mit Möbeln, und mit Möbeln werden auch die Mansarde und die Taverna bezahlt.

Vor seiner Bohnensuppe und dem guten neuen Wein sitzt ein Mann aus Verona, der sich sowohl an den alten Merlin als auch an den Faschisten Bresciani, den Kunstfreund und Liebhaber mittelalterlicher Burgen und antiker Möbel, erinnert. Schon 1928 brachte Bresciani ein großes, schönes Möbel zu Merlin, und der begabte Handwerker kopierte es hin und wieder, noch öfter gelang es ihm, die Kopie geschmackvoll zu »antikisieren«, indem er teilweise auch altes Holz verwendete. Einige alte Türchen und Teile einer Sitztruhe lieferten ihm die Bestandteile, und das Möbel wurde halb neu, halb alt, beinahe immer zumindest originell. Der Erzähler erinnert sich auch an den Schrecken, den er erlebte, als er während des Krieges einmal durch das Dorf ging, in dem Merlin wohnte (Asparetta di Cerea): er hörte eine Reihe von Schüssen, dachte, es sei eine Razzia der Deutschen und warf sich zu Boden, ins Gras. Es war jedoch die Familie Merlin, die den Möbeln eine Ladung Schrot verpaßte, um sie wie vom Holzwurm befallen erscheinen zu lassen.

Nach dem Krieg kam dann der Boom der gänzlich neuen, glänzenden Kopien (die «Poliererinnen», die sie zu Hause mit Rohbaumwolle und farblosem Lack polieren, gibt es immer noch), und der alte Merlin fand sich umgeben von zweitausend Werkstätten: das erste Stück, das damals sehr beliebt war und große Verbreitung fand, war das *Bombé* aus dem Wurzelholz des Nußbaums, Stil 18. Jahrhundert. Als ein Mann aus Verona eines Tages die Tochter eines seiner Angestellten, die am nächsten Tag heiraten wollte, besuchte, fand er das kleine, niedrige Schlafzimmer des jungen Paares (3 × 3 Meter) dermaßen vollgestellt mit diesen Möbeln, daß die Braut, um in den Spiegel sehen zu können, auf den Zehenspitzen auf dem Bett stehen mußte. Nachdem auch ihr Mann sich mit den Möbeln mit mehr oder weniger runden Formen ein herrschaftliches Haus erarbeitet hatte, in dem jedes Möbel seinen Platz fand, war dann die Frau — auch sie infolge anhaltenden Wohlstands rundlich geworden — nicht mehr zu akrobatischen Kunststücken gezwungen.

Zweitletzter Besuch in der Schattenwirtschaft. Eine Fabrik in Cerea, in der Holzbretter in kleinere Stücke zersägt, abgefeilt und gleichlaufend gemacht werden; das Holz kommt aus Afrika und Jugoslawien. Die Arbeiter müßten alle einen Gehörschutz tragen wegen des höllischen Lärms. Hier werden Tischsockel und Flügel für Kredenzen hergestellt, und es arbeiten elektronisch gesteuerte Pressen und Kontakt-Schleifmaschinen; in einer Abteilung fertigt der Pantograph die Kopie eines Akanthusblattes an, in einer andern wird Laubwerk in den Rand eines Tisches geschnitzt, und schließlich befinden wir uns in der Abteilung, in der die einzelnen Teile zusammengefügt werden. Man zählt die Einzelteile und setzt das Möbelstück zusammen. Dann eine, zwei, drei Schichten Firnis (für diese Arbeit scheinen die Frauen «geeigneter» — sie sind geduldiger als Männer und «ertragen» die starken und zweifellos schädlichen Gerüche besser). In einigen Werkstätten erhalten die Möbel außer den Zierleisten auch die schwarze Patina, und natürlich, aber mit wenig überzeugendem Resultat, werden auch Griffe, Schlüssel, Beschläge, Knäufe der Altersbehandlung unterzogen, sie werden oft, um den gleichen Zweck zu erreichen, lange vergraben.

Sich «begraben lassen» oder machtlos zusehen muß in den meisten Fällen auch die Gewerkschaft. Da für Firmen mit mehr als fünfzehn Beschäftigten das Arbeiterstatut gilt, versuchen alle kleinen Betriebe, unter dieser Grenze zu bleiben und vergeben Unteraufträge. Der Arbeitgeber ist zu mächtig, wen(n) er entlassen will, entläßt er. Die Führung ist patriarchalisch, einen Betriebsrat gibt es nicht. Einige Arbeiterinnen einer Schuhfabrik in Tregnago wurden vom Chef blutig geschlagen, als sie vor drei Jahren während der Tarifvertragsverhandlungen einen Streik wagten. Die Gewerkschaft schritt ein und ging vor Gericht: vom Prozeß hörte man nichts mehr.

Letzte Begegnungen. Man stellt mir einen früheren Schreiner und jetzigen Multimillionär vor, der während Jahren mit Hilfe der Familie ausschließlich Fernsehtischchen herstellte, an denen er pro Stück 5000 Lire verdiente; er produzierte davon tausend pro Monat, das bedeutete, daß er schon 1970 monatlich 5 Millionen Lire verdiente. Dann noch jener gutsituierte Herr, das Gesicht fettig-glänzend, energische Miene, der vor Jahren einen Besucher in einen Raum voller Baumstrünke führte, alle mit einem Loch in der Mitte. Der Himmel mag wissen, wozu die gut sind, dachte der neu hinzugekommene Gast. «Feuerholz für den Kamin?» fragte er. Und die entrüstete Antwort: «Wo denken Sie hin, die sind für Kalifornien bestimmt.» Es waren Ständer aus «antikisierter» Pappel, die in San Francisco als Lampensockel äußerst begehrt waren.

# DIE VERGNÜGUNGSFABRIK

*Tourismusindustrie in Rimini*

Man nennt Rimini die große «Vergnügungsfabrik» Italiens, und dies zu Recht: Massenunterhaltung und Ferienfreuden werden hier regelrecht produziert, die Riten der Konsumerlebnisse und der hektischen Alltagsflucht sind hier noch voll intakt. Tausende von Touristenunterkünften gibt es, Hotels, Pensionen und Pensiönchen und Absteigen; Hunderte und Aberhunderte von Restaurants, Pizzerien für alle, Bierlokale für die Deutschen, Pubs für die Engländer, Imbißstuben für den eiligen Gast, Discotheken für die Jugend und Spielhallen, in denen jung und alt unermüdlich Knöpfe drücken, um Frösche vor dem Fall ins Wasser zu retten oder insektenartige Invasoren aus dem All abzuwehren. Wie am Fließband folgen Andenken-, Schmuck-, Keramik- und Schuhgeschäfte aufeinander; es ist ein Rummelplatz, der sich entlang eines dreissig Kilometer langen, freien und sauberen Strandes hinzieht und den man eher in der römischen Filmstadt Cinecittà vermuten würde. Im Sommer ist es hier voller als in Manhatten.

Noch heute erzählt man sich von Bademeistern, die vor Jahren an den Ausländerinnen (vor allem den attraktiven) ganz hübsch verdienten; denn die Urlauberinnen kamen auch wegen erotischer Abenteuer hierher und knauserten nicht mit der Bezahlung. In Erinnerung sind noch die Playboys von ehemals, die *vitelloni*, in fünf verschiedenen Sprachen radebrechten sie je fünf Wörter, gelernt von unbedarften Urlauberinnen in schwarzglänzenden einteiligen Badeanzügen, Frauen, die sich das Hofieren mit entwaffnender Natürlichkeit gefallen ließen.

Dann kam die Zeit der *birri* («Böcke») — das Hemd über der behaarten Brust geöffnet, Goldkettchen, etwas übertriebener Schnurrbart, junge Männer, die Mühe hatten, ihre Hände bei sich zu behalten, Meister der angewandten Erotik, nicht übermäßig von geistigen Interessen geplagt. «Was den Bücherkonsum pro Kopf der Bevölkerung betrifft, gehört Rimini zu den Schlußlichtern in Europa; auch bei der Lektüre von Tageszeitungen bleiben wir hinter dem beschämenden Landesdurchschnitt von 112 Exemplaren auf tausend Einwohner zurück: bei uns sind es nur 98», sagt der rührige Leiter der Gemeindebibliothek, Professor Piero Meldini. Die «birri» hingegen pflegten — in Anbetracht ihres aktiven Beitrags zur Tourismusförderung — zu sagen: «Uns müßte das Fremdenverkehrsamt eigentlich bezahlen.»

Ihre goldene Zeit lag zwischen 1956 und 1960, als die italienischen Mädchen noch sittenstreng waren, unberührt in die Ehe gehen sollten und daher diese Flirts mit den Nordländerinnen notgedrungen dulden mußten. Heute jedoch, wo die einheimischen Mädchen nicht mehr gar so unnachgiebig sind, gibt es auch weniger Sommerabenteuer mit Ausländerinnen. Zwar spricht man noch von den «Birri», neigt aber dazu, sie als Überbleibsel aus einer anderen Zeit, als ein Stück Folklore zu betrachten, auch wenn sie noch jeden Sommer hartnäckig Urlauberinnen nachstellen, um sie zum Tanzen zu begleiten oder in die Pubs und «Konditoreien» (so heißen sie auch auf italienisch) auszuführen. Ihr alter Trick, um bei einer Erfolg zu haben und so einen prickelnden Abend zu verbringen? Man stürzt sich nie auf die erste, die man haben möchte und die nicht abgeneigt scheint, sondern beginnt, mit einer Spur Sadismus, einer anderen den Hof zu machen, dann noch einer und einer dritten, kehrt dann schließlich zur ersten zurück, erobert sie im Sturm — und die Sache ist gelaufen.

Das Spiel wird inzwischen jedoch oft durchschaut, und — abgesehen von der Ausnahme, daß eine Urlaubsliebschaft zu einer glücklichen Ehe führt — wissen die Nordländerinnen genau, was sie von den Nachstellungen zu halten haben. Sie kennen den Typ, der «sich anhängt, nicht lockerläßt und nur ans Vögeln denkt», und sie kennen auch das richtige Wort für ihn: *appiccicoso* («klebrig»).

Der Zauber dieser unwirklichen Sommerstadt — tagsüber Sonnenschein, nachts Lichterglanz — ist ungebrochen, so daß die Schwedinnen, Deutschen, Holländerinnen, Belgierinnen, Französinnen, Mailänderinnen, zwar vorsichtig geworden, aber immer noch fasziniert, immer wiederkommen und sich prächtig amüsieren. Rimini hat zu allen Zeiten die Menschen in seinen Bann geschlagen, mit Ausnahme von Mussolini, der es erst «eine Stadt der Zimmerwirte» nannte und sich 1922, als nur wenige Einwohner an der Beisetzung des Faschisten Platania teilnahmen, noch steigerte: «Stadt der Zimmerwirte und Kuppler» hieß es dann.

Rimini ist ohne Zweifel eine der reichsten Städte Italiens, und es ist ein Wohlstand, an dem breiteste Schichten der Bevölkerung teilhaben. (Wie in Süditalien ist auch hier der öffentliche Dienst attraktiver als die Privatwirtschaft.) Die äusseren Zeichen der Wohlhabenheit unterscheiden sich natürlich nicht von denen in vergleichbaren Städten: Man stellt seine Statussymbole zur Schau, speist in den vornehmsten Restaurants, kleidet sich in die teuersten Pelze. Und nicht nur die «großen Herren» sind stolze Besitzer einer Yacht — die können sich auch der Konditor, der Installateur, der Maurer, der Elektriker oder Hemdenverkäufer erlauben, also jedermann, der sich ganz und gar dem fieberhaften Besitzstreben hingibt.

Dabei ist zu bedenken, daß Rimini am Morgen des 21. September 1944 nach 388 Bombenangriffen das trostlose Bild einer dem Erdboden gleichgemachten Stadt bot, mit 82 % den höchsten Grad an Zerstörung im ganzen Land aufwies; die Schäden beliefen sich auf 30 Milliarden Lire, nur 2 % der Gebäude blieben unversehrt. Die Einwohner von Rimini waren damals fast alle nach San Marino oder San Leo geflüchtet; nur gerade hundert Personen blieben während des Kriegs in der Stadt. Unter ihnen war die Volksschullehrerin Emilia Crosi, die als bewundernswert mutige Chronistin in ihrem Tagebuch jede Bombardierung genau festhielt: ob ein Gebäude nach und nach oder mit einem Schlag zerstört wurde, wo die Flammen am höchsten waren und wo die Glut unter der Asche noch während Tagen weiterschwelte. Wie durch ein Wunder blieb der malerische «Kursaal» erhalten, mit seinen Spiel-, Ball- und Veranstaltungsräumen der Mittelpunkt des Kurlebens schlechthin.

In den fünfziger Jahren beginnt der Wiederaufbau, und in Rimini lassen sich, vielleicht weil sie eine von Geschäftemachern ausgehende Geldschwemme wittern, erst provisorisch, später auf Dauer Tausende von Familien aus dem Hinterland von Rimini, aus den Marken, aus Montefeltro nieder, eröffnen ein Geschäft und bauen sich ein Häuschen. Dann kommt es zu einem barbarischen Akt: Getrieben von einer Mischung aus Überdruß, Zerstörungslust und antikapitalistischem Impetus wird der berühmte Kursaal niedergerissen, buchstäblich in seine Einzelteile zerlegt. Seine Funktion als magischer Ausgangspunkt der Zukunft Riminis wird nicht erkannt, mit seinem Abriß auch ein Stück lokaler Badegeschichte zerstört.

Nach und nach entstehen die Pensionen, die erst Zachini oder Zanarni heißen, dann Maura, Isadora, Patrizia und schließlich auf die Namen erfolgreicher Konsumartikel getauft werden: Rexona, Camay oder Amoha. Heute gibt es in der Bademetropole Rimini 10000 Versorgungsbetriebe, die alle bis drei Uhr morgens geöffnet haben. Auf 500 Einwohner kommen ein Restaurant, vier Bars und zehn Geschäfte. Gewiß herrscht in Rimini der gleiche Rhythmus und das gleiche Chaos wie in anderen Großstädten, aber durch die Urlauber wird alles anders: Nie sieht man ein trauriges Gesicht, überall sind schlagfertige Sprüche in verschiedenen Sprachen zu hören, zeigen sich ein Lebenshunger und eine Lebensfreude, die ansteckend wirken. Jugendliche (nachts in Shorts oder im Bikini, auf dem Kopf einen Strohhut, an den Füßen Badeschuhe oder Holzpantinen) sind von einer betont coolen Lässigkeit, die Älteren vergnügt wie Kinder, wenn sie die Knöpfe der elektronischen Videospiele drücken. Das Eis kommt in Riesenbechern, die mit kleinen schwedischen, englischen, deutschen, holländischen Flaggen bespickt sind. Alle dreihundert Meter gibt es eine Discothek; der endlosen Promenade scheint ein System der monotonen, zwanghaften Wiederholung zugrunde zu liegen: von Cattolica bis nach Bellaria sieht sich alles dermaßen ähnlich, daß man meinen könnte, immer am selben Ort zu sein. Das verschafft Sicherheit; es ist eine Welt aus Geschenken und Souveniers, überall findet man die gleichen Angebote, kann man beinahe identische Artikel kaufen, in Rimini oder Viserbella, und auch die Preise sind überall gleich niedrig. Und allenthalben spielen lokale Rockgruppen, wird Punk im Stil der Bologneser Welle gegeben.

Um es noch genauer zu sagen: in Rimini gibt es 330 Bars, die ganzjährig geöffnet haben, dazu kommen noch 250 Saisonunternehmen; 30 ständig betriebene Tanzlokale plus 64 zusätzlich in der Saison. Rimini allein hat 1600 Hotels und Pensionen, im ganzen Abschnitt Riccione, Rimini, Belaria, Cattolica sind es 3400. (Rimini ist die Stadt mit den meisten Hotels in Europa.) Kleidergeschäfte findet man in der Stadt 679, im gesamten Gebiet 1365, Märkte und Straßenverkäufer nicht mitgerechnet; 404 Restaurants, Gaststätten, Pizzerien, Grillrooms sind ständig in Betrieb, dazu kommen noch 162 Saisonbetriebe; auf dem Boden der Gemeinde Rimini liegen 16 Campingplätze.

Am meisten wird in Rimini für Energie (Heizung, Elektrizität, Benzin) ausgegeben; an zweiter Stelle folgt — wer würde das vermuten? — die Bekleidung, und zwar sowohl bei Männern wie bei Frauen. (Als der Modedesigner Versace ein Geschäft eröffnete, mußte die Polizei die Menge zurückhalten, weil sich die Käufer, die alle zuerst drinnen sein wollten, sonst gegenseitig zu Tode getrampelt hätten.) An dritter Stelle der Ausgabenliste folgen die Wohnkosten. Es gibt mindestens 7000 Häuser oder Wohnungen, die im Sommer für eine Million Lire im Monat, in der Regel für vier Monate, vermietet werden. In der Saison werden sogar Garagen und auch Keller- und Abstellräume unter den Treppen zu vermietbaren Objekten. Eine Grage aus Wellblech, so komfortabel eingerichtet wie eine Hundehütte, wurde schon für eine Million pro Monat an drei Personen vermietet. Vor einiger Zeit wurde einigen Bademeistern die Lizenz entzogen, weil sie die Umkleidekabinen an Rucksacktouristen vermietet hatten.

Davon einmal abgesehen: die Bademeister sind zu Geld gekommen, nachdem sie von den Behörden die Konzession für einen Strandabschnitt erworben haben. Sie können zwar nur niedrige Gebühren erheben, aber die Masse der Leute, an die sie Sonnenschirme und Liegestühle verleihen, bringt das Geld. Durchschnittlich versteuern sie ein Jahreseinkommen von drei Millionen Lire; in Wirklichkeit dürften sie zwischen fünfzig und hundertfünfzig Millionen verdienen.

Viertwichtigster Ausgabeposten ist das Essen, denn davon verstehen die Einwohner von Rimini etwas. In dieser Gegend treffen und verbinden sich zwei gastronomische Traditionen: die ländliche Küche — Fleisch, Salat, Tagliatelle (Bandnudeln) mit Fleischsoße, Kaninchen, Cappelletti (kleine gefüllte Teigtaschen), Huhn, Lamm und Käse — und die Küche von Rimini, deren Grundlage Fisch ist, gebraten, gegrillt, gekocht oder, in Tomatensoße geschmort, warm oder kalt als Vorspeise. Es wird gegessen und gegessen, und ist man in der Mitte des ausgedehnten Mittagsmahls angelangt, folgt ein Sorbet aus Zitrone, Pfefferminz und Vodka für die Verdauung, um den Magen für die weiteren Genüsse aufnahmefähig zu machen. Die Kehrseite der Medaille, ist eine überdurchschnittlich hohe Zahl von Magen- und Darmkrebserkrankungen in der Provinz Forli, zu der Rimini gehört.

Seit fünfzehn Jahren gibt es hier die «Aktion Sauberes Meer». Rimini war die erste Stadt in Italien, die durch den

Bau von Kläranlagen wieder ein genußvolles Baden an einem nicht mehr verschmutzten und verpesteten Strand ermöglicht hat; doch leider haben auch diese Bemühungen einen ökologischen Nachteil: durch zuviel Phosphor, zuviel Stickstoff, zuviele Algen, wird den Fischen die Lebensgrundlage entzogen. Nach einem Sturm müssen die Algen tonnenweise vom Strand weggeräumt werden.

Nach Mailand ist Rimini das bedeutendste Zentrum der katholischen Bewegung «Comunione e Liberazione», die hier fünf Jahre nach ihrer Gründung in Mailand entstand und von Giancarlo Ugolini geleitet wird. Viele der Mitglieder kommen aus anderen katholischen Initiativen oder Organisationen; die Bewegung hat starke integralistische und intransigente Züge, geht sowohl auf lokal- als auch auf Landesebene in der christdemokratischen Partei auf und verstärkt so deren konfessionelle Prägung. Sie ist vielleicht so etwas wie eine Büßerbewegung, die sich als Gegengewicht zur «Vergnügungsfabrik» formiert hat, Ausdrucksform des schlechten Gewissens dieser extrem genußsüchtigen, malthusianistisch orientierten Stadt. Rimini hat eine niedrige Geburtenrate, mehr Todesfälle als Geburten, aber aufgrund der Zuwanderungen keinen Bevölkerungsschwund.

Innerhalb der DC von Rimini bildet «Comunione e Liberazione» zweifellos die geschlossenste Gruppe ( vier Gemeinderäte und der Parlamentsabgeordnete Nicola Sanese kommen aus ihren Reihen). Das tragende Organ der Bewegung ist die «Asemblea dei Responsabili» («Versammlung der Verantwortlichen», bestehend aus etwa sechzig Personen), zu ihrem weitaus größeren Umfeld aber zählen mehrere tausend Personen, die in den Bereichen Kultur, Tourismus und Öffentlichkeit aktiv sind. Sie organisieren alljährlich ein Friedenstreffen, leiten das örtliche Programmkino, den Lokalsender von Rimini, die Kooperativ-Buchhandlung «Jaka Book» und einige Baugenossenschaften.

Im August 1982 organisierten sie zusammen mit der Zeitung «Il Sabato» das «Treffen der Freundschaft», an dem auch Papst Johannes Paul II. teilnahm und am Strand, vor dreihunderttausend Menschen, die Messe las. Es war das erste Mal, daß der Papst den Vatikan verließ, um eine Veranstaltung einer auf kulturellem und weltlichem Gebiet tätigen Laienorganisation zu besuchen.

Man empfiehlt mir einen Besuch bei Ercole Tiboni, der Symbolfigur des Aufschwungs von Rimini. Ich erfahre, daß er zu Zeiten des fanatischen Faschismus in der Romagna zur kleinen Gruppe der Regimegegner gehörte. Heute ist der sympathische Koloß von einem Mann Inhaber des Reisebüros Cosmopolita.

«Leider, leider, schon seit zwei Jahren steckt der Tourismus in einer Krise. Wir haben einen Rückgang von 20 %. Die meisten Gäste kommen immer noch aus Deutschland, auf Platz zwei folgen die Briten, an dritter Stelle die Skandinavier, dann die Urlauber aus den Beneluxstaaten; der Besucheranstrom aus Frankreich im Juli und August ist eine Sache für sich».

Wieso hat dieses berauschende Vergnügungszentrum an Attraktivität verloren? «Da kommen viele Gründe zusammen. Die internationale Krise macht uns zu schaffen, dann auch der Prestigeverlust des Produkts 'Romagna'. Beim Massentourismus ist Spanien mittlerweile zum großen Rivalen Italiens geworden. Die Spanier verfügen über viel höhere Beherbergungskapazitäten als wir, sie haben die modernen Anlagen, riesige Hotels mit zwei oder drei Swimming-Pools, Hochhäuser, Türme, Bettenburgen. Das eine oder andere mag zwar einem Gefängnis ähnlich sehen, aber sie bieten jeden nur denkbaren Komfort. Bei uns dagegen kämpfen die kleinen Hotels und Pensionen ums Überleben. An unseren Stränden gibt es kaum Swimming-Pools. Unsere Pensionen haben höchstens zwanzig, dreißig Zimmer. Und dann sind auch die so beliebten Papagalli mehr oder weniger verschwunden, die Flüge außerdem sehr viel teurer geworden.» Was macht nun Tiboni angesichts dieser Situation? Mit seinen komfortablen Reisebussen holt er die Touristen zu Hause, in Ostende, Budapest, Berlin, ab und bringt sie auch wieder zurück. (Gebucht werden muß im Januar.) «Zugegeben, unsere Küste ist ein unglaublicher Vergnügungspark, aber das ist sie schon seit 20 Jahren. Und vergessen Sie nicht, daß bei uns die Urlauber für 20000 Lire dreimal am Tag gut essen, sich amüsieren und übernachten können. Außerdem bieten wir Ausflüge an: für 2000 Lire kann man nach Ravenna oder Urbino fahren, für 12000 einen Tagesausflug nach Venedig machen; und wer es möchte, den bringen wir auch nach Florenz, Assisi, Perugia oder Loreto. Bisher ist es noch ganz gut gelaufen, auch, weil wir in einem Land wohnen, wo sich alles und jedes umgehen läßt: Steuerzahlungen genauso wie Bebauungspläne oder Gewerkschaftsforderungen.»

Andere Klagen? Aber gewiß. Vor dem Krieg hatte Rimini 25000 Einwohner, heute leben hier, all die Zugewanderten eingeschlossen, 150000 Menschen. Das brachliegende Land in den Marken und in der Romagna haben sardische Hirten und apulische Bauern übernommen, die natürlich mit den hiesigen Sitten und Gebräuchen noch nicht vertraut sind. «Da Tourismus (beachten Sie, wer das sagt!) bei uns alles kaputt macht», fährt Tiboni fort, «gibt es hier nicht einmal mehr einen Dialekt: fünf Monate lang bemühen sich die Zugewanderten, einige Brocken von fünf verschiedenen Sprachen zu lernen und irgendwelche Schilder zu entziffern.»

Auch in der Küche geht die Tradition verloren. Alle wollen nämlich 'Würstel' und Coca Cola; Würstel waren hier früher gänzlich unbekannt. Den Touristen den ersten Gang aufzutragen, ist zwecklos. Sie wissen ihn nicht zu schätzen, höchstens, daß sie ein bißchen mit den Spaghetti herumspielen. Die hervorragenden Canneloni, Lasagne und Tagliatelle lassen sie zurückgehen und verlangen stattdessen Dosensuppen. Sie sollten einmal sehen, was es hier in den Geschäften alles in Dosen gibt! Im August bietet man den Urlaubern eine Platte mit verschiedenen knusprig gebackenen Fischen, aber die, die wollen das nicht und verlangen dafür ein großes Stück Tiefkühlfisch aus Japan.»

Ernstere Klagen hört man von den älteren Stammgästen: die Prostitution hat sich ungeheuer ausgeweitet, das Glücksspiel grassiert, und auch der Drogenkonsum nimmt zu. Man schätzt, daß sich hier im August mindestens 5 000 Drogenabhängige aufhalten. Wie steht es um die medizinische Versorgung? Im Umkreis von siebzig Kilometern gibt es für eine Million Urlauber und Einheimische vier Ambulanzen.

Ganz Italien hockt vor dem Fernseher, um Dallas zu verfolgen, aber nur einigen wenigen aufmerksamen Zuschauern in Rimini mag auffallen, daß sich bei ihnen das gleiche abspielt. Auch hier gibt es eine große Geschäftswelt, einen Clan der (bis dahin) Unantastbaren; auch hier fehlt nicht die Figur des alten Begründers der Dynastie. Für Rimini ist Giuseppe Amati (er gilt als Selfmademan à la Rockefeller), der nach dem Krieg die Hälfte der bombenzerstörten Stadt wieder aufbaute, ein typischer Vertreter jenes von Baufieber und Besitzgier gepackten Unternehmerschlags, der den Boom von Rimini «gemacht» hat. Amatis ehrgeiziger Erbe Pier Paolo, den man bereits «König der Bauindustrie» nennt, (Freund der Mächtigen, unter ihnen der Erdölindustrielle Attilio Monti), vergrößert das väterliche Imperium; und die Kulisse ähnelt der in Dallas: großartige Villen, Dachgärten, Swimming-Pools in allen möglichen Formen, Empfänge mit vielen schönen Frauen, indische Diener, eine Flotte von Vergnügungsjachten, eine Unzahl Autos der Luxusklasse und oft der Hubschrauber anstelle des Wagens.

Märchenhaft ist die Hochzeit zwischen Pier Paolo Amati und Franca Magnani im Jahre 1963. Zwei Kinder gehen aus der Ehe hervor, doch als das zweite, Francesca, sechs Monate alt ist, zieht Pier Paolo mit einer schönen Frau zusammen, die vor ihrer Scheidung steht und ihn heiraten möchte. Kurze Zeit später findet auch Franca einen neuen Gefährten, nämlich Franco Zavatta, den anderen jungen Tycoon der riminesischen Wirtschaft. Selbstverständlich ist er steinreich, denn, wie man in Rimini zu sagen pflegt, «i soldi chiamano i soldi»

(Geld zieht Geld an) und «i quatrini mandano l'acqua all'insu» (Mit Geld kann man das Wasser aufwärts fließen lassen) Natürlich streitet man sich um das Sorgerecht für eins der Kinder, und zwar um das für den Sohn, dem der Vater Jeep und Yacht schenkt, der aber trotzdem beiden Eltern zu gleichen Teilen zugesprochen wird.

Franco ist der Sohn von Giovanni Zavatta, genannt Naci, Konkurrent des alten Amati und was die finanziellen Verhältnisse anbelangt diesem ebenbürtig; und wie dieser ist er aus dem Nichts groß geworden, Volksschule gerade bis zur fünften Klasse, aber in seinen Geschäften glücks- und erfolgsverwöhnt. Franco hat vom Vater beinahe alle seine blühenden Unternehmen übernommen und besitzt die Immobiliengesellschaft «Agorà», die überall kauft, auf den Pässen Aprica und Tonale, in Mazzin di Fassa (Südtirol), in Cantoniera, in Vecchiazzano und Faenza, in Fano (Marken), in Lesina (Apulien), in Chianciano in der Toskana und in Riccione. Er ist oft auf Reisen, zu Lande mit seinem schwarzen Porsche für sechzig Millionen Lire, zu Wasser mit seiner Motorjacht «No problem». Er überhäuft Franca weiterhin mit Sträußen roter Rosen (fünf jeden Tag), und zur letzten Weihnacht, die er auf der Erde, genauer gesagt in Cortina d'Ampezzo, verbringt, schenkt er ihr einen Ring für 200 Millionen Lire und fünf Pelze. Er will ihr auch die Villa «La Mecca» (Wert: eine Milliarde Lire) überschreiben und sie schließlich heiraten.

Aber die schönen Tage der Liebe neigen sich dem Ende zu. Im Februar 1981 stürzt der eine Milliarde teuere Hubschrauber ab, der zur Hälfte dem Geliebten und zur Hälfte dem Ehemann von Franca gehört. An Bord sind Gianfranco Zavatta und Giuseppe Pesaresi, ein anderer bedeutender Unternehmer aus Rimini und Partner von Zavatta. Der Flug sollte nach Rom gehen, wo die beiden Geschäftsleute Bauland kaufen wollten. Auf der Höhe von Umbertide (Perugia) schlägt der Hubschrauber aus unbekannten Gründen auf dem Boden auf. Der Pilot überlebt, Pesaresi ist tot, Zavatta liegt im Dauerkoma.

Ein Monat vergeht, und Pier Paolo Amati macht einen Fehler, der ihn sehr teuer zu stehen kommen wird: er verlangt die Scheidung von seiner Frau. Sie revanchiert sich und erhebt Anspruch auf Gütergemeinschaft. Schließlich soll der Riesenkuchen unter beiden aufgeteilt werden. Pedantisch genau listet sie Besitztümer und Vermögen Amatis auf (laut ihr leitet ihr Mann mehr als 200 Unternehmen mit einem Gesamtkapital von tausend Milliarden Lire). Es entsteht ein hochbrisantes Dossier, das die Firmen und die komplizierte Verschachtelung der Aktienbesitze des Gemahls röntgenbildscharf durchleuchtet. Die «Buchhaltung» umfaßt zwei handgeschriebene Bände, in denen die Daten der Firmengründungen, der Registrierung beim Gericht, der Gerichtsstand, der Verwaltungssitz, die Zusammensetzung des Verwaltungsrats, die Teilhaber usw. genau verzeichnet sind.

«Ich habe sogar einen pensionierten Carabiniere für die Ermittlungen verpflichtet», sagt die Signora, «ich habe in ganz Italien nachforschen lassen, um hinter die finanziellen Geheimnisse Pier Paolos zu kommen. So kam ich seinen Gesellschaften und seinen Anteilen im ganzen Land auf die Spur. Seine Geschäfte erstrecken sich auf Dinge, die man kaum vermuten würde, vom Rennpferdgestüt über den Fischmarkt von Genua bis zum Obst- und Gemüsemarkt von Mailand. Und eine nach der anderen kamen die Steuerunregelmäßigkeiten ans Tageslicht.» Der Untersuchungsrichter übermittelt der Staatsanwaltschaft einen Bericht, in dem er auf das Mißverhältnis hinweist, das zwischen den versteuerten Einkommen von 1975 (46 Millionen Lire) bis 1980 (166 Millionen Lire) und einem Immobilien- und Aktienvermögen, das 1000 Milliarden zu übersteigen scheint, besteht. Als Folge davon wird dem «König der Bauindustrie» wegen mutmaßlicher Devisenvergehen und Bilanzfälschungen der Paß entzogen.

Über die «goldene Scheidung» wird getuschelt und gelästert, und die Erzählungen über seine unermeßlichen Reichtümer, über ihre Einsamkeit (die sie jedoch in Geld ummünzt), werden in epischer Breite kolportiert. Wie viele Jachten besitzt er? Die «Despines», Wert 600 Millionen Lire. Die «Cigno nero», ein 17 Meter langer Zweimaster, die «Manù», die, da zu klein, sein Schwager bekam, die «Gentil Hombre», auch für internationale Gewässer zugelassen, Wert 180 Millionen Lire. Im Wagenpark ein Maserati, ein Mercedes, ein BMW und ein Porsche.

Der Klatsch bekommt neuen Stoff, als im Januar 1982 der zweite Immobilienzar, Giovanni Zavatta, zusammen mit seiner Tochter, seinem Schwiegersohn und dem bekanntesten Notar des ganzen Küstenstrichs, Sebastiano Ciacci, in Handschellen abgeführt werden. Es geht um Erbschaftsangelegenheiten. Nach dem Absturz des Hubschraubers wird sofort bekannt, daß der junge Zavatti im Koma liegt und das EEG keine Hirnströme mehr anzeigt. Einen Tag lang wird er künstlich am Leben erhalten. Der Notar wird heute der Urkundenfälschung und der Beihilfe zu Betrug und Fälschung beschuldigt, weil an dem Tag, als Zavatti jr. im Koma lag, seine Geschäftsanteile auf andere Familienmitglieder übertragen worden sein sollen (wie dies sehr begüterte Familien angesichts solcher Ereignisse zu tun pflegen) — zum Schaden des Fiskus und zum Nutzen der Familie, die dadurch Milliarden Lire sparte. Natürlich befinden sich alle bald wieder auf freiem Fuß. Und die Einwohner von Rimini, die sich wieder Dallas zuwenden, sind jetzt fest davon überzeugt, daß es in Rimini auch nicht soviel anders zugeht als in Texas: Affären, Partnerwechsel, Geldgier, weitverbreitete Habsucht, Familienzwist, Handschellen, fürstliche Reisen für Vater, Mutter, Rivalen und Kinder. Alles ruht den Sommer über, es ist noch nicht bekannt, wann der Prozeß wiederaufgenommen wird.

In der Gegend, in der einst der Kursaal stand, liegt auch das «Grand Hotel», das den Krieg ebenfalls unbeschädigt überstanden hat: bekannt wurde es durch Fellinis *Amacord*. Die eine Seite ist ganz mit grün bewachsen, die andere sieht aus, als wäre sie aus Schlagsahne. «Eine Oase von Eleganz und Stil», verheißt der Faltprospekt. Hübscher Jugendstil, der im Licht der Baccarat-Kronleuchter mit den Tausenden herabhängenden Tränenkristallen erstrahlt, Bronzestatuen junger Mädchen aus den ersten Jahren dieses Jahrhunderts, echte französische Möbel, chinesische Vasen und beinahe ausnahmslos gefällige Wandteppiche. Erbauer des «Grand Hotels» war ein Architekt aus Uruguay. Sein Strand ist der am meisten gepflegte, von den längsten Rechen geharkte in Rimini, seine Teppiche werden am sorgfältigsten gebürstet, und zusammen mit hundertjährigen Engländern schreiten hübsche Bikini-Nymphen mit honigfarbenen Haaren über Sand und Teppiche. Das «Grand Hotel» hat Beziehungen zu jüdisch-amerikanischen Gesellschaften und bietet deshalb auch koscheres Essen; jedes Jahr kommen die Scheichs in ihren wehenden Gewändern, die mit dem schneeweißen Stuck gut harmonieren, zu irgendwelchen Konferenzen.

«Das Grand Hotel verkörperte das Märchen von Reichtum, Luxus, orientalischem Prunk», schreibt Frederico Fellini in «Mein Rimini».

«. . .Wenn die Schilderungen der Romane, die ich las, nicht mehr ausreichten, um meine Phantasie zu suggestiven Bildern anzuregen, griff ich zum Grand Hotel, wie gewisse Schmierentheater, die für alle Stücke dasselbe Bühnenbild verwenden. Verbrechen, Entführungen, liebestolle Nächte, Erpressung, Selbstmorde, die Göttin Kali: alles war da, spielte sich im Grand Hotel ab. . . An den Sommerabenden war das Grand Hotel Istanbul, Bagdad, Hollywood. Auf seinen durch dichte Bepflanzung abgeschirmten Terrassen fanden Feste wie in einer Ziegfeld-Revue statt. Man erhaschte Blicke auf nackte Frauenrücken, die uns wie aus Gold vorkamen, umfaßt von Männerhänden in weißen Smokingärmeln; ein leichter Wind wehte hin und wieder den Duft von Parfüm und Fetzen sehnsüchtiger, schmachtender Musik zu uns herüber. Es war die Musik aus den amerikanischen Filmen «Sunny Boy», «I love you», «Alone», die wir im vorangegangenen Winter im Kino Fulgor gehört und anschließend ganze Nachmittage lang geträllert hatten, die Anabasis von Xenophon auf dem Tisch, die Augen ins Leere blickend, die Kehle zugeschnürt. . .»

Die gebildeteren unter den Feriengästen besuchen das Grabmal der Malatesta, das von Ottorino Nonfarmale, dem großen Meister aus Bologna (der mit der Renovierung der Fassade der Kathedrale von Chartres betraut worden ist), restauriert wurde; die weniger gebildeten sind ganz verrückt auf San Marino. Vielleicht liegt es an der prickelnden Seeluft, vielleicht am Einfluß der Vergnügungsfabrik, jedenfalls läßt sich bei vielen Erwachsenen ein Rückfall in die Kindheit feststellen. Wer würde vermuten, daß «Fiabolandia» («Fantasialand») auch von Erwachsenen besucht wird, daß im «Italien in Miniatur» außer Schulmädchen auch ganze Trauben von Urlaubern mittleren Alters anzutreffen sind, die — fast so groß wie das schneebedeckte Miniatur-Matterhorn — ihrem Entzücken in vielerlei Sprachen Ausdruck geben?

In höchstens zwei Stunden hat man ganz Italien durchquert, entdeckt, neu entdeckt, besser kennengelernt. Nach den Angaben der kleinen Informationsbroschüre stehen hier mehr als zweihundert Miniaturen, alle aus buntem Gips. Es gibt Züge, die fahren, Flüsse, die fließen und elfjährige Kinder überragen die Basilika von Bari um ein gutes Stück. Es gibt Zwergbäume, Wasserfälle, Wasser, in dem bedauernswerte Goldfische schwimmen. Noch nie die kleine Kirche von Portovenere gesehen? Hier ist sie. Und der Palazzo Comunale von Perugia und die Flüsse Sangro und Adda? Auch die sind da, verdreckt zwar, aber man weiß ja, wie die Flüsse heute sind.

Es ist unmöglich, all diese Miniaturen aufzuzählen, unter denen auch das Industriegebiet von Porto Marghera, die Olympiaschanze von Cortina, eine Seilbahn und ein Landwirtschaftsbetrieb aus der Emilia zu finden sind, außerdem die prähistorischen Nuragendörfer Sardiniens, die Tempel von Agrigent, die Loggia dei Lanzi und der Dom von Florenz, die drei Zinnen in den Dolomiten und der Monte Rosa.

Auch eine kleine europäische Auswahl ist vorhanden, zum Beispiel die Akropolis von Athen, das Beethovenhaus in Bonn, der Pariser Eiffelturm und das Schloß Belvedere in Wien. An dem Morgen meines Besuchs machte ein alter Irländer Skizzen in seinem Zeichenheft. Er hatte den Bahnhof Florenz bis in alle Einzelheiten festgehalten und darunter in Schönschrift geschrieben: «Petersdom».

# ERNIEDRIGT UND ERLÖST

*Die Veltliner*

Großer Skandal, als man 1922 in der ersten Auflage von Nicola Zingarellis «Wortschatz der italienischen Sprache» unter dem Stichwort *cretino* (= «Kretin») lesen konnte: «Bewohner der westlichen Alpentäler. Schwachsinniger, rachitischer Mensch, oft mit Kropf»; die dazugehörige Abbildung zeigte einen armen Teufel in verwahrlosten Kleidern, die Bildunterschrift lautete: «Kretin (Veltlin)». Einer der ersten Benutzer von Zingarellis *Vocabolario,* der diesen Eintrag entdeckte, stellte sich an die Spitze einer heftigen Protestkampagne und erinnerte an zahlreiche bekannte Persönlichkeiten, die dieses fruchtbare Tal hervorgebracht hat. Genannt wurden zum Beispiel Quadrio, Piazzi, Besta und Guicciardi (stammte aus dieser Familie etwa nicht Giulietta Guicciardi, die «unsterbliche Geliebte», der Beethoven die Mondscheinsonate, Opus 27, Nummer 2 gewidmet hatte?), weiter Morletti, Cerletti, Credaro, Visconti, Venosta, Rajna und eine Reihe von Historikern, Philologen, Politikern, Astronomen, Pädagogen und Medizinern. Die folgenden Auflagen des Zingarelli erschienen dann korrigiert.

Meine Familie stammt aus dem Veltlin, und zwar aus Pendolasco, der kleinsten Gemeinde der Provinz, gesegnet mit fruchtbaren Weinbergen. Unter dem Faschismus wurde der Ort in Poggiridenti (liebliche Höhen) umbenannt, einmal wegen seiner malerischen Lage, dann auch, wie es in dem Beschluß heißt, weil «der Name Pendolasco («schwankend») zu unpassenden Interpretationen verleitet, während die gesunde Dorfjugend, vom Geist der neuen nationalen Bevölkerungspolitik erfüllt, eine sichere und bessere Zukunft ansteuert».

Später übersiedelte mein Großvater nach Ponte, und im Sommer verbrachten wir die Ferien im Geburtshaus des Astronomen Giuseppe Piazzi, der den ersten kleinen Planeten, Ceres Ferdinandea, entdeckt hat («Ceres» wurde der Name eines vorzüglichen Restaurants des Ortes, Treffpunkt von Feinschmeckern aus der Lombardei). Um die Wahrheit zu sagen: als Kinder — die von Zingarelli nichts wußten — warteten ich und meine Schwestern auf der Rückreise von Mailand nach Ponte immer gespannt auf den Augenblick, in dem wir auf der mit blaugrauem Kies asphaltierten Straße die zweitletzte Kurve erreichten, um sehen zu können, ob vor dem Brunnen immer noch jenes schwarze, unförmige Etwas namens «Polentona» kauerte, und während vieler Jahre wurden wir auch nicht enttäuscht. Der mächtige Leib mit den unproportionierten Gliedern, eingesperrt in eine Art schwarzen Baumwollsack, mit dem herunterhängenden Kopf, dem Mund, aus dem ein Speichelfaden hing, und alles eingehüllt von einem Schwarm von Fliegen, war da: es war die Dorfirre, die Familie ließ sie den ganzen Tag im Freien, und auch die Hunde machten einen großen Bogen um sie.

Die Männer und Frauen mit den Kröpfen machten einen weniger großen Eindruck auf uns als die «Polentona», denn es gab viele, die einen, zwei oder gar drei hatten: Schwachsinn und Kröpfe waren die Folge der Not, die seit dem Ende des 19. Jahrhunderts in dem Tal herrschte. Durch die Verbesserung der Ernährung und der Lebensbedingungen sowie den medizinischen Fortschritt sieht man heute so gut wie keine Kröpfe mehr; ebensowenig kann noch die Rede davon sein, daß Idiotie hier verbreiteter sei als anderswo. Die Erscheinung des Kretinismus läßt sich offenbar so eindeutig der Vergangenheit zuordnen, daß Veltliner Studenten sie zum Thema von Doktorarbeiten in Geschichte machen. Von großen Wert in diesem Zusammenhang ist die im Auftrag des Erzherzogs Ferdinand Maximilian von Habsburg, Statthalter der Lombardei und Venetien, 1858 von Diego Guicciardi verfaßte «Untersuchung über das Veltlin», der die folgenden Zeilen entnommen sind: «Kretins sah ich viele ganz unterschiedlicher Art, angefangen bei denen, die nur einige kretinoide Merkmale aufweisen, einige Worte hervorbringen und über einen gewissen Grad an Verstand verfügen, bis zu jenen, die, ohne das geringste Anzeichen von Intelligenz, sozusagen nur in menschliche Gestalt gebrachte Fleischmasse sind und denen sogar der allen Tieren innewohnende Instinkt der Arterhaltung und Geschlechtlichkeit fehlt.»

Besser geworden sind auch die sanitären Verhältnisse, obwohl in dieser Gegend, die, wie wir noch sehen werden, an Krankenhaus-«Hypertrophie» leidet, keine epidemologischen Untersuchungen durchgeführt werden und auch keine seriösen Statistiken über Unfälle, Risikofaktoren, Umweltbelastungen oder Pflichtimpfungen vorliegen. So ist denn auch unbekannt, wie viele sich im Veltlin den Impfungen entziehen, und selbst die Region Lombardei geht davon aus, daß die Gesundheitsdaten aus dem Veltlin nicht verläßlich sind. Auch sind laut einem Spezialisten für Pädiatrie in gewissen entlegenen Gebieten bei Kleinkindern noch Spuren von Rachitis zu finden, deren Ursache bei falscher Ernährung (keine Proteine und zuviel Brotsuppe) liegt.

Ein Beispiel für die armselige Ernährung der Säuglinge findet sich in der vom Provinzarzt Luigi Balardini 1835 verfaßten «Medizinalstatistischen Topographie des Veltlins», in der er die unmenschlichen Bedingungen beschreibt, unter denen die Landfrauen auch in der Zeit der Schwangerschaft und des Wochenbetts arbeiten mußten. «Sie stehen bei Tagesanbruch auf und stillen vor dem Weggehen die Kinder, welche sie nicht immer mit sich zur Arbeit nehmen; dann gehen sie hinaus aufs Feld, von wo sie erst sehr spät, oft nach Mittag zurückkehren. Die unglücklichen Säuglinge sind dazu verurteilt, diese vielen Stunden ohne Nahrung auszuharren, fast immer liegen sie im eigenen Kot und ersticken, so möchte ich beinahe sage, an ihrem Schreien und Weinen. Sind die Mütter dann wieder zurück, abgehetzt und schweißgebadet, geben sie den Kindern in großer Hast die Brust; die Kleinen saugen auch gierig, aber diese warme, so lange in den Milchdrüsen zurückgestaute, gelblich gewordene, nach ranziger Butter schmeckende Milch, was für eine Nahrung kann sie für diese Unglücklichen sein! ... Diese minderwertige Milch wiederum, zusammen mit dem allzu oft deftigen und schweren Essen und selbst dem Wein, den man den Kindern ohne zu erröten in der falschen Vorstellung gibt, ihren Magen zu stärken und sie vor Würmern zu schützen, ist verantwortlich für weitere schreckliche Qualen, Koliken, Durchfälle, Erbrechen und andere Leiden.» Daher die typischen Veltliner Krankheiten von einst und die große Zahl von Militärdienstuntauglichen.

Nach diesen Erinnerungen an eine dunkle Vergangenheit überflutet mich eine Welle von Optimismus, als ich im Büro von Doktor Melazzini, dem Direktor der «Banca popolare», der angesehensten und ältesten Bank von Sondrio, sitze. Er stellt sich mir als Neffe von Susanna Melazzini vor, jener sympathischen Lehrerin, die einzige, mit der ich 1944 als Insassin des Gefängnisses von Sondrio ein paar Minuten sprechen konnte. (Sie galt wie ich als «antifaschistische Intellektuelle», nur weil sie ihrer Genugtuung über den Sturz Mussolinis öffentlich Ausdruck gegeben hatte; die anderen Gefangenen waren zumeist Bäuerinnen, die unter Mordanklage standen.) Doktor Melazzini wechselt dann das Thema und erzählt mir mit gelassenem Stolz von den florierenden Geschäften seiner Bank. Sie besteht seit über neunzig Jahren und hat ihren Sitz in einem schönen modernen Gebäude, das vom Mailänder Architekten Gigi Caccia erbaut wurde.

«Die Veltliner sind fleißige Arbeiter und Sparer und deshalb keineswegs arm», sagt der Direktor der «Banca popolare». «Der Lebensstandard der Familien ist hoch. 80 % der abhängig Arbeitenden haben ihre eigenes Haus (das eigentliche Proletariat bilden dagegen die Staatsbediensteten).» «Im Veltlin gibt es ungefähr 6000 landwirtschaftliche und handwerkliche bzw. kunstgewerbliche Betriebe (etwa Werkstätten für Stein-, Holz-, Textil- und Metallverarbeitung). Nur noch die ältere Generation der Bauern arbeitet ganztags in der Landwirtschaft, die jüngeren haben meist eine Halbtagsbeschäftigung in einer Werkstatt oder Fabrik. Die «Banca popolare» unterhält im Veltlin 32 Filialen; darunter ist auch die höchstgelegene Bank Europas: außer im Ort Trepalle, der mehr als 2000 Meter hoch liegt (und dessen Bewohner scherzhaft «Anomale» genannt werden — «tre palle» bedeutet «drei Hoden») hat die Bank nämlich auch einen Schalter auf dem 2757 m hohen Stilfserjoch.

«Am Ende des Geschäftsjahrs 1981», gibt Melazzini weiter gelassen Auskunft, «beliefen sich die Spareinlagen bei unserer Bank auf etwa 800 Milliarden Lire.» (Der Gerechtigkeit wegen soll auch die andere Bank von Sondria erwähnt werden. Es handelt sich um die «Banca Piccolo Credito» (Kleinkreditbank), die 1803 durch Zusammenschluß der überall im Veltlin bestehenden katholischen Landwirtschaftskassen entstanden ist. Sie ist ihre spezifisch-ländliche Prägung nie recht losgeworden und bildet damit einen deutlichen Kontrast zur angelsächsisch-gravitätischen Würde der «Banca popolare». Zwischen beiden besteht jedoch ein Abkommen zur kompromißlosen Abwehr auswärtiger Bankgruppen, die sich größere Anteile am örtlichen Kreditgeschäft sichern möchten.)

Melazzini macht sich keinerlei Sorgen um die Zukunft seiner Bank, eine Zukunft, die seiner Meinung nach große Prosperität, ja geradezu eine Art Wirtschaftswunder bringen wird. Grund für seinen Optimismus ist die steigende Attraktivität des Veltlins als Ferienlandschaft, Skigebiet und Wochenendziel gestresster Städter; viele Einwohner von Mailand, Varese oder Como haben sich eine Zweitwohnung in Livigno, auf dem Aprica-Paß, in Bormio oder in Chiesa Valmalenco gebaut. Natürlich sind damit Landschaftsschäden verbunden; die Beliebtheit als Fremdenverkehrsgebiet aber nimmt ständig zu. Wo das Gelände für den Skisport uninteressant ist, wird es für andere Zwecke genützt: hier organisiert man einen Ausflugstourismus, dort stellt man ein Kongreßzentrum hin, baut ein Mehrzweck-Erholungszentrum (wie in Bormio) oder legt einen Trimmpfad für Ältere an. Die Fremden kaufen Grundstücke, bauen Villen, mieten Wohnungen, genießen die regionalen Spezialitäten und bringen auf diese Weise Milliarden Lire unter die 180.000 Einheimischen. Von Freitag nachmittag bis Sonntag abend ist der Verkehr in Sondrio hektisch und gereizt, todesmutige Manöver sind zu beobachten: Schließlich soll die Familie schon am nächsten Morgen die gesunde Bergluft genießen können.

Die Wirtschaft des Veltlins hat jedoch ihre Besonderheiten. In der alljährlich erstellten Einkommenstatistik der italienischen Provinzen findet man die Provinz Sondrio immer auf einem der letzten Plätze. Vergegenwärtigt man sich nun das hohe Sparaufkommen, so liegt die Vermutung nahe, daß es etliche Einkommensquellen gibt, die von der Statistik nicht erfaßt werden. Sicherlich hängt dies einerseits sowohl mit der Produktion für den Eigenbedarf als auch mit der Teilzeitarbeit zusammen, andererseits aber ebenso sicher mit dem Schmuggel über die Schweizer Grenze, der hier jahrzehntelang — von der Finanz- und Zollpolizei relativ unbehelligt — betrieben worden ist. Einige der «Spalloni» (Schmuggler) haben im Laufe der Zeit Vermögen angehäuft, von denen man in wirtschaftlichen Krisenzeiten wie der jetzigen sonst nur träumt.

Das Veltliner Finanzmekka ist Livigno mit seinem Zollfreigebiet, das diesem gottverlassenen Fleck zwischen Italien und der Schweiz wirtschaftliche Erleichterung bringt. Von den etwas mehr als zweitausend Einwohnern haben hundert über eine Milliarde Lire auf ihrem Bankkonto. Der Wohlstand hat die Bevölkerung in Gruppen gespalten, die sich gegenseitig bekriegen und den Zeitungen brisantes Material über Steuerhinterziehungen oder andere illegale Praktiken und Gesetzesverstöße zuspielen. Das ging so weit, daß der kommunistische

Abgeordnete Giovanni Bettini einen Text mit der Überschrift «Hat das Zollfreigebiet von Livigno noch eine Existenzberechtigung?» in Umlauf brachte. Die reichste Gemeinde Veltlins hat weder eine Bibliothek, noch finden irgendwelche kulturellen Veranstaltungen statt; die aus Süditalien kommenden Lehrer müssen als Mieter richtiggehende Knebelverträge akzeptieren, in denen sie sich verpflichten, ihre Wohnungen vom 20. Dezember bis zum 7. Januar sowie über Ostern zu räumen; die Wohnungen werden dann zu astronomischen Preisen an Touristen vermietet.

Von unverantwortlichem Verhalten im Straßenverkehr war schon im Zusammenhang mit dem Wochenendtourismus die Rede. Dies steht nun in einer gewissen Verbindung zu einem Kernproblem der Provinz Sondrio, das ebenfalls schon angedeutet wurde: Im Veltlin gibt es einen Wildwuchs von Einrichtungen des Gesundheitswesens (fünf Krankenhäuser in der Provinz Sondrio; übertrieben hohe Bettenzahlen, nämlich zwanzig auf tausend Einwohner, während das Verhältnis von sechs pro Tausend als optimal gilt). Die Politiker kämpfen um die Leitung der Krankenhäuser und führen sie dann wie Fußballmannschaften, machen sich gegenseitig Konkurrenz und jagen sich die Patienten ab; Geld gibt es für den, der ein Tor erzielt, das heißt, sich mit Hilfe von Tricks und Intrigen einen Kranken oder Verunglückten gesichert hat. Für die Politiker ist das Krankenhaus ein Machtzentrum, für die dort Beschäftigten eine Fabrik. Sondrio wurde von den Regionalbeörden als eines der dreizehn Notfallzentren der Lombardei zur Behandlung akuter Fälle bestimmt. Aufgrund der vielen Verkehrs-, Ski- und Bergunfälle (ungefähr zweihundert jährlich) gibt es viele Schädel- und Gefäßverletzungen, Thrombosen, Gehirnblutungen. Und das Krankenhaus von Sondrio bietet nicht nur sämtliche diagnostischen und therapeutischen Grundleistungen im Schichtbetrieb rund um die Uhr, sondern es verfügt auch über die einzige voll einsatzbereite Intensivstation in der Provinz und den angrenzenden Gebieten. Also setzt man sich für die Anschaffung eines CT ein, eines Röntgengeräts zur Durchführung der Computertomographie, eines Verfahrens, das Schichtaufnahmen des ganzen Körpers ermöglicht und Entzündungen, Tumore, innere Verletzungen infolge von Unfällen im Röntgenbild darstellt. Die Station ist hervorragend, aber ohne Neurochirurgie fehlt ihr der Kopf. Für das Funktionieren einer neurochirurgischen Abteilung ist die Computertomographie unerläßlich; das Gerät kostet eine Milliarde Lire. Die Ärzte der Intensivstation drängen also zusammen mit Neurologen und Traumatologen darauf, daß der gewünschte Apparat angeschafft wird.

Aber der Weg zur CT ist mühsam und voller Hindernisse. Doktor Giuliano Pradella, einer der Ärzte der Intensivstation, beschreibt die Schwierigkeiten: Alle Mitarbeiter sind sich darin einig, daß die Dinge sich immer anders entwickeln als sie sollten. Was die Anschaffung eines CT-Geräts angeht, steht das Krankenhaus von Sondrio in scharfer Konkurrenz zum Krankenhaus von Sondalo (ein überdimensionierter, geradezu palastartiger Bau auf tausend Meter Höhe zwischen Tirano und Bormio). Dessen Verwaltungsleiter ist Luigi Mescia, ein Buchhalter, der nach und nach zu einem echten Lokalgewaltigen im Veltlin geworden ist. Etwa 1800 Personen sind im Krankenhaus von Sondalo beschäftigt: Ärzte, Paramediziner, Fahrer, Arbeiter, Pflegepersonal, Gärtner (von letzteren scheint es fünfunddreißig zu geben), die Bettenzahl ist einstweilen noch niedrig.

Als dieses Krankenhaus vor fünf Jahren geschlossen werden mußte (als Sanatorium hatte es seine Daseinsberechtigung verloren, weil es immer weniger Tuberkolosekranke gibt, die man außerdem heutzutage auch ohne lange Kuren heilen kann) beschloß die sozialistisch-kommunistische Mehrheit im Magistrat von Sondalo, unterstützt von den Gewerkschaften, die Arbeitsplätze der dort Beschäftigten zu erhalten; und Buchhalter Mescia, der sich zu einem (um nicht mehr zu sagen) ungewöhnlichen Christdemokraten gewandelt hatte, bediente sich der Gewerkschaft als mächtigem Verbündeten gegen die christdemokratische Partei, sprang auf den fahrenden Zug auf und wurde Verwaltungsleiter, gestützt selbstverständlich mehr von der Linken als von den Christdemokraten. Ein kleiner Teil des Gebäudes wird noch als Sanatorium genutzt, die Mehrheit der Krankenhauspatienten sind solche mit langer Verweildauer, Rekonvaleszenten von Herzinfarkten, Operationen, mehrfachen Knochenbrüchen. Ein Tätigkeitsbereich wie dieser gilt aber als zweitklassig; Abteilungen mit hohem Prestige hingegen sind zum Beispiel Herz- und Neurochirurgie. Von daher betrachtet wird die Eile verständlich, mit der die gegenwärtige Verwaltung das Haus in ein Akutkrankenhaus für Herz-, Neurochirurgie und jegliche Art von Spezialbehandlungen umwandelt, und, um es unentbehrlich zu machen, fehlt auch eine Forschungsabteilung nicht. Hinter dieser Operation verbergen sich politische Ziele, Gruppeninteressen, das Ziel, den Beschäftigungsstand zu erhalten, und all das wird höher gestellt als die Bedürfnisse der Bürger.

Um es kurz zu machen: Die Notfallstation muß eine Einheit sein, und da Sondrio über 90 % der erforderlichen Einrichtungen verfügt, müßte der CT-Apparat hier stehen. Die Ärzte der Intensivstation von Sondrio, ohne Erfahrung im Geschäft der Politik, haben das Gefühl, daß ihnen etwas vorenthalten wird und fühlen sich dem Obstruktionismus der Kommunisten und Sozialisten ausgeliefert; die wiederum sehen sie auf der Verliererseite. Ein ungutes Gefühl im Magen haben die Ärzte von Sondrio jedenfalls, nachdem ihnen zu Ohren gekommen ist, daß Mescia ein CT-Gerät (wenn auch aus zweiter Hand) gekauft hat. Was aber kann er an einem so abgelegenen, schwer zu erreichenden Ort, was kann er ohne Intensivstation und neurochirurgische Abteilung damit anfangen?

Ich verlasse die unruhige Ärztegemeinschaft von Sondrio und treffe mich mit Luigi Mescia. Eine gewichtige Person: ein Doppelzentner, rosige, in einen blauen Mantel gezwängte Leibesfülle; schwarze Koteletten, schwarzes Schnurrbärtchen, flinke Knöpfchenaugen — insgesamt wirkt Mescia wie eine Mischung aus angeborener Trägheit und aufmerksamer Selbstkontrolle. Ob es stimme, daß er im Veltlin der mächtigste Mann sei und daß seine Machtfülle noch ständig zunehme? Antwort: ein leicht schelmisches, aber selbstgefälliges Lächeln in Erwartung weiterer Fragen, die ich dann auch wie Salven auf ihn abfeuere, um so mehr, weil er keine Miene verzieht. Ob es zutreffe, daß er ein Hotel, einen Fernsehsender und eine Zeitung besitze, daß er der Gründer der Autonomen Bewegung des Veltlins und ein Freund des früheren Finanzministers Athos Valsecchi sei, der dem Krankenhaus Sondalo ein CT-Gerät gekauft haben soll?

Mescia spricht leise, nickt zustimmend und immer mit einem leichten Lächeln, die Hände hat er über dem Bauch ineinandergelegt, und manchmal schließt er mit einem Ausdruck selbstgefälliger Zufriedenheit die Augen. «Ja», sagt er, «das Hotel Cristallo am Fluß Màllero gehört mir. Ich bin Besitzer aller vier Fernsehsender in der Provinz Sondrio, bald werden es fünf sein. Ich leite die Zeitung «Cetrovalle», allerdings mehr nebenher, nichts über das Lokalgeschehen; was ich zu sagen habe, schreibe ich auf der Titelseite. Ich habe auch die 'Autonome Rätische Partei' gegründet (Veltlin, Valchiavenna, Alto Lago) und stehe in Verbindung mit andern autonomen Komitees oder Bewegungen in Oberitalien wie der Tiroler Volkspartei, dem Val d'Ossola, der Union Valdôtaine. Das Ideal wäre, eine autonome Provinz zu schaffen wie in Trient und Bozen, aber da man die Geschichte nicht ändern kann, lege ich Wert darauf, eine bestimmte Kultur und Tradition, die uns viel bedeutet, am Leben zu erhalten: Werte, die mit dem Bauerntum verknüpft sind, eine Auffassung von der Familie, die bei uns noch sehr stark im Denken und Fühlen verwurzelt ist, im großen und ganzen eine katholische Lebensanschauung . . .» (er ist drei Kindern ein zärtlicher Vater).

«Ja, als Sekretär der Democrazia cristiana war ich mit dem damaligen Finanzminister Valsecchi (er hatte 1972/73 dieses Amt inne) befreundet; später war er dann in den Erdölskandal verwickelt (was ich nie glauben konnte). Jetzt steht er an der Spitze der 'Coldiretti' (Bauernverband). Ich bin auch Vorsitzender des Gesundheitsbezirks Bormio, der das ganze Gebiet von Sondalo bis nach Livigno umfaßt. Wir haben im Krankenhaus noch fünf Abteilungen für Tuberkulosekranke. Vor kurzem habe ich auch den CT angeschafft, er ist neu und wird gerade in diesen Tagen installiert.»

«Ja, er kostet eine Milliarde Lire, aber ich habe nur 500 Millionen plus Mehrwertsteuer gezahlt, weil ich aufgrund der regionalen Konkurrenz von sieben Modellen einen sehr günstigen Preis aushandeln konnte. Nein, einstweilen noch nicht, aber wir werden eine neurochirurgische Abteilung bekommen, ab Oktober wird sie in Betrieb sein. Der Klinikchef kommt aus Parma, und mit ihm werden ein Oberarzt und zwei Assistenten arbeiten. Von Sondrio aus wird man uns schneller erreichen als jeden andern Ort: mit dem Hubschrauber, die Landefläche innerhalb des Gebäudekomplexes ist schon fertiggestellt.» Tja, Mescia hat gewonnen, und diese Antwort hat ihm ein Gefühl der Sicherheit, der absoluten Gewißheit gegeben. «Das Krankenhaus von Sondrio erfüllt alle Aufgaben auf Provinzebene und ist auf medizinische Grundleistungen mittleren Niveaus spezialisiert. Sondrio und Sondalo sind zwei verschiedene Körperschaften.»

Einige weitere Fragen an diesen Gebietsfürsten, der einem dicken Lotsenfisch ähnlich sieht. Die Antworten kommen postwendend, nie das geringste Zögern. Gläubig sei er, gehe aber selten zur Kirche. Die Partei der Christdemokraten, komplex wie sie sei, habe immer noch einige faszinierende Züge, biete zum Beispiel weiterhin Raum für innerparteiliche Auseinandersetzungen, das sei manchmal ein schmerzliches Ringen, aber äußerst nützlich. So wie die Dinge heute stünden, gefalle ihm Spadolini. Piccoli sei seiner Meinung nach ein Mann der Vergangenheit, ebenso Andreotti, Bisaglia und alle die anderen Parteigrößen. Er möge den Stil von Forlani, der zwar ein bißchen träge, aber vernünftig sei, einer der sich nicht unbedingt ins Rampenlicht stellen müsse, sondern sich auch unauffällig am Rande zu bewegen wisse. Mescia ist dafür, die Mandatsdauer der Volksvertreter zu begrenzen, nach drei Jahren müßten sie ausgewechselt werden, es gebe nichts Schlimmeres als Gewöhnung. Und Mescia geht, wie er gekommen ist, mit kleinen, leichten Schritten, aber etwas lebhafterer Gesichtsfarbe.

Und die Kultur? «Was an der Kultur des Veltlins am meisten beeindruckt», erklärt mir der junge, engagierte Kulturbeauftragte der Gemeinde Sondrio, Franco Monteforte, «ist der absolut fehlende Sinn für die Literatur, eine Tatsache, auf die schon Foscolo hinwies, der sich 1806 bei seinem Aufenthalt im Veltlin über «die Langeweile der stumpfsinnigen Gesellschaft, die mit mir arbeitete, und das völlige Fehlen freundlicher Gefühlsbezeigungen bei auch nur einem dieser Menschen» beklagte.

Kultur, das war im Veltlin immer die Domäne der Notare und Advokaten, soziale Stände, die zuerst Historiker und Juristen hervorbrachten, später Buchhalter und Volkswirte. «Und diese Art von Kultur», fährt der Kulturbeauftragte fort, «ein wenig grau und streng, aber auch ein wenig pompös, hatte ihre Ruhmesblätter, solange der Glanz der italienischen Provinz anhielt.» «Gut, aber heute?» frage ich ihn. Die Antwort läßt nicht auf sich warten. «Im 19 Jahrhundert las der Stadtpfarrer von Trevisio die Kirchengeschichte in den fünfzig Bänden von Fleury, während die Priester von heute nicht einmal mehr die Taschenbücher der katholischen Verlage lesen. Was während der religiösen Blütezeit an künstlerisch Wertvollem im Veltlin geschaffen wurde, liegt heute in einigen Antiquariaten oder befindet sich in Privatbesitz in Italien und im Ausland.»

«Im Veltlin wird wenig gelesen. Was Bibliothek heißt, organisiert alles mögliche (Kino, Theater, Kurse), nur nicht den Ankauf von Büchern. Auch die Linken lesen wenig, man hört lieber Musik, wie die Studentenbücherei beweist, die sich in einen Plattenladen verwandelt hat. Die Buchhandlungen führen wie die Eierläden nur Ware für den Tag, und um über die

Runden zu kommen, müssen Buchhändler Schreibwaren und Geschenkartikel verkaufen. Es gibt zahlreiche kleine Dörfer, in denen es zwischen Schule und Pfarrhaus nicht einmal ein noch so kleines Bücherbrett gibt. Und überhaupt: Wie kann man von Gemeinden wie Pedesina (58 Einwohner), Menarola (150 Einwohner) oder Andalo Valtellinese (400 Einwohner) ein kulturelles Leben verlangen?»

Jedenfalls ist das Veltlin die italienische Provinz, in der es die wenigsten Ganztagsschulen und auch keine Experimente an den höheren Schulen gibt. Der Schulrat Enrico Rossi, ehemaliger Leiter der Lehrerbildungsanstalt, ist ein Mann, den man nicht leicht zu fassen bekommt, komplexbeladen, zu unterwürfig gegenüber Anweisungen von oben und davon überzeugt, daß die Schule eine absolute Monarchie ist, mit dem Minister als König und den Schulräten als seinen Satrapen; somit ist jedes Schulamt ein Statthalteramt.

«Ein Dummkopf» — so nannte ihn der bekannte Mathematiker ungarisch-kanadischer Abstammung Szoltan P. Dienes bei einer Tagung in Sondrio, nachdem ihm der Zutritt zu einer Grundschule, wo er eine dem kindlichen Auffassungsvermögen angepaßte Stunde in mathematischer Logik halten wollte, verwehrt worden war. Geäußert wurde diese Einschätzung während eines vom Kulturamt in der Handelskammer veranstalteten Vortrags; der Saal ist bis auf den letzten Platz mit Lehrern gefüllt, die nach seinen Methoden unterrichten. «Ich bin schon in vielen Ländern der Welt gewesen», begann der Wissenschaftler, «von Amerika über Rußland bis nach Tansania, und es ist mir nie passiert, daß mir ein Dummkopf den Zutritt zu einer Schule verweigert hätte.»

Nachdem sich der heftige Applaus gelegt hat, hört man einen Freund des Schulrats mit erregter Stimme rufen: «Raus, raus aus dem Tempel mit den Krämern! Das ist eine Beleidigung der höchsten Schulautorität der Provinz!» Worauf Dienes ruhig zurückgab: «Ich betone noch einmal, diese Schulautorität ist ein Dummkopf, und jetzt erwarte ich, daß der zweite Dummkopf den Raum verläßt, damit ich meinen Vortrag beginnen kann.» Was er dann, nach dem Abgang des so qualifizierten Protestlers, in brillanter Weise auch tat.

Das reaktionäre Denken des Schulrats kann man als stockkatholisch bezeichnen: seiner Meinung nach entwickelt sich derjenige Schüler am besten, welcher der Auseinandersetzung mit Situationen, die den Horizont seines kleinen Dorfes überschreiten oder außerhalb des Familienkreises liegen, aus dem Wege geht. So gab es bis vor wenigen Jahren im Veltlin noch viele Schulen, in denen mehrere Jahrgänge zusammen in einer Klasse unterrichtet wurden. Als diese Schulform schon sonst überall in Italien verschwunden war, hatte hier noch jeder kleine Weiler seinen «Schulkomplex» mit jeweils zwei Klassen, in denen Schüler verschiedener Altersstufen zusammensaßen. Auf diese Weise wurde die familiaristische Kultur, auf der die Gesellschaft im Veltlin im wesentlichen aufbaut und die ihren Horizont bestimmt, am Leben erhalten.

Was den Unternehmungsgeist der Veltiner betrifft, kann man sich auf eine Mitte des 19. Jahrhunderts von Visconti Venosta verfaßte Abhandlung beziehen, in der sich der Satz findet: «Kein Volk ist weniger unternehmungsfreudig als die Veltiner.» Pessimistisch, aber wahr. Die «Industriellen» des Veltins kommen nicht über eine Art Maxi-Gewerbe hinaus und schaffen es vielleicht bis zum kleinen oder mittleren Unternehmer. Sie sind vorzügliche Handwerker, aber mit der Massennachfrage einer Industriegesellschaft wissen sie nicht umzugehen. Man kann daraus den Schluß ziehen, daß die Talbevölkerung im vorindustriellen Denken verhaftet geblieben und für fortschrittliche Produktionsverfahren nicht aufgeschlossen ist. (Und tatsächlich hat eine Untersuchung in der Region ergeben, daß Arbeitsweise und -techniken der Veltiner Handwerkerschaft deutlich hinter der Entwicklung in der übrigen Lombardei zurückgeblieben sind.)

Da ist zum Beispiel die «Colavev», der Verband der Molkereien von Veltin und Valchiavenna, die in Postalesio die Milch der Bauern und Genossenschaften sammelt und sie zusammen mit Käse aus eigener Produktion, der in Delebio hergestellt wird, vertreibt. Als ein »Faß ohne Boden« bezeichnet sie Luigi Leoncelli, Leiter der Arbeitskammer, der in Anlehnung an den Gewerkschaftsführer des kommunistischen Gewerkschaftsverbandes Cgil, Luciano Lama, »Lama von Sondrio« genannt wird. Präsident des Molkereiverbandes ist der Bürgermeister von Valdidentro, der als Verantwortlicher für eine besonders unsensible Bebauungspolitik von sich reden gemacht hat. Die von den Christdemokraten beherrschte «Colavev» wurde ohne Kenntnis der Marktlage und ohne Erarbeitung realistischer Entwicklungsdaten eingerichtet und hat sich als völlig unwirtschaftlich erwiesen; bisher ist sie aus den roten Zahlen noch nicht herausgekommen. (Die 250 Millionen Lire, die der «Colavev» von der schon oben erwähnten «Comunità montana» a fonds perdu gewährt worden sind, haben ebenso wenig genutzt wie eine Subvention in Höhe von 400 Milliarden Lire, die sie 1981 bekommen hat.)

Ein anderes Faß ohne Boden oder eher ein Beweis für die abenteuerliche Methode, mit der man eine Industrieansiedlung bewerkstelligen wollte, war die Firma »Atlantic«. Das Projekt, nämlich der Aufbau einer Fernsehgeräteproduktion (nach Erhalt von dreieinhalb Milliarden Lire aus einem Programm zur Förderung der regionalen Wirtschaft), beruhte auf der Idee eines Mailänder Amateur-Industrieellen von zweifelhaftem Ruf. Man begann ziemlich minderwertige Geräte zusammenzuschustern, und eine hübsche Farbige machtedafür Reklame im Fernsehen. Als jedoch die Ära des Schwarz-Weiß-Fernsehens zu Ende war, wußte weder der Initiator noch der Geschäftsführer, der ihm mit zwei oder drei unerfahrenen Mitarbeitern zur Seite stand, wie es weitergehen sollte; es begannen die Schulden bei den Banken, die Werkhalle überließ man der Firma »Barclay's«, einem Phantomunternehmen, das wiederum anderen Scheinfirmen mit Sitz in Panama, Liechtenstein und New York gehörte. Es folgten Steuerhinterziehung und schließlich betrügerischer Bankrott.

In Konkurs ging auch die kleine Fabrik »Jean Pierret« eines gewissen Don Giuseppe aus Mossini, einem Ortsteil von

Sondrio. Dieser hochstaplerische Priester produzierte in seinem Betsaal mittelmäßige Konfektionsware wie Unterhemdchen, T-Shirts und Unterhosen. Seine Arbeiterinnen bezahlte er nach eigenem «Tarif», und als die Gewerkschaft eine Inspektion durchführen wollte, schrie er: «Bolschewisten im Betrieb!». Die Aufforderung, sich an die Tarifverträge zu halten, bedeutete das Ende des Unternehmens.

Auch die «Winefood», der Multi, der die berühmten Veltiner Weine auf den amerikanischen Markt bringen wollte, versucht jetzt, zu verkaufen. Geplant war der Vertrieb der renommierten Produkte der Firmen Negri und Pellizatti (Produzenten des Sassella, Grumello, Inferno, Fracia), die sich zusammengeschlossen hatten. Aber die Produktions- und Arbeitskosten für den Unterhalt der terrassenförmig an den steilen, felsigen Südhängen angelegten Weinberge haben sich als zu hoch herausgestellt. Und die «Winefood» beginnt, Weingüter in Chianti zu erwerben.

Die Baumwollspinnerei Fossati ist in Konkurs gegangen, weil es ihr nicht gelang, die Produktion der veränderten Marktlage anzupassen und mit der technologischen Entwicklung Schritt zu halten. Es gibt nur wenige Unternehmen, die sich behaupten, etwa die Keksfabrik «Galbusera» oder die kleinen Betriebe in Morbegno, die getrocknete oder in Öl eingelegte Pilze herstellen. Positiv verläuft die Entwicklung auch bei einer großen Hühnerfarm in Samolaco unterhalb Gordona.

Vor kurzem wurden im Val Vedello, oberhalb von Piateda, Uranvorkommen entdeckt. Und so wie das Veltlin im 19. Jahrhundert, zur Zeit des gedankenlosen Abholzens, das Holz seiner Wälder lieferte, dann mit der aus seinem Wasser produzierten Elektrizität zur Industrialisierung der Lombardei beitrug (die oft zu kläglich-unsauberen Rinnsalen verkümmerten Bäche sind der Preis dafür), so schickt es sich nun an, zur jüngsten Energierevolution, der nuklearen, beizutragen; dazu wird die Physiognomie ganzer Berge verändert, denn um kleine Mengen von Uran zu gewinnen, müssen Milliarden Kubikmeter Erdreich verschoben werden.

Doch trotz der fehlenden Industrie, trotz des Mangels an Kultur, trotz der leidigen politischen Probleme, trotz der Naturschäden durch den — andererseits willkommenen — Touristenstrom (Häuser, Häuschen, Hütten, Eigentumswohnungen überall in der grünen Landschaft, an den Panoramastraßen zu den Gletschern oder auf Pässen mit schöner Aussicht, die zu Parkplätzen werden) bleibt das Veltlin immer noch eine wunderbare Gegend, flankiert von den Rätischen Alpen und den mächtigen Alpi Orobie: mit seinen Gletschern, seinen Bergseen und seiner Flora (einer der vielleicht zartesten und süßesten Düfte, die es gibt, ist derjenigc dcr «Nigratclla nigra», einer dunkelvioletten Blüte mit dichten Blütenblättern, die man oberhalb von 1 500 Metern findet), den Zwiebeltürmen, den Wallfahrtskapellen aus dem 18. Jahrhundert, die hoch über den weinbedeckten Hängen liegen, mit den Steinbockkolonien des Nationalparks «Parco dello Stelvio», mit den dichten Wäldern bei San Bernardo di Ponte Valtellina und, noch weiter oben, den fünfzehntausend von meinem Großvater Antonio Cederna, damals Präsident des Alpenvereins Veltlin, gepflanzten Lärchen.

# LORETO IM FLUG

Durch welliges, reizvolles Hügelland folgte ich dem Lauf des heiter dahinplätschernden Musone und gelangte nach Loreto, an den weltbekannten Ort, der das Heilige Haus von Nazareth beherbergt, jenen ärmlichen Raum, in dem Maria geboren wurde, in dem sie vom Engel die außergewöhnliche Verkündigung vernahm, wo Jesus Fleisch wurde und bis zu seinem dreißigsten Jahre lebte.

Loreto liegt gegenüber dem Rundberg Conero, inmitten fruchtbarer Felder und hoch über dem silbernen, leicht bewegten Meer. Die kleine Stadt lebt von der Wallfahrtsstätte, von den Pilgern, den Pilgerreisen und dem Devotionalienhandel. Meine Ankunft fällt genau mit der einer solchen Pilgergruppe zusammen, und bevor ich den großen Platz erreiche, von dem aus die Basilika wegen ihres eigenwilligen Glockenturms und der ungewöhnlichen, festungsähnlichen Apsis — lauter Mauern und Wälle — etwas enttäuschend wirkt, bummle ich die Hauptstraße entlang. Dort begegne ich fröhlichen Bahrenträgern und weißgekleideten Krankenpflegern, die Krankenbetten und Rollstühle schieben; und die Kranken, schon seit Jahren ans Haus gebunden, lächeln nun, verlangen eine Spazierfahrt zu machen, stellen Fragen, betrachten die Schaufenster, die voll sind mit Heiligenfiguren, kleinen Madonnenstatuen mit einem Heiligenschein aus Plastik, der alle zwei Sekunden aufleuchtet, Rosenkränzen aller Grössen (mit einigen könnte man seilspringen) aus Nußholz, Palisander, Erle, Roßkastanie, Glas oder Kristall.

Die Madonna in der bunten Dalmatica drückt das Kind so heftig an sich, daß ein anderer, weniger bedeutender als Er ersticken würde; die Nachbildungen gibt es aus Zelluloid, Zinn, Plastik, und sie machen denen von Tindari und Oropa Konkurrenz, so schwarz sind ihre Gesichter. Auch das Gesicht der Statue im Heiligen Haus ist dunkel, aber nicht in diesem Maß: Ursprünglich aus Fichte, wurde sie 1921 nach einem Brand durch eine Figur aus Zedernholz ersetzt, deren Gesicht im Laufe der Zeit durch den dichten öligen Rauch der Lampen immer dunkler wurde. In den Reproduktionen ist sie jedenfalls pechschwarz, und auch das Kind mit der Goldkrone auf dem Kopf ist eindeutig ein Negerkind.

Die Kranken betrachten die Madonna hinter der Scheibe, lassen sich Rosenkränze und Bildchen kaufen, und sicher bemerken sie keinen der weniger heiligen Gegenstände, die rätselhafterweise inmitten der anderen ausgestellt sind, zum Beispiel kleine Karten mit der Überschrift «Sexuelles Verlangen», darunter die Erklärung: «Der Besitzer dieser Karte ist garantiert ein perfekter, aktiver Partner, der dir eine Fülle erregender Erlebnisse bereitet.» Ein anderer Ausweis, die rosafarbene «Sex credit card» trägt die Aufschrift: «Der Besitzer dieser Karte hat Anspruch darauf, von jedermann geliebt zu werden, welche Forderungen er auch stellen mag».

Die echten Tempelhändler jedoch haben ihre Verkaufsstände neben der Basilika, und sie verfügen, wenn wir von den Rosenkränzen einmal absehen, über ein äußerst vielfältiges Schreckenskabinett. Angeboten werden große Hörner aus falschen Korallen, Pistolen und Schwerter für Kinder, Aschenbecher, auf denen sich eine kleine Nackte in aufreizender Pose anbietet, Negerpuppen, denen Verkäuferinnen scharlachrote Unterröcke und Büstenhalter stricken, weiter Trommeln, Tamburine, kleine Affen, Nester mit wuscheligen Kätzchen.

Doch das ändert sich alles, wenn man sich der großen Kirche nähert: seitlich vor ihr thront, schon ganz grün geworden, Papst Sixtus V., der Loreto zur Stadt und seine Kirche zur Kathedrale erhob. Er ist mittlerweile ein gefährdeter, von den Tauben arg in Mitleidenschaft gezogener Papst, und auf höherer Ebene überlegt man sich, wie man ihn kurieren könnte, natürlich ohne ein Blutbad anzurichten an diesem frommen Ort. Im Innern stehen vor dem Hauptaltar in Dreierreihen die Bahren und Rollstühle, alle mit himmelblauen Decken; schwarz-, weiß- und violettgewandete Priester beugen sich zu den Kranken hinunter, das Ohr an ihren Lippen, um ihnen die Beichte abzunehmen. Und man vergißt nackte Vamps und Glückshörner während der Segnung der Kranken auf der Piazza, unter einem verhangenen Himmel — Wolken wie von Tiepolo gemalt —, der verblaßt, wenn die Fackeln entzündet werden.

Die Regie ist perfekt: rund um den Platz windet sich die Prozession der Bahrenträger mit den Ledergurten, die wie breite Hosenträger aussehen und an der Hüfte festgemacht werden (zum Tragen der Feldbetten), und der »Damen« (so werden die Krankenschwestern genannt), die in vollkommener Harmonie den Psalm »Lauda Jerusalem Dominum, Hosianna, Hosianna, filio David« singen; dahinter folgen die Ärzte in ihren weißen Kitteln. Vor dem Kreuz, das von einer frommen Frau gehalten wird, segnet dann ein Priester im mandarinfarbenen Meßgewand die Kranken mit einer goldenen Monstranz unter einem schönen gelbfarbenen Schirm mit Fransen. Die Glocken beginnen ein Jubelkonzert; wer von den Kranken dazu in der Lage ist, bekreuzigt sich, die andern lächeln, wer Blumen geschenkt bekommen hat, atmet den Duft der auf den Decken liegenden Rosen, die Blinden knien nieder, ihre Stöcke neben sich, einem gelingt es, einen Augenblick lang sein verzweifeltes Zittern zu stoppen, und schließlich senkt sich eine Stille über den Platz, die nur vom Flügelschlag der scharenweise umherfliegenden Tauben unterbrochen wird.

Auch beim Verlassen des Platzes bieten die Kranken kein

Bild des Jammers; sie haben schon ihre Freundschaften geschlossen, haben sich, ohne in Selbstmitleid, diese seltsame Form des Trostes zu verfallen, gegenseitig ihre Krankheiten anvertraut, sie wollen vor dem Abendessen noch in der beleuchteten Stadt spazierengefahren werden, wollen Abendtoilette machen und schließlich schlafen. Die erniedrigende Schwäche des Körpers scheint vergessen, der Knoten der Angst gelöst, einige machen Witze mit den Trägern oder möchten zu den neugewonnenen Freunden gebracht werden (Sklerose, Spondylitis, Rückenmarksverletzungen, Muskeldystrophie, Parkinson, Arthritis). Und wenn auch echte Wunder nicht geschehen, so ist doch ein weniger spektakuläres Wunder zu beobachten: die Heiterkeit dieser Menschen, die sich nie beklagen, das menschliche Interesse, das sie ihren Damen und Trägern entgegenbringen, die alle diese Arbeit freiwillig und ohne Bezahlung machen. Viele dieser Helfer tragen Bänder und Medaillen, die Aufschluß über die Zahl ihrer Einsätze im Dienste am Nächsten geben; viele opfern dafür ihren Urlaub. Man findet unter ihnen Geschäftsleute, Arbeiter, Betriebsgruppen aus verschiedenen Großunternehmen, der Gefängnisarzt von Varese genauso wie Rentner, ehemalige leitende Angestellte der Bahn, Krankenschwestern aus verschiedenen Krankenhäusern (Heiraten zwischen ihnen und den Trägern sind gar nicht so selten) und auch Mitglieder der AA, der Anonymen Alkoholiker.

Keiner der Kranken, die hierher kommen, hat auch nur die leiseste Hoffnung, aufstehen und gehen oder mit einem Mal sehen zu können; und deshalb fahren sie auch nicht enttäuscht oder gar seelisch gebrochen zurück. Bei der Rückkehr von der Reise, die für sie ein unglaubliches Abenteuer bedeutet (sie haben das Meer gesehen, wurden ins heilige Haus getragen, erlebten Trauungen und Taufen, die Predigt des Erzbischofs war ihnen gewidmet), haben sie allein durch die Fahrt und den Aufenthalt eine größere Leidensfähigkeit erlangt. Erwähnt werden muß auch, daß die Damen und Träger den intensiven Kontakt von Loreto weiter aufrechterhalten und ihre Kranken immer wieder mal zu Hause besuchen; das gilt besonders für die chronisch Kranken, von denen einige schon dreißig oder vierzig Jahre bettlägerig sind. Der häuslichen Monotonie für eine Woche entflohen, zählen sie nach ihrer Rückkehr die Tage bis zum nächsten Besuch in Loreto. Unter den «Freiwilligen der Nächstenliebe», beeilt man sich mir mitzuteilen, befinden sich auch Kommunisten, Nichtgläubige und sogar Aristokraten.

Große Verwirrung stiftet in diesen Tagen eine Taube, die ins Innere der Basilika, und zwar ausgerechnet ins Haus von Nazareth gelangte, und derer man erst habhaft wurde, nachdem man ihr eine Ladung Schrot verpaßt hatte. Es hatte lange gedauert, bis man sie aus dem geheiligten Raum herausgebracht hatte, der laut Volksüberlieferung nach dem Einfall der Mohammedaner in Palästina von dort wegflog, an vier verschiedenen Orten niederging, von denen ihn die Engel jedoch weitertrugen, um ihn nicht der Gottlosigkeit, der Gleichgültigkeit oder Raub und Streit zu überlassen, worauf er schließlich in Loreto landete. Abbildungen dieses wunderlichen Transports finden sich auf alten Drucken und Schaumünzen: eine kleine Kirche mit Glockenturm, von fliegenden Engeln getragen. Die Madonna mit dem Kind befindet sich gewöhnlich auf dem Dach der Hütte, in vielerlei Stellungen: stehend, sitzend, als Halbfigur, stets getragen von Engeln, die ihr auch die königliche Krone über dem Haupt halten. (Die Engel und Cherubinen, die, von Wolken umhüllt, das Heiligtum wegtragen, sind laut Bibel und christlicher Überlieferung die Boten und Vollstrecker des göttlichen Willens, während die Wolken die Allmacht Gottes verkörpern.)

Die stark besuchte Santa Casa ist ein kleiner rechteckiger Raum; seine Wände sind von außen nicht sichtbar, da sie von einer monumentalen Marmorverkleidung versteckt werden (Basreliefs, auch von Sansovino, das Leben der Gottesmutter darstellend). Die Innenmauern bestehen aus großen Sandsteinquadern, die mit Mörtel zusammengefügt sind, im oberen Teil aus richtigen Backsteinen. Noch bevor er die Öffnung einer früheren, jetzt zugemauerten Tür zeigt, den Herd, den Altar, die Statue, die große Inschrift: «Hic verbum caro factum est» sowie eine Art in die Mauer eingelassene Kredenz, erklärt ein Ordensbruder eifrig, daß sowohl von den Steinen dieses Raumes als auch von Steinen in der Gegend von Nazareth chemische Untersuchungen durchgeführt wurden. Resultat: exakt die gleiche Zusammensetzung aus Kalziumkarbonat und eisenhaltigem Ton.

Nach der Volksüberlieferung gehörte die graue Schale mit den Glasurspuren, die in der Kredenz aufbewahrt wird, der Gottesmutter; man hört auch die Behauptung, daß kurz nach der Überführung in eben dieser Kredenz winzige Fußabdrücke der Jungfrau Maria, ein Holzschuh, ein Stück des Kamms und Geschirr aus grobem Steinzeug gefunden worden seien. Der Ordensbruder verneint dies; Charles de Brosses hingegen, der Loreto 1740 besucht und die Votivbilder und die wertvollen Keramiken in der Mauernische sieht, schreibt in seinen Reiseerinnerungen: «Auch wenn dieses Porzellan japanische Meisterarbeit ist, wirkt es doch nicht so erhaben wie zwei alte Gefäße, aus denen das Jesuskind seinen Brei aß.» Daneben bemerkt er noch «das Kleid der Heiligen Jungfrau, ein grober Seidenstoff, purpurfarben wie die Garne aus Neapel . . .».

Auch Carducci schreibt seiner Frau: «Ich sah auch die Schale, aus der die Madonna die Suppe aß», und weiter: «Die Stadt besteht aus einer einzigen Straße, in der die Bewohner nichts anderes tun, als Kränze zu verkaufen. Ich habe Dir aber keinen gekauft!» Die Gläubigen (viele sind Begleiter oder Verwandte der Kranken) rutschen auf den Knien um den Altar herum, und man findet denn auch im Marmor eine kreisförmige rillenartige Vertiefung, die aber nicht vom Druck der Knie, wie man meinen könnte, sondern von den Schuhen herrührt.

Eine Spur Frivolität findet man bei den Pilgern, selbst bei den frömmsten, beim Besuch des Museums, das voll ist von prächtigem Schmuck, Ringen, Halsketten, Ohrringen, alles Gaben an die Jungfrau Maria. «Mein Gott, das möcht' ich haben!», einen in Goldfiligran eingefaßten Amethyst, eine Gabe der Tochter von Massimo d'Azeglio, oder die Kette mit dreiundvierzig orientalischen Perlen, die großartigen, für neue Dalmatiken bestimmten Stickereien. Viele Besucher hätten auch ganz gerne eines dieser in Vitrinen ausgestellten Briefchen (aus dem Jahr 1797), die ein wenig Sandstaub des Heiligen Hauses enthalten. («Es ist den Gläubigen untersagt, auch nur ganz leicht an der Mauer zu kratzen, und wenn man einige Stücke mitnehmen dürfte, würde es nicht drei Tage dauern . . .», hatte Montaigne geschrieben.) Besonderes Interesse finden bei den Pilgern die Votivgaben der Sportler, unter ihnen eine des Radrennfahrers Bartali, und vor allem diejenigen von Fliegern, zum Beispiel das Madonnenbild in einem Silberrahmen, das Nobile bei seinen zwei Polflügen 1926 und 1928 in den Luftschiffen «Norge» und «Italia» mitführte.

Papst Benedikt XV. zögerte nicht, die Madonna von Loreto wegen ihres wundersamen Flugs zur Schutzheiligen der Luftschiffahrt zu erklären, und wer in seiner Verwandtschaft einen Flieger hat, kauft die Karte, auf deren rechter Seite unter der Flagge das «Gebet des Fliegers» abgedruckt ist («mit kirchlicher Genehmigung» steht darunter), während man links über der Basilika die Gottesmutter sieht, auf dem Dach ihres Hauses, zwischen Engeln und Wolken, und um sie herum sausen Flugzeuge mit langen weißen Kondensstreifen.

Eine andere Attraktion: die Tätowierschablonen aus Buchsbaumholz. Die Gläubigen, die sich seit dem achtzehnten Jahrhundert die Jungfrau von Loreto auf denn Unterarm tätowieren ließen, sind nicht zu zählen. Auflegen der Seite mit den groben Einschnitten, Markierung der Umrisse durch eine Linie dichter Punkte mittels einer Feder mit drei scharfen Stahlspitzen, Austritt des Bluts, Übergießen mit einer indigofarbenen Tinte, die die Zeichnung für immer fixiert. Ziemlich heftiger Schmerz während 24 Stunden, dann ist alles vorbei. Das Tätowieren wurde zwar 1860 aus Angst vor Infektionen verboten, aber heimlich auch später noch durchgeführt.

Auch der päpstliche Gesandte und Erzbischof von Loreto, Monsignore Loris Capovilla, erzählt von den Tätowierungen. Er war lange Jahre Sekretär des Patriarchen von Venedig, Roncalli, gewesen und in der gleichen Funktion mit ihm gegangen, als dieser zum Papst gewählt wurde. Nachdem der Monsignore die rote Bischofsmütze im Vorzimmer abgelegt hat, empfängt er mich in seiner Wohnung, die sich in einem Palast unweit des übel zugerichteten Sixtus V. befindet. Nachdem ich ihm von meiner Verwunderung über die Tätowierungen erzählt habe, fällt ihm ein Brief ein, den er von Ignazio Silone bekam, als dieser schon krank war. «Ich würde nach Loreto zurückkehren. Ich denke an meine Onkel, die von Pescina (Avezzano) zu Fuß nach Loreto kamen, das heißt zweihundert Kilometer zurücklegten, um sich tätowieren zu lassen.» Und «zum Glück», fügte er hinzu, «ist das heute nicht mehr üblich.»

«Was für einen Eindruck hatten Sie von den 'Freiwilligen der Nächstenliebe'?» fragte mich der Monsignore. Ich gebe meiner Bewunderung Ausdruck und erzähle ihm, daß ich unter den Damen auch eine Bekannte von mir getroffen habe, eine frühere Alkoholikerin, die jetzt völlig abstinent lebt und aktiv bei den AA mitarbeitet. Und er, der Papst Johannes im Herzen trägt und, sowie er Gelegenheit dazu findet, liebevoll von ihm spricht, erzählt eine Art Lehrfabel aus seinem Leben: Ein älterer Priester wird wegen Alkoholismus in ein Erholungsheim verbannt. Er steht unter der *suspensio a divinis,* er betet nicht mehr, ist verbittert und will niemand sehen, schon gar nicht seine Oberen. Der Patriarch beschließt, ihn zu besuchen, und seine Gegenwart befreit den Priester von seiner Verstocktheit. «Don Giovanni», sagt der Erzbischof zu ihm, «wir sind beide alt. Vergessen wir die andern und wenden wir uns dem Herrn zu . . .»; und er bringt ihn dazu, die Messe und das Brevier wieder zu lesen. Schließlich umarmt er ihn, lädt ihn zum Essen ein und drückt ihm vor dem Weggehen eine größere Geldsumme in die Hand.

Der Alte erzählt den Heiminsassen sofort, wie sehr er sich über den Besuch seines Bischofs und über diese Ermutigung freut: «Das ist ein Ehrenmann, wie man nur noch selten einen findet, ich geb' euch allen einen aus.» Die Fortsetzung des Abends kann man sich leicht denken, und man kann sich auch die Kommentare in kirchlichen Kreisen am folgenden Tag vorstellen: «Eine schöne Bekehrung! Er feiert die Rückkehr ins Priesteramt mit einer Zecherei im Kreise seiner Kumpanen.» Und der Kommentar des Patriarchen? «Ich habe vorausgesehen, daß es so kommen würde. Aber es ist doch schon ein Anfang, das Gift, wenn schon nicht dem Blut, so doch immerhin der Seele zu entziehen.»

Direktor des Archivs des Heiligen Hauses ist ein kleiner Mönch in brauner Kutte, der Kapuziner Floriano Grimaldi, Autor gelehrter kleiner Schriften über die Loreto gewidmeten volkstümlichen Drucke und alten Schaumünzen. Er führt mich durch Flure, die vollgestellt sind mit Regalen, und die wiederum sind vollgestopft mit in Pergament gebundenen Büchern und Mappen. Ob ich wisse, daß Mozart, mit dreizehn Jahren nach Loreto gekommen, hier eine Marienmotette komponierte und die Lauretanische Litanei vertonte? Natürlich wußte ich das nicht. Und daß Montaigne diese fromme Stadt mit ihrem Heiligtum besuchte? Dieselbe Unwissenheit. Tatsächlich beschreibt Montaigne in seinem «Tagebuch einer Badereise nach Italien» unter dem 26. Mai 1581 den berühmten Raum als «eine armselige alte Hütte aus Ziegelsteinen». Er war jedoch tief beeindruckt von den «reichen Votivgaben von so vielen Orten und Fürsten, daß sich selbst am Boden kein Zoll leerer Platz findet, der nicht von Gold- oder Silberfolien bedeckt ist. Mit großer Mühe, aber dank viel Unterstützung konnte ich einen Platz für ein Bild mit vier Silberfiguren finden: die Unserer Lieben Frau, die meine und die meiner Frau und meiner Tochter. Unter meiner Figur steht in Silber gestochen: *Michael Montanus, Gallus Vasco, Eques Regii Ordinis 1581*; unter der meiner Frau: *Francisca Cassaniana uxor*; unter der meiner Tochter: *Leonora Montana filia* unica; alle knien auf dem Bild nebeneinander, während oben, im Vordergrund, die Jungfrau ist.»

Und Pater Floriano, hinter alten Gittern in alten Dokumenten blätternd, nämlich im Verzeichnis der Gaben von 1576 bis 1599, findet die Schilderung Montaignes: hohe, mit Blumen verzierte Buchstaben, die Tinte verblaßt, das Papier vergilbt, und hier nennt er die Tochter Leonora «Putta». Die Votivtafel existiert nicht mehr, und es scheint, daß sie auch 1792, also schon vor den Beschlagnahmungen und Plünderungen durch die Franzosen, nicht mehr da war. (Vielleicht wurde sie wie andere Votivtafeln aus Silber eingeschmolzen, vielleicht auch bei einem Kirchenraub gestohlen.)

Auch Leopardi hat einen ausschließlich ihm gewidmeten Raum im Museum der Gemeinde: riesige Vergrößerungen der Maunskripte der «Ricordanze», ein Bleistiftporträt nach der Totenmaske, das Original eines Briefs an den Vater, in dem er von «dem Prinzip des Bösen, das ich im Blut habe» spricht, und in einem kleinen Schaukasten findet man auch seine Pantoffeln. Ich bekomme große Lust, nach Recanati zu fahren und sein Haus an der «Piazza Sabato del villaggio» zu besuchen. Dort empfängt mich Anna Gräfin Leopardi, eine liebenswerte und kultivierte Frau, Witwe eines Großneffen von Giacomo (der Urgroßvater ihres Mannes war der Bruder des Dichters). Sie begleitet mich bei der Besichtigung des Museums, das sie ständig neu ordnet; vor allem kümmert sie sich um die Bibliothek.

Bewundernd schaue ich mir die Aufsätze der Kinder Leopardis an — auf liniertem Papier, in einer Schrift, von der die heutigen Schüler nicht die blasseste Ahnung mehr haben — dann einen hübschen Buchfink, den Leopardi mit dem Federkiel auf eine seiner Aufgaben gezeichnet hat, die Oden des Horaz, die er mit zehneinhalb Jahren übersetzte, die scherzhaften Gedichte für seine Schwester Paolina. In einer Art Futteral die handgewebten honigfarbenen Schals, die er sich im Winter beim Schreiben über die Knie legte; die Feder tauchte er in das große Tintenfaß aus weißer Keramik. Geht man weiter, findet sich sein pathetisches Porträt: Adlernase, schöne Stirn, ein großer und trauriger Mund. Die Hausherrin fügt hinzu: «Es heißt, er habe die gleiche Kopfform gehabt wie Napoleon».

Meine liebenswürdige Führerin zeigt mir die Bibliothek des Vaters Monaldo, fünf Räume voll mit Büchern, dicken Wälzern, in Pergament, Leder oder marmoriertem Einband. Und dann eine Überraschung: Auch Monaldo hat Studien über Loreto und das Heilige Haus betrieben, nicht weniger als fünf dicke Bände damit gefüllt; einer davon trägt den Titel «Das Heilige Haus von Loreto: es werden die Beweise vorgelegt, welche die Historiker überlieferten». Monaldo war sehr gläubig, aber streitsüchtig, und wer sich mit seinen Thesen auseinandersetzte, geriet oft mit ihm in Konflikt. Eines seiner Bücher über das Heilige Haus mußte er denn auch 1841 in Lugano drucken lassen, weil er in Italien keine Druckerlaubnis bekam. Er glaubte an die Überführung, behauptete aber unter Berufung auf einige aus den Marken stammende Quellen, daß die Kirche Santa Maria di Loreto schon ein Jahr früher als allgemein angenommen an anderer Stelle existiert habe, nämlich in der Nähe des Bahnhofs von Porto Recanati.

Bis hierher geht die öffentliche Führung. Ich habe dann die Ehre, auch die anderen Zimmer dieses weitläufigen Hauses, das mit der wachsenden Zahl von Enkeln und Urenkeln laufend vergrößert wurde, betreten zu dürfen. Jede Etage hat ihren abgeschlossenen Garten mit Rosen, Palmen, Lorbeer, Steinbrech, Fuchsien, Ageratum. Dann ist da auch, in Himmelblau und Gold, Giacomos Wiege, das gelbe Zimmer, in dem er geboren wurde — mit Angelica und Medoro (Adelaide und Monaldo), die von Deckenfresken herunterschauen —, das gelb-goldene Himmelbett, in dem ihn seine Mutter zur Welt brachte. Zuletzt besichtige ich das Zimmer der älteren Geschwister mit den beiden nebeneinanderstehenden kleinen Betten aus dem frühen neunzehnten Jahrhundert.

Durch das Tor zu einem dieser wundervollen Gärten gehen wir hinaus, um den «Colle dell' Infinito» («Hügel der Unendlichkeit») zu sehen. Es gibt keinen Dunstschleier, so daß man jenseits der sanften Hügel mit den Olivenbäumen, Zypressen, Pappeln, den hellen und braunen Streifen bebauten Ackerlandes und den saftiggrünen Kleefeldern im erlöschenden Blau dieses schönen Tages den Gran Sasso und das Maiellamassiv erkennen kann.

Offensichtlich befinden wir uns in der Region des Fliegens: Von Recanati fahre ich nach Osimo, einer außergewöhnlichen, ockerfarbenen Stadt, in der die San Giuseppe da Copertino geweihte Basilika steht. Dieser gilt als der eigenartigste aller Heiligen und Seligen, die mit Loreto in Zusammenhang stehen. Er war Franziskaner, geboren Anfang des 17. Jahrhunderts in der Nähe von Lecce, und hatte so wenig Begabung zum Lernen, daß er die Theologieexamen nur dank dem hilfreichen Eingreifen der Jungfrau Maria bestand (in der Gruft, wo die Gebeine des Mönchs in einer Urne aufbewahrt werden, sieht man Silberherzen und Studentenmützen, Votivgaben unbegabter Studenten, die dank seiner Hilfe ihre Prüfungen schafften. San Giuseppe verfiel oft in mystische Ekstasen, während derer er zu kurzen Flügen von der Erde abhob; schon bald sprach man von Wundern, das Volk drängte sich, es folgten Prozessionen, öffentliche Gebete, Glaubensphänomene an der Grenze zum Aberglauben, Vorfälle, welche die Vorgesetzten zwangen, diesem unbequemen Ordensbruder (der später von Klemens XII. heiliggesprochen wurde) immer wieder neue Aufenthaltsorte zuzuweisen. Durch ganz Italien schickten sie ihn, von einem Verbannungsort zum anderen, bis er schließlich von Assisi, wo er in einem abgelegenen Kloster gelebt hatte, nach Osimo kam.

Aber Osimo liegt zu nahe bei Loreto — und so kam es zu jenem übernatürlichen Geschehnis um San Giuseppe, von dem Monsignore Paoli, der Bischof von Loreto und Recanati, in einem berühmten Hirtenbrief zum Jahrestag der Überführung des Heiligen Hauses aus dem Jahre 1802 berichtet. Das Ereignis (das im übrigen auch durch Gedenkmünzen und Drucke überliefert ist) wird vom Bischof wie folgt geschildert:

«Nachdem der Heilige in die Loggia eines zum Kloster gehörenden Gutshauses hinaufgestiegen war, von wo aus man eine unbehelligte Sicht auf die Kuppel des gegenüberliegenden Heiligen Hauses hat, tat er einen lauten und erregten Schrei und rief: 'O Gott, was mag das sein, was ich erblicke! Ein Kommen und Gehen von himmlischen Engeln! Seht ihr sie nicht? Seht doch, wie ganze Heerscharen von Gnadenvollen herniedersteigen und zurückkehren, um noch weitere zu holen. Sagt mir, was für eine Stätte ist das?' Und als man ihm sagte, das sei der Tempel, in dem das Haus von Nazareth verehrt werde, warf er sich auf die Knie nieder und rief: 'O du glücklicher, du seliger Ort!' Und während er so sprach, die Augen fest auf das Heilige Haus gerichtet . . . flog er mit plötzlichem Schwung von der Loggia hinunter, etwa zwanzig Spannen weit bis zum Fuß eines Mandelbaums, wobei er auf seinem Flug eine Höhe von zwölf Spannen erreicht hatte. Darauf wurde er seiner Sinne wieder mächtig und begann mit ungewöhnlicher Heftigkeit seine üblichen geistlichen Lieder zu singen, und gehend und singend rief er Fra' Pietro d'Urbino zu sich, und es fehlte nicht viel, und auch der wäre vor Begeisterung in die Luft gegangen . . .»

Auf einer solchen Reise darf auch eine Besichtigung der Bilder des Malers Lorenzo Lotto in Ancona nicht fehlen. Und was das In-die-Luft-Gehen betrifft, begegnet man einer höchst bedeutungsvollen Gestalt, die, in einen roten Mantel gehüllt, zwischen den Wolken im oberen Teil der «Verkündigung» schwebt (signiert in Kursivschrift von L. Lotus). Es ist kein geringerer als Gottvater, der — möchte man fast sagen — die Szene leitet; man kann in seinem Gesicht auch einen leicht ironischen Ausdruck erkennen, als wollte er sagen: «Siehst du, was ich dir da beschere?». Im darunterliegenden Zimmerchen hingegen herrscht sozusagen ein wildes Durcheinander. Die Jungfrau Maria, die aussieht wie viele Mädchen in Loreto (eine von denen, die zu Hause mit Vater, Mutter und Brüdern Andenken, Schlüsselringe, magnetische Amulette für das Auto mit dem Heiligen Haus darauf herstellen), ist eindeutig von Angst gepackt angesichts des Riesenengels, der unvermittelt vor ihr auftaucht — in einem hellen, plötzlichen Lichtschein, eine Lilie in der Hand, ein Wuschelkopf, der blonder nicht sein könnte —, um ihr die unglaubliche Botschaft zu bringen.

Das Gesicht der Jungfrau ist uns zugewendet, die Hände hat sie nicht wie bei anderen Darstellungen der Verkündigung als Ausdruck demütiger Unterwerfung ineinandergelegt, vielmehr bittet ihre Geste gleichsam um Schutz und Hilfe, als wollte sie sagen: «O Schreck!» (wie die Mädchen von Loreto, die sich beim Aufreihen eines Rosenkranzes verheddern). Eine graugestreifte, gelbäugige Katze scheint wütend zu sein; sie miaut und hat ihre Schnauze dem Engel zugewandt, ist aber gleichzeitig zur Flucht nach hinten bereit, um jeden Moment so weit wie möglich weglaufen zu könnnen. An einer kleinen Konsole hängen Nachthaube und Handtuch, durch das Fenster kann man undeutlich einen Garten mit Pinien, Zypressen, Jasmin- und Rosensträuchern erkennen. Das Bild ist insofern außergewöhnlich, als eine solche Darstellung zum ersten Mal vom Ausdruck der in friedvolle Abgeschiedenheit einbrechenden Verwirrung und Angst beherrscht wird. Und die solchermaßen auserkorene Jungfrau scheint ihre Zukunft als Schmerzensmutter schon vorauszuahnen.

# DIE BEWOHNER DES PARKS

*Landschaftszerstörung im Abruzzen-Nationalpark*

«Tasso», Plural «tassi», kann im Italienischen verschiedenes bedeuten, und «tassi» ganz verschiedener Art finden sich denn auch im Abruzzen-Nationalpark: ein Nadelholz etwa, das zwar hübsch anzusehen, aber giftig ist, der «tasso barnasso», eine sonnengelb blühende Eibenart; ein anderer «tasso» ist jenes sympathische, vermehrungsfreudige Tierchen aus der Familie der Marder, der Dachs nämlich, Fleischfresser und gut bepelzt wie seine Verwandten: Wiesel, Iltis, Fischotter, Edel- und Steinmarder. Und unter diesen vielen «tassi» des Parks gibt es auch einen Zweibeiner und Allesfresser, verwandt — trotz des unterschiedlichen Aussehens — mit seltenen Käfern wie dem *Acmacodera Tassii*, der von ihm entdeckt und nach ihm benannt wurde (ein wirklich niedlicher Käfer mit rot-blauer Färbung). Gemeint ist Franco Tassi, der junge Direktor des Nationalparks, Naturforscher von internationalem Ruf und unter anderem Koordinator einer Gruppe mit dem ungewöhnlichen Namen «Lupo Italia», der sich selbst als ein Exemplar einer von Ausrottung bedrohten Gattung sieht.

Ist er aggressiv? Er, der die Sanftheit selbst war, solange er in seiner Geburtsstadt Rom lebte, ist es erst nach seiner Umsiedlung in das Naturschutzgebiet geworden. Aggressivität mußte er entwickeln, um sich der Flut ernster Bedrohungen und ungerechter Angriffe, der er vom ersten Tag an ausgesetzt war, zu erwehren.

Mit drei Jahren hat Tassi seinen Vater verloren; der Großvater war sein Führer durch Schul- und Studienzeit. Nach dem brillanten Abschluß des Gymnasiums wünschte er sich zur Belohnung einen Besuch im Abruzzen-Nationalpark, und die Begegnung mit der unverfälschten Natur verzauberte ihn buchstäblich.

Schon damals beschäftigte er sich schon mit Insekten und hatte eine sehenswerte Sammlung zusammengestellt, katalogisiert und klassifiziert wie die Sammlungen der Museen. Noch heute zeigt er neugierigen Besuchern Vitrinen, in denen sich seltene Schmetterlinge in allen Farben, getupfte Pillendreher, exotische, noch nie gesehene Insekten befinden, jedes Exemplar mit seinem Kärtchen und dem lateinischen Namen darauf, und für den, dessen Neugier noch nicht befriedigt ist, hat er weitere Kästen, deren Inhalt noch mehr beeindruckt; sie enthalten Nattern und Schlangen jeglicher Herkunft, Art und Größe. Während es den jungen Mann also unwiderstehlich zur Physik und zur Biologie hinzieht, überzeugt ihn der Großvater mit einer denkwürdigen Äußerung, daß er Jura studieren solle: «Ohne Abschluß in Jura wirst du später im Leben übers Ohr gehauen». «Eine zutreffende Voraussage», meint Tassi heute; damals, während der vier Jahre an der Universität, durchlebte er des öfteren Phasen heftigster Abneigung gegen sein Fach. Aber er spezialisierte sich auf Verwaltungsrecht, beteiligte sich an zahlreichen Stellenausschreibungen, aus denen er immer als Sieger hervorging, und all die Prozesse, mit denen er heute überzogen wird, gewinnt er mit der linken Hand. Schon während des Studiums hatte er eine Arbeit in der Verwaltung, und kaum war er mit dem Studium fertig, ging er im Auftrag des Schatzministeriums nach Brüssel, wo er sich mit Problemen der Wirtschaftsentwicklung beschäftigte. Zum Schatzminsterium war er vom Innenministerium gekommen, dann wechselte er in das Wirtschaftministerium hinüber, wo er mit Ruffolo zusammen am «Projekt 80» arbeitete und dabei für den Abschnitt über Umweltpolitik verantwortlich zeichnete. Er bewarb sich erfolgreich um eine

Anstellung beim Staatspräsidialamt, verzichtete jedoch auf die Stelle, gewann zwei weitere Ausschreibungen, diesmal für das Richteramt, zog sich jedoch auch hier wieder zurück, da ihn diese Laufbahn im Grunde überhaupt nicht interessierte. Schließlich sagt ihm 1968 sein Freund Fulco Pratese, Präsident der italienischen Sektion des WWF, der seine Bewerbungsmanie und deren Erfolge, vor allem aber seine Leidenschaft für die Natur kennt, daß der Abruzzen-Nationalpark seit sechs Jahren keinen Direktor hat: anscheinend finde sich niemand, der das für diesen Posten notwendige Engagement und die erforderlichen Zeugnisse mitbringt. Tassi verfügt über beides, übernimmt das Amt und muß schon sehr bald bemerken, mit welcher Ungeduld sein Rücktritt erwartet wird. Nur allzu vielen wäre es nämlich gelegen gekommen, hätte man den Posten noch eine gute Weile unbesetzt gelassen. Aber Tassi macht keinen Rückzieher, obwohl er sehr schnell erkennt, daß sein Leben alles andere als leicht sein wird.

Noch am Tag der Ernennung erreicht ihn ein Anruf in seiner Wohnung in Rom. Glückwünsche, Zustimmung, aufmunternde Worte? Ganz im Gegenteil! Mit stark abruzzischem Akzent wird ihm für den Fall, daß er sich nicht zurückzieht, eine Kugel in den Kopf versprochen. Wie man noch sehen wird, ist Tassi ein unerschrockener Typ; am 16. März 1969 übernimmt er die Amtsgeschäfte. «So lange bin ich nun schon hier», sagt er mit seinem ruhigen Lächeln, «ein Widerstandsrekord; und angesichts all der Schwierigkeiten, Intrigen, Drohungen, Machenschaften, Beschimpfungen, Klagen, Verwünschungen wäre ich schon längst am Boden zerstört, wenn ich nicht über eine außergewöhnliche Regenerationsfähigkeit verfügte, wenn mich diese Kampagnen nicht stimulieren würden und ich nicht hin und wieder in die Berge gehen könnte, um neue Kräfte zu sammeln.» Über dreihundert Anzeigen sind bisher gegen ihn erstattet worden, mehr als in den Mafia-Skandalen um Sindona und Caltagirone zusammen.

Als er seine Stelle antritt, findet er bestätigt, was er schon wußte: daß die Natur vorwiegend denen anvertraut wird, die skrupellos mit ihr umgehen. Seine unmittelbaren Gegner sind profitgierige Bauspekulanten, und schon damals ist Pescasseroli, die größte Ortschaft im Nationalpark, durch Landhäuser und Ferienhaussiedlungen verschandelt, die man im Nordabschnitt des Parks gebaut hat, «zwei Schritte von der Bärenhöhle», wie sich die Eigentümer brüsten (aber der Bär, für seinen gutmütigen Charakter bekannt, hat sich nie gerächt). Die Landschaft ist völlig zersiedelt: Chalets, Häuser im pseudorustikalen Stil, Villen, die Disneyland Konkurrenz machen.

Unter Mithilfe von Richtern, Staatsanwälten und Parlamentsabgeordneten entstanden hier die Häuser des Sozialdemokraten Mario Tanassi, des Liberalen Aldo Bozzi, des Christdemokraten Natalino di Giannantonio, des bekannten Chirurgen Paride Stefanini, der Direktorin der Galerie für moderne Kunst in Rom, Palma Bucarelli, und des früheren römischen Generalstaatsanwalts Pietro Pascalino (der eine Interessengemeinschaft von Villenbesitzern bildete und sie der Staatsanwaltschaft unterstellte — wie wenn ein Pfarrer in seiner Kirche einen Nachtklub einrichten würde); wieter findet man auch Leute vom Film wie Alfredo Bini und Rosanna Schiaffino und schließlich sogar den ehemaligen Minister für Umweltschutz Achille Corona. («Aber vielleicht», meint Tassi ironisch, «hat der sich hier niedergelassen, um die Spekulation besser bekämpfen zu können»). Um es kurz zu machen: in den sechziger Jahren wurden in Pescasseroli 126 Baugenehmigungen widerrechtlich erteilt.

Andere Gegner, denen man mit offenem Visier gegenübertreten muß, sind die Wilderer und die Holzspekulanten: die Wilderer, die glauben, ihre Männlichkeit zu beweisen, wenn sie einen Bären erlegen, und die zu Hause als stolze Trophäen Fotos aufbewahren, auf denen sie mit blutigen Gemsen auf den Schultern zu sehen sind; die Spekulanten, die von der Gemeinde ein Waldgrundstück erworben und mit dem Verkauf des Holzes glänzende Geschäfte gemacht haben. Und vielleicht tun sie sich bei einem gemeinsamen Festschmaus oder Geschäftsessen zusammen mit dem Oberförster oder dem Forstinspektor an Hirschrücken gütlich.

Andere Feinde sind die noch raffinierteren Geschäftemacher, die vordergründig und demagogisch behaupten, die Natur zu schützen, aber in mehr oder weniger geheimer Verbindung mit der Spekulation stehen. Dann die Verwaltungsbürokratie, die ebenfalls unter dem Mäntelchen des Umweltschutzes Anspruch auf die möglichst weitgehende Ausbeutung der Natur erhebt. Ganz zu schweigen von gleichgültigen oder korrupten Politikern und prinzipienlosen Gewerkschaftern, die alle gleichermaßen Schuld an der fortschreitenden Zerstörung eines ökologisch intakten Raums tragen, der in Europa nicht seinesgleichen hat.

Als 1969 Prinz Philip von Edinburgh nach Pescasseroli kommt, auch er ein großer Bewunderer dieser von verschneiten Bergen umgebenen Wälder und Förderer des Programms zur Erhaltung bedroher Tierarten, heißen ihn die Einheimischen mit an die Wände geschmierten Sprüchen wie «Philip go home!» willkommen. Vor dem Studienzentrum finden sich weitere Parolen: «Boß Tassi in den Käfig!», «Tiere raus, Tassi rein!» und «In den Käfig mit der Bestie Tassi!».

Bezeichnend ist die Situation, die Tassi bei seiner Ankunft vorfindet. Die Forstarbeiter (acht an der Zahl) haben das ganze Studienzentrum belegt; es gibt nicht einmal eine Schreibkraft; das Gebäude macht einen verwahrlosten Eindruck. Über den Zustand des Parks ist nichts zu erfahren, zumal keinerlei Bericht existiert. Den Aufenhaltsraum hatte man zu einem Stall umfunktioniert, und der damalige Bürgermeister, Bernardo Trillo wurde nicht müde zu wiederholen: «Dieser Tassi muß seine Koffer packen und verschwinden. Den Park verwalten wir.» Im Klartext: Stückweise Veräußerung des Parks, Vermietung von Ferienhäusern und -wohnungen, unerhörte Bereicherung — und Gemsragout für alle. In den ersten Jahren ließ Tassi viele seiner Freunde kommen, die ihm helfen sollten, Fotografen, Raumsausstatter; aus dem Haus der Forstarbeiter machte er den mehr als würdigen Sitz der Parkverwaltung. Unterstützung erfuhr Tassi auch von jungen Freiwilligen, die sich für den Naturschutz engagieren wollten. Unter ihnen war Saverio Saltarelli, der Sohn eines Hirten, Student in Mailand, der am 12. Dezember 1970 (bei einer Demonstration zum ersten Jahrestag des Bombenattentats auf der Piazza Fontana) von der Polizei erschossen wurde; die wahren Umstände seines Todes konnten nie geklärt werden.

Damals wurde der Wechsel des Parkwappens — vom Steinbock zum kleinen sitzenden Bären — als schlimmer Mißgriff betrachtet. Darüber hinaus fühlten sich die Einwohner von Pescasseroli durch die jungen Leute aus Florenz, die während des Hochwassers selbstlos Hilfe geleistet und im Park wie im Ort Aufräumungsarbeiten übernommen hatten, in ihrer Ehre verletzt und gaben ihrem Unwillen dadurch Ausdruck, daß sie den ganzen Müll nachts wieder in den Fluß warfen. «Sie maßen sich Kompetenzen an, die der Gemeinde zukommen», lautete der Kommentar des Bürgermeisters.

Unterstützt von einer beinahe meisterhaften Verleumdungskampage wird der Kleinkrieg fortgesetzt. Im August 1970 geht beim Gericht eine anonyme Anzeige ein: «Seit der Ankunft von Dr. Tassi sind die Schutzhütten des Parks voll von merkwürdigen Personen, und es besteht Grund zur Annahme, daß sie nachts Drogen konsumieren.» Prompt schaltet sich der Oberstaatsanwalt ein, der um Mitternacht mit einer Carabinieri-Streife beim «Rifugio dell 'Orso» ankommt, einer Hütte in einem Pinienwald bei Pescasseroli. Das Mädchen, das die Tür öffnet (Tassi ist nicht da; jedes Jahr fährt er im Juli zu Weiterbildungskursen ins Ausland; in jenem Jahr befand er sich gerade in Amerika — da hat man ihn ja, den Drogenkurier!), sieht eine Pistole auf sich gerichtet. «Her mit den Zigaretten!» befiehlt der Wachtmeister, und das Mädchen: «Wie, wegen Zigaretten weckt man uns um diese Zeit und auf diese Art?» «Schluß mit Witzen, wo sind die Drogen?» herrscht sie der Staatsanwalt an. Schlafsäcke, Schachteln, Rucksäcke, Bergschuhe fliegen vor die Tür. Gefunden werden Zigaretten der Marke Nazionali Esportazione.

Einige Monte später wird eine andere, noch abstrusere Beschuldigung vorgebracht. Eine Gruppe von Viehhirten aus der Marsica schwört, über einem bestimmten Teil des Parks einen Hubschrauber gesehen zu haben, aus dem ein gutes Hundert ungewöhnlich wild aussehender, nämlich sibirischer Wölfe an Fallschirmen abgeworfen worden seien. Völliger Irrsinn, ist Tassis Antwort. Erstens haben wir keine Hubschrauber, zweitens wollen wir den Bestand an einheimischen, apenninischen Wölfen vergrößern (und wenn wir in der Schutzzone Tiere aussetzen, dann Hirsche und Rehgeißen, deren Bestand vor der Schaffung des Parks durch Wilderer dezimiert worden ist) und drittens müßte man mir erst einmal erklären, wie es diese Wölfe nach der Landung schaffen sollen, sich von den Fallschirmen zu befreien.

Noch einer weiteren seltsamen Tat wird der unerschrockene Parkdirektor bezichtigt. Ebenfalls von einem ominösen Flugzeug aus soll er über den Wäldern einen Sack mit dreißig Kilo Vipern ausgeleert haben. (Die jüngste «Entdeckung» nach den Vipern und den sibirischen Wölfen ist die Unterstützung von Terroristen, das heißt, Tassi soll Marco Donat Cattin, dem Sohn eines bekannten christdemokratischen Politikers und früheren Ministers, ein Versteck in den Wäldern verschafft haben.)

«In den Lokalblättern hat man mich als Parkdiktator, Tribun, Primadonna, absoluten Monarchen, Khomeini des Parks und falschen Ökologen bezeichnet und die Serie der Einschüchterungsversuche, dunklen Warnungen und makabren Parolen reißt nicht ab. Das geht von 'Nein zur Parkerweiterung! Nein zum 'Heiligtum' der Natur!' über 'Wir wollen mehr Ferienhäuser und Anlagen!' bis hin zu 'Tassi und Rossi (der Vizedirektor), wir schießen euch in die Schnauze!'. Anlaß dafür war die Auseinandersetzung um einen wilden, verwahrlosten und lärmigen Campingplatz, der die Natur verschandelte.» Daneben kommt es immer häufiger zu vandalischen Akten: Feuer wird gelegt, Reifen werden aufgeschlitzt, Fahrzeuge demoliert, Häuser loyaler Parkangestellter beschädigt. Man schreckt auch nicht vor Tätlichkeiten gegenüber den freiwilligen und engagierten Mitarbeiterinnen des WWF und dem Sohn von Tassi zurück («sein Vater bringt Massen von Leuten ans Hungertuch»), der sich gezwungen sieht, die Schule zu wechseln und jetzt das Gymnasium im sechsundzwanzig Kilometer entfernten Gioia dei Marsi besucht. Tassi wird bald als Faschist, bald als Kommunist, Sozialist oder Maoist und Chinesenfreund beschimpft. («Vielleicht ist die Anschaffung eines Buchs über die in China heimischen Säugetiere der Grund für dieses lächerliche Spektakel.» Abschließend sagt er dazu: «Ich kann mich nur als den letzten der Mohikaner bezeichnen.»)

Es gab Freunde, die ihn schon zu Beginn fragten: «Wer sagt denn, daß du dir so viele Scherereien aufhalsen mußt?» Man prophezeite ihm eine Serie von Mißerfolgen. Gewiß, sein Leben ist nicht leicht und auch nicht ungefährlich. «Aber ich bin ein Dickschädel und zäh wie nur wenige; und ich kann sagen, daß ich bisher keine schweren Niederlagen einstecken mußte.» Von den ehemals fünf Direktoren der italienischen Nationalparks ist Tassi der letzte, nachdem der Direktor des «Gran Paradiso» während dessen Hochzeitsreise vom Verwaltungsrat entlassen wurde; ob seiner Beschwerde dagegen stattgegeben wird, ist bisher nocht nicht entschieden. Die Herren Verwaltungsräte wollen den Direktorenposten nach Gesichtspunkten der Parteienproportion vergeben. Das Amt soll nicht als Endpunkt einer Laufbahn betrachtet und deshalb die Amtsdauer auf fünf Jahre begrenzt werden; der Vertrag ist dann von den Lokalbehörden zu erneuern.

Die anderen drei italienischen Nationalparks — Stelvio (Stilfser Joch), Circeo, Kalbrien — sind direkt der Forstverwaltung unterstellt und somit nicht autonom. Der «Gran Paradiso» hingegen ist eine Körperschaft des öffentlichen Rechts wie der Abruzzen-Park. Ob der Minister für Landwirtschaft und Forsten zu den Förderern des Nationalparks Abruzzen gehöre, frage ich Tassi. «Natürlich nicht. Giuseppe Bartolomei, der Minister, ist ein Fanfanianer reinster Prägung, das sagt schon alles. Glauben Sie, er hätte je einen Vertreter des Parks empfangen? Und diese Haltung ist ja nur konsequent, denn um den Park und seine Probleme kümmert er sich nicht im geringsten.» Um ihn noch etwas genauer zu charakterisieren, erzählt Tassi, daß Bartolomei am 19. April 1982, in Erwartung der bevorstehenden Kabinettsauflösung, im Handstreich ein Dekret erließ, mit dem er recht zwielichtige christdemokratische Parteikollegen, einige von ihnen schon wegen Bauvergehen verurteilt, in den Aufsichtsrat des Parks hievte. Eine Art Trojanisches Pferd, voll von miesen Figuren. Selbstverständlich hat die Parkdirektion diesen Entscheid, den sie als Affront betrachtet, schon angefochten; schließlich sollten dem Verwaltungsrat nur Personen angehören, denen der Schutz des Parks am Herzen liegt. Nicht vergessen werden darf auch, daß der Staat dem Park an die zwei Milliarden Lire an ordentlichen und außerordentlichen Staatszuschüssen für die Jahre 1979/80 schuldet.

Die Anschuldigungen gegen Tassi bewegen sich meist auf niedrigem Niveau. Er sei gegen Skilifte und andere Beförderungsmittel auf die Berge des Nationalparks, weil er von Cortina d'Ampezzo und Courmayeur, die Angst vor Konkurrenz hätten, bezahlt werde. In Wirklichkeit ist Tassi ein Gegner solcher Anlagen, weil er sie nicht nur für unökologisch, sondern auch für unökonomisch hält. Einrichtungen dieser Art arbeiten immer mit Verlust (ausgelastet sind sie lediglich über Weihnachten-Neujahr und an einigen Tagen im August), ein Verlust allerdings, der durch die Bodenspekulation wieder wettgemacht wird. Der Skilift ist tatsächlich so etwas wie ein Köder für Natursünder («Was für ein herrlicher Platz, warum baue ich mir hier eigentlich kein Häuschen?») Die Anlagen, obwohl Milliarden-Investitionen, sind nicht ausgelastet, die Infrastrukturen müssen von den Steuerzahlern finanziert werden und außerdem entstehen Geisterdörfer, Paradiese für

Diebe. Vor 1969 hatten die Geschäftemacher gigantische Anlagen geplant, sich die schönsten Grundstücke gesichert und Tausende von Buchen geopfert; viele Gemeinden hatten damals der Versuchung, aus Schnee Gold zu machen, nicht widerstehen können.

Das änderte sich auch in den nächsten Jahren nicht. 1972 ermöglichte ein Beschluß der Gemeinde Pescasseroli der Firma Sipna den Bau von drei Sessel- und sechs Skiliften mit den dazugehörigen Parkplätzen und Service-Einrichtungen, Strom-, Telefon- und Wasserleitungen, Planierungen für die fünfzig Meter breiten Abfahrtspisten — insgesamt entstand ein Pistennetz von ungefähr 150 Kilometern Länge, für das mehrere Dutzend Hektar Pinien- und Buchenwald abgeholzt wurden. Die Gesellschaft räumt ein, daß man viel Holz geschlagen habe, aber es sei Jungholz gewesen; außerdem habe man es zum Wohl der Skifahrer getan, die sich an den Bäumen entlang der Pisten hätten verletzen können. Der Leitung des Nationalparks gelang es nach einer langen Auseinandersetzung der Zerstörung der Gebirgslandschaft Einhalt zu gebieten, obwohl der Bürgermeister im MSI-Organ «Secolo d'Italia» von dem einflußreichen Geschäftsmann Romano Coltellacci (dessen Familie in Pescasseroli eine Ferienhaussiedlung gehört) Schützenhilfe bekam.

Nach Artikel 734 des italienischen Strafgesetzbuchs wird jeder bestraft, «der durch Bauten, Beschädigungen oder auf andere Weise die Naturschönheiten von Gebieten zerstört oder beeinträchtigt, die unter dem besonderen Schutz des Staates stehen». Mit diesen Gebieten sind zum Beispiel die Nationalparks gemeint. Wenn man dies ernst nimmt, hätten die Justizorgane, besonders die der im Naturpark gelegenen Gemeinden, die mit dem Parkdirektor auf Kriegsfuß stehen, eine «Durchforstung» nötig. Da gibt es zum Beispiel den Amtsrichter von Castel di Sangro, in dessen Zuständigkeitsbereich auch Pescasserli fällt. Früher einmal war er einer von Tassis Mitbewerbern um eine Stelle bei der Justiz. Nach einem guten Anfang läßt er sich schnell von seiner Umgebung anstecken und wird zu einem Verfechter des Rechts des Stärkeren. Wir wollen bauen und Holz fällen, soll das heißen, ihr denkt nur daran, die Bären zu schützen, dabei verlangt das Leben doch: «Zuerst der Mensch, dann der Bär». Die skandalösen Urteile des Amtsrichters sind Ergebnisse einer solchen Einstellung.

Der Richter, ein denkwürdiges Exemplar der einheimischen Fauna, spricht tatsächlich jemanden frei, der in Vicenne, einem Ortsteil von Pescasseroli, ohne Genehmigung zwei Blechschuppen gebaut hat, die das Auge beleidigen — Begründung: es handele sich um «nur vorübergehend bestehende Gebäude» (natürlich stehen sie immer noch); Freispruch auch für eine Dame, die in der Schutzzone ein kleines Fertighaus errichten ließ, ebenso für einen der in Acquaviva (Valette Barrea) einen scheußlichen Fertigbau aus Blech hingestellt hat; von 25 weiteren Gebäuden, gegen deren Erbauer Anzeige erstattet wurde, heißt es in den Akten, sie fügten sich «harmonisch in die Umgebung» ein. Der Gipfel unfreiwilliger Komik ist schließlich mit dem Freispruch einer Frau erreicht, die in der Nähe von Pescasseroli ein Haus aus Stahl und Beton gebaut hatte: der Tatbestand sei nicht strafbar, das Gebäude stehe nämich in einer Zone, in der es schon Bebauung gebe, daher erfolge keine Beeinträchtigung der Natur, und die gelte «um so mehr, als die Berge im Hintergrund in keinerlei Weise von dem Bau betroffen sind.» Noch Fragen?

1980 muß sich Tassi — der in seinem Bemühen, Spekulation und Gesetzesverstößen einen Riegel vorzuschieben, nicht nachläßt — gegen eine weitere, diesmal raffinierter angelegte Verleumdungskampagne behaupten. In deren Folge überziehen sich der Nationalparkdirektor und der einzige sozialistische Abgeordnete aus den Abruzzen, Domenico Susi, gegenseitig mit Klagen. Susi hatte schon zuvor als Gegner der Einbeziehung des Monte Marsicano in das Naturschutzgebiet und als Förderer des umweltbelastenden Chemiewerks Sangrochimica von sich reden gemacht. Der Skandal — alsbald als «Susygate» bezeichnet — nimmt seinen Anfang mit einer von Dino Fasciani, Bezirksvorsitzender der sozialistischen Gewerkschaft UIL in L'Aquila erstatteten Anzeige. Darin ist von schwerwiegenden Unregelmäßigkeiten in der Verwaltung des Parks die Rede, von der wahllosen Verwendung von Geldern und von Beeinträchtigungen der »harmonischen Wirtschaftentwicklung im Bereich des Nationalparks».

Es folgt eine parlamentarische Anfrage. Tassi soll bis zur Klärung der gegen ihn erhobenen Vorwürfe beurlaubt werden. In dem gegen ihn eröffneten Untersuchungsverfahren geht es um «Vergnügungsfahrten», die er angeblich mit dem Landrover des Parks unternimmt, um seine «nepotistische» Einstellungspolitik sowie um «irreguläre» Zahlungen an Naturschutzorganisationen. Sein Paß wird beschlagnahmt, damit er sich der Strafe für diese schweren Dienstvergehen nicht durch Flucht ins Ausland entziehen kann. Die Untersuchung bestätigt in keinem einzigen Punkt die Vorwürfe des Abgeordneten Susi. (Ziel der Kampagnen war es, die korrupten Bürgermeister der Gemeinden im Nationalpark vor den Forderungen Tassis nach Einhaltung der gesetzlichen Bestimmungen zu schützen.) Schließlich erfolgt noch — unglaublich, aber wahr — die Durchsuchung des Parkzentrums; eine «unangemessene Waffe» wird beschlagnahmt und stolz zur Schau gestellt. Es handelt sich um eine Narkosegewehr zur schmerzlosen Betäubung, das zur Ruhigstellung verwundeter Gemsen oder bei Markierung- und Forschungsarbeiten verwendet wird; die Tiere nehmen daran keinen Schaden und werden nachher wieder in die Wildnis ausgesetzt. Den Paß bekommt der Direktor schnell wieder zurück.

Rückhalt findet der Abgeordnete Susi in eigenen Orten, die mit dem Direktor des Nationalparks im Streit liegen, so etwa in Opi, einem kleinen Bergdorf mit nur 600 Einwohnern, die aber zu jeder Schandtat an der Landschaft bereit sind. Auf dem gesamten Gemeindegebiet nimmt, von der Gemeinde und dem «Verschönerungsverein» geduldet und natürlich ohne Rücksprache mit der Parkverwaltung, wildes Zelten überhand. Entlang des Sangro, fast unmittelbar gegenüber dem

Val Fondillo, ist eine chaotische, lärmige Zeltstadt mit vielfältigen negativen Folgen für Natur und Umwelt entstanden (Wasserverschmutzung, Fischsterben, Ausrottung seltener Pflanzenarten). Wahllos wird Brennholz gesammelt, die Umwelt mit Fäkalien und Abfällen verschmutzt (es gibt keinerlei sanitäre Anlagen); gefährliche Feuer bilden unüberwindliche Hindernisse für die Tiere, denen sogar der Weg zu den Tränkstellen versperrt wird. Ein weiterer Grund für den Konflikt zwischen dem Abgeordneten Susi und der Gemeinde Opi auf der einen und der Verwaltung des Nationalparks auf der anderen Seite ist die häßliche Siedlung in der herrlichen Piana della Masseria am Fuß des Marsicano. Zum Glück ist sie noch nicht fertiggestellt, da Tassi ihren Abbruch verlangt hat. («Wenn die Siedlung zu Ende gebaut wird, bleibt den Bären nichts anderes übrig, als zum Trinken in die Bar zu gehen.«) Ein letztes Beispiel für die geschmacklose Art der Auseinandersetzung und den blinden Haß auf Tassi: Ende Mai 82 wurde in Pescasseroli und Opi die Nachricht verbreitet, der Parkdirektor sei bei einem Autounfall ums Leben gekommen. Alles strömte auf den Dorfplatz, Getuschel, gespieltes Entsetzen; hinter geschlossenen Türen wird es anders ausgesehen haben.

Geht einerseits der Kampf gegen Landschaftszerstörer und Umweltverschmutzer weiter, wächst andererseits in ganz Italien die Zustimmung einer qualifizierten Öffentlichkeit für Tassis Arbeit. Dies wird besonders deutlich, als er eine weitere Schlacht gewinnt, nämlich den Einschluß des Gebietes um den Marsicano in die Schutzzone erreicht. Es ist die Entscheidung von grundsätzlicher Bedeutung für den Tier-, Landschafts- und Umweltschutz, gleichzeitig ein Schlag ins Gesicht für die Spekulanten, die dort oben ausgedehnte Anlagen geplant hatten.

Inzwischen vermehrt sich die Zahl junger Leute, die in Tourismus-Kooperativen arbeiten. Sie legen Naturlehrpfade an, bauen die verlassenen «Rustici» in Herbergen um und verwalten erfolgreich einige Einrichtungen des Parks wie die

Schutzhütten «Albergo del Diavolo« und «Campeggio dell' Orso»; Jugendarbeitslosigkeit ist in Pescaseroli kein Thema. Es gibt auch einige Gemeinden, die die Verwaltung des Nationalparks unterstützen. So sagt etwa der Bürgermeister von Livitella Algedana: «Wir sind mit dem Park einverstanden, weil wir seine positiven Seiten sehen. Es darf nicht zugelassen werden, daß diese Zusammenarbeit durch Mißverständnisse und gehässige Polemik getrübt wird.»

Man kann es fast nicht glauben, aber die Familie Tassi hat in Pescasseroli immer isoliert gelebt, «behandelt wie Aussätzige», präzisiert der Direktor, «und das, obwohl meine Frau im Heim geholfen hat und obwohl sie mit dem Kleinbus die Kinder von Opi holte, um ihnen Dias aus der Natur zu zeigen, und es war das erstemal in ihrem zehnjährigen Leben, daß sie nach Pescasseroli herunterkamen.» Was ist die Erklärung dafür? Stets die Wut, mit den Bäumen und dem geschützten Land nicht nach Belieben schalten und walten zu können, die Verschlossenheit und geringe Gastfreundlichkeit der Bewohner, die einen elf Monate dauernden Winter haben, was auf das Gemüt abfärbt. Es will etwas heißen, in 1200 Meter Höhe, in einem der niederschlagsreichsten Orte Italiens zu wohnen; man darf auch nicht vergessen, daß der Menschenschlag hier von den Westgoten abstammt.

Auf die dumme und sicher schon tausendmal gestellte Frage, was ihn denn dazu bringe, sich für wilde Tiere zu engagieren, antwortet Tassi: Ästhetische Gründe (aber versuchen Sie einmal, das den Leuten begreiflich zu machen), das heißt die Freude, äsende Gemsen und fliegende Adler zu beobachten oder in einem Wald mit vielen Hirschen zu wandern; wirtschaftliche Gründe, da die Wildtiere eine große Anziehungskraft auf Touristen ausüben; dann darf auch der wissenschaftliche und kulturelle Aspekt nicht vergessen werden, die natürliche Selektion und die Kontrollfunktion, die den Raubtieren zukommt. Bekanntlich werden überall da wo Raubtiere fehlen, die Tiere schwächer (kranke Exemplare überleben und pflanzen sich fort), und wo es keine Wölfe, Adler, Falken, Geier mehr gibt, nehmen Mäuse, Schlangen, Reptilien aller Art überhand. Für die Zukunft könnte man sogar an die Zucht von Wildtieren (Wildschweine, Hirsche, Rehe, Damwild) für die Nahrungsproduktion denken.»

Der Katalog der Beschwerden, die von der Parkverwaltung gegenüber dem Staat vorgebracht werden, ist lang — und der stellt sich blind und taub, die Probleme des Naturschutzes sind ihm offenbar gleichgültig. Eine Erhöhung des Personalbestand wurde kategorisch abgelehnt. Mit momentan 33 Angestellten zur Versorgung von 40000 Hektar Parkfläche und 60000 Hektar Parkumland ist der Nationalpark personell stark unterbesetzt. Geklagt wird auch über die mangelnde Anerkennung der Einrichtung verschiedener Parkbüros und Besucherzentren.

Die Ausverkäufer der Natur und die mehr oder minder heimlichen Spekulanten sind sicher nicht vor Rührung ergriffen, wenn sie hören, daß das Naturschutzgebiet seit 1969 um 10000 Hektar erweitert worden ist, die wieder mit Wildtieren besetzt wurden (450 Gemsen mit der schönen schwarzweißen Zeichnung am Hals, etwa 80 einheimische Braunbären, dazu vor kurzem ausgesetzte Hirsche und Rehe) und werden auch nicht davon beeindruckt sein, daß es inzwischen 150 Naturlehrpfade, 60 Kilometer für den Autoverkehr gesperrte Strassen und 148 Wege gibt, auf denen man gut zweihundert Stunden durch das leuchtende Grün der Wälder wandern kann. Und sie tun so, als wüßten sie nicht, daß im vergangenen Jahr eine halbe Million Besucher kamen, die der Wirtschaft der Region Einnahmen in Höhe von mehr als zwanzig Milliarden Lire brachten.

Wie dem auch sei: Ein Besuch im Abruzzen-Nationalpark ist ein fazinierendes Naturerlebnis. Von Civitella Alfedana sind wir ein gutes Stück in Richtung Nordwesten aufgestiegen, durch einen Wald aus zartestem und tiefstem Grün, noch kaum belaubten Buchen und schwarzen Pinien, umgeben von Bergeshöhen, dunklen Felsen mit weißen Schneeadern und noch dichten Wäldern. Zwischen den Buchen plätschern Bäche, auf deren kiesigem Grund sich ungestört Forellen tummeln. Dann fahren wir von Pescasseroli aus mit dem Wagen durch den Bosco della Difesa hinauf zur Costa delle Vitelle. Der Wald ist erfüllt vom Gesang der Vögel, ihren gleichsam in Töne gesetzten Fragen und Antworten: verspielte Marder huschen über die Pfade, die immer unwegsamer werden: die Wiesen sind buntschillernde Veilchenteppiche, hier blüht die seltene violette Iris, dort eine rote Lilie und eine Orchidee mit dem Namen Venusschuh und dann erblicken wir, inmitten dieser Farben und Düfte, einen dunklen, großen Fladen: Bärenkot. Der Bär kann nicht weit sein, und wenn wir bis zum Sonnenuntergang Zeit hätten, könnten wir vielleicht sehen, wie er durch die Zweige äugt, die Ohren aufstellt und in unsere Richtung Witterung nimmt — mit einer gewissen Beklommenheit auch seinerseits.

Wir müssen zurück in die trostlose Stadt, und verlassen mit Bedauern diese unvermutet schöne Landschaft. 1972 erhielt der Nationalpark den Preis des Europarats, die höchste Auszeichnung, die ein Naturschutzgebiet erhalten kann. Falls jedoch das von Ministerium geschuldete und versprochene Geld nicht eintrifft, wird diese Auszeichnung wieder aberkannt, was einer nationalen Schande gleichkäme, die auch international Aufsehen erregen würde. (Werden die dringenden Bitten der Umweltschutzorganisation «Italia Nostra», des WWF und des Alpenvereins bei Minister Bartolomei Wirkung zeigen?) Sollte die Auszeichnung zurückgenommen werden, so wäre dies ein schwerer Rückschlag für den Abruzzen-Nationalpark, eine — wie die anderen Nationalparks der Welt (angefangen beim ersten, dem 1802 gegründeten Yellowstone) — «for benefit and enjoyment» der jetzigen und der kommenden Generationen geschätzte, außergewöhnliche Landschaft.

# IM BAUCH VON NEAPEL

Zum ersten Mal nach einer Reihe deprimierender Regentage zeigt sich heute in Neapel wieder die Sonne. Es ist Montag (Tag der Totenverehrung, genauer: des Seelengedenkens der unbekannten Verstorbenen), und zeitweise soll ich vergessen, daß draußen die Sonne scheint: Mein Weg führt hinunter in dunkle Gewölbe, zu den *terresante*, den unterirdischen Begräbnisstätten, die im 16. Jahrhundert oder nach dem Erdbeben im Juli 1950 unterhalb von neapolitanischen Kirchen entdeckt wurden.

In meiner Begleitung ist der Journalist und Anthropologe Elio Cadelo, ein Kenner magisch-religiösen Volksbrauchtums. In der Nähe des Hauptbahnhofs, am Anfang des Corso Umberto, steigen wir hinab in die Katakomben von S. Pietro ad Aram. Die dort unten, von schwach flackernden Wachskerzen in mattes Licht getaucht, Gebete wispern, weinen und mit den Füßen scharren, sind keine ruhelosen Bewohner des Reichs der Schatten, sondern Männer und Frauen jeden Alters, auch Kinder. Und noch ein anderes Geräusch ist zu hören: das Reiben und Klopfen von Fingern an den Holzschreinen, in denen die Gebeine der unbekannten Verstorbenen aus grauer Vorzeit ruhen, die sterblichen Überreste der «läuternden Seelen», die nur im Volksglauben Namen haben und von deren Geschichte und Kräften nur er weiß. Gebetet wird zu den Seelen von «Alberto», vom «Doktor», vom «Hauptmann», vom «Soldaten», von den «vier Schwestern», von den «zwei Herren» — und indem man sie um ihren Schutz bittet, vereinnahmt man sie auch auf gewisse Weise. Einfache Zettel berichten von Gnadenerweisen; frische Blumen und solche aus Plastik und Stanniol schmücken die überall in die Mauern eingelassenen Grabnischen; dazwischen haben viele, direkt mit Kohle an die Wand geschriebene Herzensbitten Platz gefunden. «Francesco soll zurückkommen sonst werde ich verrückt» — «Ich bitte um die Gnade daß Alberto mich heiratet und daß wir uns immer lieben gezeichnet Elena» — «Verlassene Seelen macht daß bald der Richtige für mich kommt», hat jemand in ein Herz geschrieben. Und nur ein Mann äußert einen andersgearteten Wunsch: «Enrico Esposito will Ruhm und Ehre. Danke.»

Über den Gang in die Katakomben als Lebensgewohnheit, die den Gedanken an den Tod ständig wachhält, wird in symbolträchtiger Sprache gesprochen. Man nennt es «Hinabstieg», wenn man sich auf den Weg ins Reich der Toten macht, fast als stürbe auch der «Gläubige», um dann erneut ans Licht emporzusteigen (der «Wiederaufstieg»); die «Finsternis» gehört zum unterirdischen Reich; das «Totenberühren» ist eine kultische Handlung. (Trotz strenger Ermahnungen von seiten des Klerus unternehmen die «Gläubigen» immer wieder und oft erfolgreich den Versuch, die Schreine zu öffnen, um die Totenschädel streicheln zu können.)

Das «Beten mit lauter Stimme» ist wie ein Zwiegespräch zwischen Lebenden und Toten, insgesamt eine Äußerung gegen die Negation des Lebens durch den Tod, das Schweigen, das Unbeseelte. Das «Licht» schließlich (jene Hunderte von Lämpchen) bildet eine Trennschranke zwischen den beiden Welten, grenzt den Wirkungskreis der Verstorbenen ein.

Aus dem Dunkel kehren wir zurück in das Getriebe auf dem Corso Umberto, jedoch nur, um fünfhundert Meter weiter von neuem in eine dieser alten, zum Teil sicherlich heidnischen Begräbnisstätten hinabzusteigen. Wir bringen die Treppe, die zur monumentalen Basilika Sant'Agostino della Zecca führt, hinter uns und dringen schließlich bis in die Krypta vor: ein verlassener Ort — keine Gebete, keine Lämpchen, die Kirche hat es untersagt; gespenstisch-starres Lampenlicht erhellt die mit Gerippen und Todessymbolen bemalten menschenleeren Gänge. Nur einen einzigen lebendigen Menschen treffen wir in diesem stillen Gewölbe an, eine Frau, die nun zur alleinigen Priesterin des Kults geworden ist und den seltenen Besuchern die kleinen Grabnischen zeigt, die Orte, an denen «der Priester mit dem Dreispitz», «die beiden Kinder», «Mario und Renato» *sind.* Dann schiebt sie die Deckplatten des Schreins (im neapolitanischen Dialekt als *scarabattola,* d. h. «Schachtel» bezeichnet) beiseite und nimmt die Schädel mit den dunklen Höhlen und dem immer gleichen gräßlichen Grinsen heraus, streichelt und küßt sie und läßt dabei den zu Lebzeiten den armen Seelen im Fegefeuer geweihten Rosenkranz hin und her baumeln.

Ans Tageslicht zurückgekehrt, erklärt mir Elio Cadelo — während wir uns zwischen den überall auf der Straße aufgestellten Verkaufsständen hindurchschlängeln (einige davon brechen unter der Last von modernsten elektrischen Apparaten, Computern, Kleinstfernsehern und Radios aller Typen und Größen fast zusammen) —, worin sich seiner Meinung nach die spezifische Schizophrenie der Neapolitaner ausdrückt. Viele der Menschen hier an den Ständen seien sicherlich zu den Dieben und Gesetzesbrechern zu zählen, die durch ihre kriminellen Aktivitäten, Raub und Drohung diese Stadt auf die Knie gezwungen hätten — wenn sie sich aber für ein paar Minuten von ihren Geschäften freimachten, dann um hinunterzugehen und zu beten. So wie sie bei Wahlen oft ihre Stimme verschacherten und immer hofften, wirklich etwas dafür zu bekommen, so versuchten sie auch mit den «heiligen Seelen» die Lösung all ihrer bedrängenden Lebensprobleme auf der Basis von Leistung und Gegenleistung auszuhandeln.

Wieder bummeln wir durch Straßen voller Lärm und stoßen mitten in Spaccanapoli (Via S. Biagio dei Librai) auf die «Puppenklinik». Ich muß ganz einfach hineingehen. Luigi

Grassi, der geschäftige Eigentümer, besteht darauf, einen Espresso zu machen, und schafft uns ein wenig freien Platz in diesem Durcheinander aus reparaturbedürftigen Puppenbabies, -mädchen und -dämchen, Puppen unterschiedlicher Epochen, darunter Sprech- und Laufpuppen, mechanische, elektrische und welche mit Batterie. Am schönsten sind die französischen und deutschen Porzellanpuppen aus der Zeit um die Jahrhundertwende. Daneben warten eine Magdalena, eine lebensgroße Holzpuppe aus dem 18. Jahrhundert, zwei Madonnen und eine Reihe von Hirten aus Weihnachtskrippen auf Heilung ihrer zahllosen Wunden. Eine Klinik ohne Leichenhalle, wie der Puppendoktor lachend bemerkt. Glasaugen aller Farben liegen in einer Schachtel. (Ob der Espresso gut sei? — Hervorragend!) «Hier wird alles wieder zum Leben erweckt», sagt Luigi Grassi gerade, als — wie der Zufall so spielt — ein blendend aussehender und gutgelaunter Mann eintritt, den uns der Geschäftsinhaber als seinen Freund Jannaccone vorstellt, Leiter des bekannten Beerdigungsunternehmens gleichen Namens und zudem Geschäftsführer bei Bellomunno, dem ältesten Beerdigungsinstitut von Neapel. Wir erfahren, daß man für die definitiv letzte Fahrt die Wahl zwischen einem auf Hochglanz polierten Rolls-Royce, Mercedes oder Volvo hat, sich aber auch für den mit Gold und Federn geschmückten Leichenwagen, ein gespann mit 16 prächtigen Pferden, entscheiden kann (Kosten: etwa drei Millionen Lire).

Nach der Begegnung mit diesem modernen Mittler zwischen Diesseits und Jenseits (den man weniger gedankenlos als anderen freundlich auf Wiedersehen sagt) führt unser Weg zu einer kleinen Kirche, die im Volksmund «'a chiesa d' 'e capp' 'e morte» (Totenkopf-Kirche) heißt; es handelt sich um Santa Maria del Purgatorio ad Arco. Erneut werden wir hier mit jenen düsteren Symbolen konfrontiert, die zu den ständigen Begleitern dieser Erkundungsreise geworden sind. Vier Prellsteine am Eingang tragen das Zeichen des Totenkopfes über gekreuzten Knochen. Durch die Berührungen der

«Gläubigen» ist das Material glatt und glänzend geworden. In dieser Kirche sind die unterirdischen Gewölbe heller als anderswo, erleuchtet von Neonlicht, ausgelegt mit Majolikafliesen. Die Deckplatten der Schreine bestehen zwar aus beschichtetem Glas, doch kann man durch ein transparentes Kreuz in der Mitte ins Innere sehen. Es bietet sich der schon gewohnte Anblick: Totenschädel und geschwärzte Knochen.

In Neon steht geschrieben, daß hier «die Fürstin Lucia» ruhe, und die Frauen, die sich um den Altar geschart haben, der dem Glauben nach ihren unverwesten Körper birgt, erzählen mit lauter Stimme die Geschichte der Königin dieses Ortes. Mit ihr liegen hier «der Bruder und die Schwester», «die zwei Carabinieri», «der Doktor» und «der Advokat». Die im Totenkult häufige Figur des Paares ist eine spiegelhafte Versinnbildlichung von Leben und Tod, während Priester, Advokaten und Doktoren wegen ihrer Bildung und ihres sozialen Ansehens mit magischen Kräften in Zusammenhang gebracht worden sind.

An diesem Ort erscheint die Bindung zwischen Toten und Lebenden besonders eng. Bei den montäglichen Versammlungen erzählt man sich die Dinge, die in der vergangenen Woche «draußen» geschehen sind. Eine Frau sammelt Spenden für das Licht. Ein Mütterchen sagt, «sie ist selig», überzeugt davon, daß die Kirche sie eines Tages heiligsprechen wird. Der Raum ist angefüllt mit Dankeszeichen für Gnadenerweise: Hochzeitskleider, Taufkokarden, kleine Hemdchen und Riesenhemden, viele davon in Plastikbeuteln, andere ungeschützt, Spitzen und Seidenbänder im Überfluß, dazwischen hier und da elegantes Plissee.

In der Mauer gegenüber die Nische der «armen Seelen im Fegefeuer», eine Terrakotta-Gruppe: Männer und Frauen, die sich schmerzvoll in den Flammen winden, inständig flehend ihren Blick nach oben richten, auf die Muttergottes und das Jesuskind. Die gewölbte Decke der Nische ist rot ausgemalt, von kleinen Lämpchen erhellt.

In dem Kirchlein der heiligen Patrizia gibt es keine Krypta. Hier zieht ein wunderschöner Tabernakel alle Blicke auf sich. Im mit Gold und Edelsteinen besetzten Reliquienschrein von unschätzbarem Wert ruht seit Jahrhunderten die 350 n. Chr. geborene Heilige, Fürsprecherin und Schutzherrin, «rettender Hafen der Seeleute und Patronin unserer Stadt». In der Nähe des Schreins hängen Exvoten, echte Zöpfe, kleine silberne Herzen, Augen und Beine. Es heißt, daß sich das Blut der Heiligen bisweilen auf wunderbare Weise verflüssige. Ich frage eine Schwester danach, und sie gibt mir freundlich Auskunft, wo ich das Blut sehen kann. Wir brechen also auf in die Via Gregorio Armeno, ein Zentrum der Heiligen- und Krippenfigurenherstellung, und erreichen schließlich das uns genannte Kloster. Es ist ein prächtiger Bau, seine Arkaden leuchten in einem satten Gelb, im Innenhof blühen rosa- und rotfarbene Kamelien, wiegen sich schlanke Palmen sanft in der fast frühlingshaften Brise.

Eine Schwester aus dem Orden der Kreuzschwestern, ganz grau und weiß und heiter und sehr in Eile, weil bald Zeit ist für Gebet und Abendmahl, erfüllt meinen Wunsch, das Blut der Heiligen zu sehen, als sie hört, daß ich am Abend abreise. Natürlich möchte ich, daß es sich vor meinen Augen verflüssigt. Die Schwester kommt mit einem silbernen Reliquiar, in dem sich zwei Glasröhrchen befinden, zurück und weist uns darauf hin, daß eine eventuelle Verflüssigung den Stellenwert eines Glaubenszeichens, nicht den eines Dogmas habe. Mit einem anmutigen Lächeln fordert sie meinen Begleiter und mich auf, die Worte «Herr, ich glaube, stärke meinen Glauben» zu sprechen und einen Wunsch zu äußern (totaler Blackout in meinem Kopf), nimmt dann den oberen Teil des Reliquiars ab, neigt die Ampullen nach rechts und nach links — und das Blut verflüssigt sich wirklich. Zäh lösen sich dunkle Tropfen aus den Verkrustungen längs der Wände der Glasröhrchen und fallen von der einen auf die andere Seite. O mein Gott — bin ich zur Heiligen ausersehen? Will mir die heilige Patrizia eine göttliche Botschaft übermitteln, die ich noch nicht begreife? Ist es eine Aufforderung zu Frömmigkeit und Gebet? Auch mein Begleiter ist überrascht — später lese ich in einem Heftchen, daß «sich das herrliche Wunder recht oft vor den zahlreichen frommen Pilgern ereignet». (Das Blut ist der Heiligen übrigens etwa hundert Jahre nach ihrem Tod aus dem Mund geflossen.)

Auf dem Weg zur Kapelle von Sansevero kommt es zu einer Begegnung der sonderbaren Art. Wir treffen den jungen Astrologen Ciro Discepolo, der sich unter Nutzung aller Möglichkeiten der elektronischen Datenverarbeitung mit der Erstellung von Computerhoroskopen beschäftigt. Vor kurzem hat er das Geburtshoroskop des Sozialistenchefs und augenblicklichen Ministerpräsidenten Bettino Craxi (geb. am 24. 2. 34) erarbeitet, das er uns zwischen schreienden Verkäufern, einkaufenden Frauen und einer Schar gescheckter Katzen ungewisser Herkunft eilig (neue magisch-elektronische Sterndeutungen harren seiner) erklärt: Wir erfahren, daß die Fische als Sonnenzeichen im Geburtshoroskop von Craxi auf politische Ambivalenz und dementsprechende Strategien hindeuten. Der Mond im Krebs beschert ihm dagegen ein in gewissen Grenzen bewegtes Gefühlsleben.

Gestärkt durch diese Offenbarungen erreichen wir schließlich die Kapelle von Sansevero, die auch Santa Maria della Pietà oder Pietatella genannt wird. Diese um die Mitte des 18. Jahrhunderts infolge der hier von Raimondo de' Sangro, Fürst von Sansevero, durchgeführten alchimistischen Experimente profanierte Kirche strahlt ein ganz besonderes, leicht geheimnisvolles Fluidum aus. Vieles mag dazu beitragen: die durch das von oben einfallende Licht erzeugten ungewöhnlichen Licht- und Schatteneffekte; die bunten Marmorsteine und die Fußbodenornamente, die der Fürst aus einem von ihm erfundenen, unbekannt gebliebenen Material fertigen ließ und die wie kunststoffbeschichtet wirken; die sonderbaren Grabstätten mit ihren bemerkenswerten Statuen. Der in vollem Harnisch dargestellte Krieger Cecco de' Sangro, ein Vorfahre des Fürsten, steht mit einem Bein außerhalb seiner marmornen Urne. Man weiß nicht recht: will er nun hinein oder heraus, wiederauferstanden und begierig auf neue Kriegsabenteuer? Ein anderer, Piero de' Sangro, trägt das Gewand eines römischen Zenturios, während Paolo de' Sangro, den breiten Schultern und harten Gesichtszügen nach zu urteilen, eine entschlossene Kämpfernatur, mit stolzgeschwellter, ordenübersäter Brust und Salonperücke dasteht. Nun, Don Raimondo war Freimaurer («Ich will das Geheimnis des Todes lüften, ich will wissen», pflegte er zu sagen), und wir befinden uns also in einem Freimaurertempel mit zumeist enigmatischen Darstellungen, die gewisse Verbindungen zum Tarock aufweisen und insgesamt auf die Magie des 18. Jahrhunderts bezogen werden müssen. Eine der schönsten Marmorgruppen ist *Il Disinganno* («Die Ernüchterung»), eine Plastik in Lebensgröße, die den Versuch eines Mannes darstellt, sich mit Hilfe seines Geistes — symbolisiert durch eine Putte, die auf dem Kopf eine Krone und eine kleine Flamme trägt und deren Füße auf einer Weltkugel und einem riesigen Buch stehen — aus der Umgarnung eines Netzes zu befreien. Das Gesamtbild entspricht der 21. Karte des Tarock, die mit «Welt» betitelt ist. Nach Meinung von Kunstsachverständigen handelt es sich bei den im Auftrag von Don Raimondo geschaffenen Skulpturen um allegorische Darstellungen eindeutig magisch-alchimistischen Ursprungs.

Die erstaunlichste Hinterlassenschaft des erfinderischen Don Raimondo (u. a. entwickelte er auch einen «Meereswagen», also ein zu Wasser und zu Lande einsetzbares Amphibienfahrzeug) kann man jedoch in Augenschein nehmen, wenn man die eiserne Wendeltreppe hinaufsteigt. Hinter Glas und umrankt von vergoldeten Ornamenten sind die aufrecht stehenden Körper eines Mannes und einer Frau ausgestellt, deren Weichteile man — mittels unbekannter Verfahren — abgelöst hat, während das Gefäßsystem bis in die kleinsten Verästelungen hinein konserviert wurde. Nach Meinung von Wissenschaftlern hat Don Raimondo diese Teilmumifizierung mit von ihm selbst entdeckten Flüssigkeiten und Substanzen bewerkstelligt, die große Ähnlichkeit mit den uns heute bekannten Polymeren und Fibern gehabt haben müssen. Beeindruckt steht man vor diesen bleigrauen Gestalten, die wirken, als reckten sie die Köpfe aus einem Dornengestrüpp, in dem ihre Körper gefangen sind.

Wir verspüren eine gewisse Erleichterung, als wir die letzte Wohnstatt dieser Toten verlassen haben und auf dem Weg in ein gut bürgerliches Haus in der Via Crispi sind. Die recht voluminöse Dame, die uns dort mit großer Herzlichkeit empfängt, arbeitet hauptberuflich mit großem Erfolg für eine Versicherung; eines Tages kam sie durch Zufall (bei der Übergabe einer Police) mit einem spiritistischen Zirkel in Kontakt, verfiel in einen langen, tiefen Schlaf — und erwachte mit der Erkenntnis, ein Medium zu sein.

In einem gemütlichen Wohnzimmer mit bequemen Sesseln sehe ich mir einen Ausschnitt aus dem Dokumentarfilm *I misteri di Napoli* («Die Geheimnisse von Neapel») an, den Elio Cadelo im letzten Jahr für das Dritte Programm des italienischen Fernsehens gedreht hat. Es ist ihm damals gelungen, das Gesamtgeschehen in der Kapelle Santa Lucia, all das Stimmengewirr aus Beten, Weinen und Erzählen festzuhalten und durch einen Glücksfall auch das atemlose Phantasieren eines jungen Epileptikers, dem die heilige Lucia im Traum erschienen ist, zu dokumentieren. Der junge Mann beschreibt die von ihm verehrte Heilige als blonde und schöne Frau, zu der er spricht und die ihm antwortet. (Allgemein wird Außenseitern aller Art, Menschen, die aus irgendwelchen Gründen außerhalb des aktiven Arbeitslebens stehen, Alten, Geisteskranken, Homosexuellen, Behinderten und anderen Randständigen im Totenkult eine Sonderstellung eingeräumt; man betrachtet sie als «morti in vita», die über magische Kräfte verfügen und als Mittler zwischen Lebenden und Verstorbenen auftreten können.) Klammert man die Sequenz mit dem Epileptiker einmal aus, so entspricht das im Film gezeigte recht genau dem, was ich mit eigenen Augen in den Gewölben von Santa Lucia gesehen habe und was heute auf Anordnung von oben nicht mehr fotografiert werden darf.

Unsere Gastgeberin spielt nun eine seltsame Tonbandaufnahme vor. Mindestens hundertmal hat sie eine unbespielte Kasette in einen Recorder eingelegt, dann das Zimmer verlassen und mit ihren Freunden abgewartet, was geschieht. Das Resultat sind etwa zwanzig interessante Aufnahmen.

Ich werde zur Ohrenzeugin des kurz zuvor auf die Kassette Gesprochenen. Es ist, so die Hausherrin, die «übliche metallische und etwas heisere Stimme», die neapolitanischen Dialekt spricht. Ein animistisches Phänomen? Gelingt es den Anwesenden durch Gedankenkonzentration die gewünschte Aufnahme herbeizuführen? Eine Überfrequenz? Eine Geisterstimme aus dem Jenseits? Wie dem auch sei, hier ein Auszug aus der von mir gehörten Aufnahme: «Ich bin zurück, guten Abend, die ihr in der Sphäre lest, im Glas?/ Ein Licht wird angezündet und keiner hat es angezündet / Madonna, wer ist es gewesen?/ Nichts, nichts, wir sind es, die um euch kreisen. . . Wir möchten zu euch sprechen / uns geht es gut inmitten des Lichts / nichts quält uns / weder Wut noch Schmerz / alles ist schön und ist Farbe / aber wunderschöne Farben, rötliche blaue apfelgrüne / und leuchtendblau Meer und Himmel / fröhliches Gelb, rotes Lila, Töne, Gesänge, alles glänzt./ Dies ist keine Welt wie eure / es scheint ein anderer Ort / und ein sehr schöner Ort. . . Und wir, die wir mehr als ihr sehen und wissen, möchten euch helfen./ Endlich enthüllt es sich / es bahnt sich ein Weg, und da ist der Weg / wie sonderbar, endlich hört ihr uns, manchmal seht ihr uns.»

Ein Lieblingsgeist der armen Leute hat leider nie auf Tonband gesprochen oder sich filmen lassen. *Munaciello* («kleiner Mönch») ist sein Name; er gehört zur Spezies der Laren und hat einen schillernden Charakter, kann freundlich oder boshaft sein, zeigt sich (und sein Erscheinen ist vielfach belegt) in Häusern, die in engen, dunklen Gassen liegen, von wo man weder das Meer noch den Himmel sehen kann, in düsteren Vierteln der Vicaria oder an der Via Foria, niemals in den hellen oder schmucken Vierteln der Stadt. Er trägt eine Mönchskutte und hat eine rote Haube auf dem Kopf, hält sich fast immer im «stillen Örtchen» auf, nie sieht man ihn durch das Haus geistern; er erscheint im Traum, manchmal sagt er auch die Gewinnzahlen im Lotto voraus.

# ‹I FEMMINIELLI›

*Die Transvestiten von Neapel*

Ein sehr junges und auffallend attraktives Mädchen spricht mich an, als ich gerade aus einem kleinen Restaurant (sehr gute Pizza) in eine dunkle Gasse, wenige Schritte oberhalb der hellerleuchteten Via Roma, trete; meine Freunde gehen schon ein Stück weiter auf die Lichter zu. «Sprechen sie Italienisch?» fragt mich dieses reizvolle Geschöpf: blaß-geschminktes Gesicht, kindlicher Schmollmund, Porzellanpuppenaugen mit aschgrauem Lidschatten. Ich bejahe die Frage, worauf es mir den Rat gibt, so schnell wie möglich hinunterzugehen und mich nicht in der Gasse aufzuhalten, denn Banden jugendlicher Rowdies «rauben einen hier aus, nehmen einem sogar den Ring weg». Ich bedanke mich und streiche dabei kurz über die Ozelotjacke des Mädchens: sie fühlt sich borstig an. «Ach, die ist synthetisch.» «Sie ist aus Nylon — wehe, wenn sie echt wäre!» Schnell laufe ich hinter meinen Freunden her. «Habt ihr dieses bildhübsche Mädchen gesehen?» Sie fangen an zu lachen: «Hast du nichts gemerkt? Das war ein *femminiello*». Es wäre mir nie aufgefallen, daß ich mit einem der vielen Hundert Transvestiten gesprochen habe, die abends in die Stadt strömen, ein fester Bestandteil von Neapel, wie es wirklich ist. Der «femminiello» — der effeminierte Schwule — darf dabei nicht mit dem «recchione» — dem männlich auftretenden Schwulen — verwechselt werden (das Wort stammt von den Spaniern, die die homosexuellen

Nachfahren der Inka-Dynastie wegen ihrer durchstochenen und langgezogenen Ohrläppchen «orejones» nannten.)

Während der schwule Mann in Neapel verachtet wird, lebt der «femminiello» fast immer in gutem Einverständnis mit seiner Umwelt und erfreut sich eines allgemeinen Wohlwollens. Er stammt gewöhnlich aus mehr als beengten Verhältnissen, dem Familiendurcheinander der Armenviertel, ist vielleicht der jüngste von sieben Brüdern und im allgemeinen Mamas Liebling, ein Junge, der sich von der Frauenrolle angezogen fühlt und sich oft sehr früh entscheidet, Frau zu sein, was nicht unbedingt physisch bedingt sein muß. In der Unterschicht wird dies sehr selten als «Unglück» betrachtet; die Familie denkt keineswegs daran, ihn davonzujagen, er wird nicht ausgegrenzt, sondern eher nach und nach zum Faktotum der Frauen im Armenviertel. Für die eine erledigt er die Einkäufe, für die andere Näharbeiten, für eine dritte hütet er die kleinen und großen Kinder, die allemal Aufsicht brauchen. Insgesamt übernimmt er soziale Aufgaben, und manch einer, so sagen die Leute, hat das Zeug zu einem Heiligen.

In den Armenvierteln begegnet man dem Transvestiten also mit einer spezifischen Toleranz; für die einfachen Leute ist er niemals ein «Abartiger», sondern in erster Linie einer, dem man seine Außergewöhnlichkeit zugesteht, vielleicht damit man bei schlechter Laune (eher freundschaftlich als verletzend gemeinte) Zoten über ihn reißen kann; ein hysterisch-moralistisches Geschrei stimmt man jedenfalls nicht an.

Ein gemeinsames Merkmal der neapolitanischen Transvestiten von heute ist ihr Bildungsdefizit, ja ihr Analphabetismus. Ausgestoßen werden sie nämlich häufig von der Schule. Ihre sexuelle Orientierung zeigt sich früh, und mit dreizehn Jahren gehören sie schon zu der Tuntenfraktion der Stadt. Gleichzeitig entsteht bei ihnen das Bedürfnis, die Erfahrung der vollen sozialen Billigung und die damit verbundene Möglichkeit, ein anerkanntes Gewerbe zu betreiben, zu nutzen und ihren Platz in der Normalität einzunehmen: hier stehen sie in Konkurrenz zu den Prostituierten, mit denen sie verfeindet sind.

Im Volksmund gilt der Transvestit auch als Glücksbringer, als Zwitterwesen, das, magisch gedeutet, an der Schwelle zum Paranormalen steht. Transvestiten sind es, die in Neapel die «riffa», eine private Lotterie, bei der ein Geschenk, eine schöne Puppe oder ein gutes Stück Fleisch als Preise ausgesetzt werden, organisieren. Und an jedem Montag (dem Tag der Mondgöttin Luna, gewidmet der Totenverehrung) steht am Ausgang der Katakombe von San Gaudioso an der Kirche von Monacone ein «femminiello», der die Tombola leitet.

Im Viertel Vicolungo Santa Catarina leben viele «femminielli». Wenn einer von ihnen, in einfacher Kleidung, etwa in einem neutralen T-shirt und hautengen Hosen — allerdings so geschnitten, daß sich die Geschlechtsteile möglichst wenig abzeichnen —, seine morgendlichen Einkäufe erledigt, bringt er die ganze Gasse in Stimmung. Ungebildet mögen die «femminielli» sein, dafür sind sie geistreich und schlagfertig, haben immer eine passende Antwort parat; ihre Gespräche und Witzeleien beim Einkaufen sind — das läßt sich ohne Übertreibung sagen — bühnenreif. Man ruft sie von einem Laden in den anderen, lacht vielleicht, wenn sie die Zucchini befühlen und die besten heraussuchen oder mit den dicksten Melonen herumspielen: Sie bringen den spontanen Spaß. Und wenn einer von ihnen eine Melodie aus der LP von Pino Daniele vorträllert, dann nicken sie zufrieden. Der neapolitanische Oberrocker erzählt darauf nämlich die Geschichte eines Transvestiten: «E mi chiamerò Teresa — scenderò a far la spesa — mi faccio crescere i capelli — e mi metto i tacchi a spillo.» («Dann werd ich mich Teresa taufen — werde in die Läden laufen -- meine Haare laß ich wachsen — und ich trage Stöckelschuh.»)

Der schönste Transvestit hat den Namen einer Schönheit von gestern angenommen: Coccinelle, 24 Jahre alt, einen Busen so anstößig, weil so vollkommen und fast immer zur Schau gestellt. Dann sind da noch Cinesina, die mit den unglaublichen Mandelaugen, Castellana, Scarola («Endivie», die Haare so kraus wie die Blätter des Salats), Valérie, Pummarola, Messinpiega, Tiziana, Amanda Lear. Sie geben viel Geld für Kleider, Schminke, Enthaarungscreme, Dauerwellen, falsche Wimpern und Fingernägel aus. Den Männern wollen sie gefallen, also: Busen und Beine zeigen, kurze Röcke, Sandaletten mit Pfennigabsätzen. Friseure, die alles dahaben, was man so braucht, machen ihnen ein raffiniertes Make-up, entweder im orientalischen Stil, zwischen Haremsschönheit und Zigeunerin, oder nach dem Vorbild von Sängerinnen, die gerade in sind (augenblicklich am beliebtesten sind Iva Zanicchi, Mina, Patty Pravo, die Vanoni oder der Deutsch-Rock-Export Nina Hagen). Wenn sie Hosen tragen, dann solche aus fluoreszierendem Stoff, dazu einen weißen Rollkragenpulli und einen Diamantenohrring (nur einen).

Die Kunden? Meist normale Männer, gute Ehemänner und gute Väter, Buchhalter, Bankangestellte, Ingenieure. Sexuell unterdrückte Männer, die es einmal mit einem Mann ausprobieren wollen und die, wenn sie einen Transvestiten ins Auto einladen, das Alibi haben, es mit einer Frau zu tun. (Im Sommer, wenn sie Frau und Kinder in Urlaub geschickt haben, leben sie sich oft ungehemmt aus.) Dies können Gelegenheitsbeziehungen sein, aus dem Abenteuer kann sich aber auch, wenn sich zwei gefunden haben, die miteinander harmonieren, ein Verhältnis entwickeln; dann mietet der Kunde eine Einzimmerwohnung oder beginnt, seinen Freund regelmäßig zuhause zu besuchen.

Im Zimmer eines gut verdienenden «femminiello» (in der Cafébar aufgeschnappte Sätze eines Jungen mit ein paar Millionen Lire auf dem Konto: «Ob 200000 Lire für die Stiefeletten und eine Bluse reichen? 400000 will ich nämlich Mama zu Weihnachten schenken.») findet man gewöhnlich eine Ansammlung kurioser Nebenprodukte der Konsumgüterindustrie. Nippes überwiegt: Gips- und Porzellanfigürchen, kleine Ziermöbelstücke, auf denen oft der automatische Drehkugel-Zigarettenspender mit eingebauter Spieluhr thront, indirekt illuminierte Darstellungen der Madonna, des Vesuvs oder der Vulkan-Bahn, unablässig blausilberne Funken sprühend auf ihrem Weg nach oben. An den Wänden hängen Teppiche, darauf Bilder von Kennedy und Papst Johannes XXIII., Poster von Marlene Dietrich, Marilyn Monroe und männlichen Stars wie Marlon Brando, James Dean und Humphrey Bogart. Nie fehlt die kleine Hausbar, der Traum des Subproletariats, aus dem die «femminielli» stammen.

Nino Simonelli, Anthropologe, Ethnologe und als Romanistik-Dozent an der Königlichen Akademie von Stockholm Kenner der italienischen Sprache und des neapolitanischen Dialekts, zudem Organisator einer Vesuv-Ausstellung, die demnächst nach San Fransisco gehen wird, hebt hervor, wie stark die Transvestiten von Normalitätsstreben und der Sehnsucht, akzeptiert zu werden, geprägt sind. Er beschreibt mir eine Tuntenhochzeit. Die Hochzeitszeremonie verläuft wie sonst auch. Das Brautpaar findet sich vor der Kirche von San Francesco di Paolo ein, nachdem das Gotteshaus schon geschlossen ist. «Er» im tadellosen dunkelblauen Anzug («Wie schön er in Männerkleidern aussieht!»), die «Braut» im langen weißen Kleid mit Schleier und Orangenblüten, daneben die beiden Trauzeuginnen (Coccinelle ist eine von ihnen) ganz in himmelblau. Ein blumenübersäter Mercedes steht für die Brautleute bereit; zwei Busse können die Menge der Hochzeitsgäste kaum fassen; im einem drängen sich die Transvestiten, im anderen die übrigen Eingeladenen: alte Leute, Väter und Mütter, Kinder.

Anschließend bricht man nach Pozzuoli auf, um bei zwei «commarelle», (d. h. «Schwestern»), die seit neun Monaten verheiratet sind, auf Kindschau zu gehen (das Kind haben ihnen Nachbarn ausgeliehen). Die beiden leben in einem armen Viertel, sind aber hochelegant gekleidet: ganz in Tüll und Lamé gehüllt, führen sie ihren Sohn vor. Die Menge steht Spalier und applaudiert. Begrüßung der überglücklichen «Eltern», einen Kuß für das Baby — und weiter geht es zu einem auf Hochzeitsessen spezialisierten Restaurant am Hang des

Vesuvs. Es sind über 200 Personen. Die «femminielli» und eine Prostituierte, eine echte Frau, die nur anerkannt wird, weil sie auch mit Frauen geht, zahlen pro Kopf den Sonderpreis von 5 000 Lire. Das Essen besteht aus zwanzig Gängen, während der Mahlzeit werden unterhaltsame Einlagen geboten, Volkslieder gesungen, komische Szenen aufgeführt. Dann ist Tanz für alle. Auf dem Laufsteg stellen sich die Tunten verführerisch zur Schau, und auch die Kinder fangen nach und nach an zu tanzen.

Der ganze Saal scheint in eine Art Trance versetzt — da ändert sich die Scene schlagartig. Rabaukenhaft drängt eine Bande von Zuhältern herein und verdirbt alles. Wenn auch nicht jeder «femminiello» einen Zuhälter habe, so erklärt Simonelli, «ist es doch schwierig, sich dem Zugriff von Erpressung und Gewalt zu entziehen, besonders dann, wenn die Tunte in einem Strichrevier sehr erfolgreich ist». Die Stimmung wird spannungsgeladen, schließlich kommt es zu Gewalttätigkeiten. Die Zuhälter machen Randale, stoßen die Tische um und verschwinden wieder; zurück bleiben Verletzte. Und so nimmt eine Feier, die in freundlich-heiterer Atmosphäre begann, ein gewaltsames Ende.

Zum Eheleben gehört natürlich auch die Fortpflanzung. Und als ob sie ein weiteres Mal aller Welt mitteilen müßte, daß sie sexuell normal ist, will die Tunte mit ihrer «Niederkunft» beweisen, daß sie Kinder zur Welt bringen kann wie die anderen auch. Das Ereignis wird oft auch ironisiert und spielerisch erlebt, obwohl ein durchaus ernsthafter Wunsch nach Mutterglück besteht. Neun Monate nach der Hochzeit wird also eine Geburt simuliert. Eine der beiden liegt stöhnend im Bett, wälzt sich hin und her, schreit auf, und sinkt im richtigen Moment, wenn ihr ein wirkliches Neugeborenes oder eine Puppe in den Arm gelegt wird, glücklich zurück.

Diese Art der Ereignisproduktion hat ihren tieferen Grund darin, daß die Transvestiten öffentlich machen müssen, daß es sie überhaupt gibt und daß sie Anspruch darauf erheben, als Frauen betrachtet zu werden. Nicht zufällig werden sie bei diesen festlichen Ereignissen von ihrer Umwelt als das akzeptiert, was sie sein wollen. Was wird nun aus diesen schönen falschen Mädchen, diesen Latin Vamps, deren Treffpunkte zum festen Programm von Sex-Touren gehören, im Alter? Nach allgemeiner Auffassung behalten sie auch später die Frauenrolle bei, ohne sich jedoch weiter prostituieren zu müssen. Wenn sie etwas Geld beiseite gelegt haben, kaufen sie sich eine billige Wohnung, leben mit einem anderen älteren Transvestiten zusammen und übernehmen in den Armenvierteln die Rolle von emsigen Matriarchen. (Ein Beispiel dafür ist ein etwa siebzigjähriger ehemaliger Pizzaverkäufer, als Haushaltshilfe eine echte Perle und den Kleinen, die noch nicht in den Kindergarten gehen, eine treusorgende Mutter.)

Wenn die Transvestiten allerdings ihr Milieu verlassen, werden sie zu potentiellen Opfern — von Spott und Hohn bis zu Mord. So wurde etwa ein Transvestit, der als Koch in einem Kloster arbeitete, von einem Jungen erwürgt, der es auf sein Geld abgesehen hatte. Vereinzelt wird auch ein sexuell verklemmter Kunde zum Mörder, ein Familienvater, der plötzlich durchdreht, weil er einen Stricher dafür bezahlt, mit ihm Liebe zu machen, oder weil er an einer solchen Beziehung Vergnügen findet; so bestraft er, wie um sich selbst zu erlösen, die Tunte mit dem Tod.

In den Altstadtvierteln von Neapel leben die Transvestiten voll integriert, in den Randzonen der Stadt dagegen in einer echten Ghettosituation. Annibale Ruccello, früher Verwaltungsinspektor des Museums San Martino, heute Autor und auch Schauspieler, schildert — mit bisweilen von Komik durchbrochener Melancholie — ein solches Schicksal in seinem erfolgreichen Theaterstück *Cinque rose per Jennifer.*

In Pagani, einer Ortschaft der Provinz Salerno, lebt der 45-jährige Transvestit Paoluccio, von Beruf Schneider. Praktisch das ganze Jahr über wird er diskriminiert, gehänselt, schikaniert.

Dann aber kommt der Weiße Sonntag, ein Festtag für die Gemeinde, und auch das Fest von Paoluccio. In einer stundenlangen Prozession wird die Schutzheilige des Ortes, die Madonna delle Galline, durch die Straßen getragen. Das bizarre Moment dabei ist, daß an der Statue Dutzende von Hühnern kleben, die völlig reglos bleiben, weder auf das Händeklatschen, noch die Schreie, noch auf die »tamurriata« (ein rhythmisches Trommelschlagen) oder auf Böllerschüsse reagieren. Als ekelhaft kann man wohl bezeichnen, daß die Marienstatue, an der man das Federvieh den ganzen Tag lang und noch in der folgenden Woche in der Kirche hängenläßt, schließlich überall voller Exkremente ist und ein unerträglicher Gestank von ihr ausgeht.

Das Fest ist in vollem Gange, alle singen und tanzen, Männer mit Männern, Frauen mit Frauen; man spielt zum Volkstanz auf: Tarantella, jedoch in einer sexualisierten Variante. Und eben jetzt wird Paoluccio zum Mittelpunkt des Fests. Man faßt ihn an, man streichelt ihn, man singt eigens für ihn erfundene Lieder, bei Sonnenuntergang schließlich fordert man ihn zum Striptease auf. Die Frauen sind es, die ihm die Hosen herunterziehen, damit sein Slip aus schwarzer Spitze gebührend bestaunt werden kann. Kurz und gut: wie die anderen Tranvestiten auf dem Land wird Paoluccio nur bei rituellen Festen (manchmal auch im Karneval) akzeptiert.

Auch die Hauptfigur von *Cinque rose per Jennifer* ist Transvestit. Geschildert wird sein Tageslauf, beginnend mit der Rückkehr vom Einkaufen bis hin zum Abend, dem Abend, an dem er Selbstmord begeht. Natürlich hat er das Radio laufen, hört Schlagermusik und erfährt aus den Nachrichten unter anderem von einem Transvestitenmörder, der seine Opfer mit fünf roten Rosen schmückt. Jennifer wartet auf einen Anruf von Franco, den er vor drei Monaten in einer Diskothek kennengelernt hat. Seitdem hat er sich nicht mehr gemeldet. Doch das Telefon läutet nicht, und wenn es doch läutet, hat sich nur jemand verwählt. Eine halbe Stunde lang imitiert Jennifer Patty Pravo, dann kommt eine Freundin zu Besuch, eine vulgäre und zudem als Zeugin Jehovas auch noch bigotte Tucke. Das seltsame Gespräch der beiden dreht sich hauptsächlich um Frauensorgen. Dann ist Jennifer wieder allein, kocht ein Abendessen für zwei, fünf rote Rosen, zwei Kerzen auf dem Tisch. Noch einmal klingelt das Telefon, wieder nicht für sie. Sie faßt den Entschluß, sich für den Strich anzuziehen. Doch in einem plötlzichen Wutanfall zerschlägt sie alle Möbel, drückt sich die Rosen an den Busen und erschießt sich. Im Radio singt Orietta Berti: «Finché la barca va lasciala andare. . .»

# TOTE AUF BESTELLUNG

«Marternde Dornenkrone von Neapel» nennt man den Siedlungsgürtel, der sich im Norden um die Stadt legt. Die Verantwortung für das Entstehen dieser unter Mißachtung der Bebauungsvorschriften errichteten, heute heillos überfüllten Schlafstädte in einem einst vorwiegend landwirtschaftlich genutzten Gebiet liegt bei den Christdemokraten; Bebauungsplan ist hier immer ein Fremdwort geblieben. Es sind Zentren der Camorra, in denen Recht und Gesetz keine Gültigkeit haben. Im krassen Gegensatz zu dem Elend in diesen Neapel direkt vorgelagerten Wohngebieten steht die Wohlhabenheit einiger Orte der zweiten Zone des Hinterlandes.

Vor den Toren Neapels erstreckt sich nördlich des Flughafens Capodichino die Satellitenstadt Secondigliano, früher ein beliebter Erholungsort, heute, wie die umliegenden Ortschaften, ein heruntergekommenes Ghetto des sozialen Wohnungsbaus. Auf 12 qkm leben hier 140000 Menschen, nur zum kleineren Teil Arbeiter, Angestellte, Gewerbetreibende; in der Mehrheit Gelegenheits- und Kurzarbeiter, Arbeitslose; die übrigen schlagen sich irgendwie mit Schwarzarbeit, Drogenhandel, Schmuggel, Prostituition und mehr oder weniger organisierter Kriminalität durch. Die Kindersterblichkeit ist die höchste im ganzen Land. Wenn man, zwischen Gestrüpp und Müllbergen hindurch, entlang der geschlossenen Front dieser Wohnkasernen geht — Häuser, die vielleicht fünfzehn

Stockwerke hoch sind, die Aufzüge außer Betrieb, der Putz bröckelt schon von den Wänden — kann man sich eines Gefühls tiefer Betroffenheit nicht erwehren. Im Viertel 167 (so genannt nach der Nummer des Gesetzes über den sozialen Wohnungsbau) fehlt noch immer jegliche Infrastruktur. Zusammengepfercht leben die Menschen in armselig-chaotischen Verhältnissen.

Durch Secondigliano komme ich auf dem Weg nach Sant' Antimo, meinem eigentlichen Ziel. Zwei Tage später wird Ciro Amendola, genannt »Satan«, Kopf des organisierten Verbrechens in Secondigliano und Spezialist für Raub, Erpressung und Überfall, nach dem seit Jahren vergeblich gefahndet wurde, festgenommen. Ein Ort des Terrors, der an der Spitze der Verbrechensstatistik steht: 1981 gab es 235 Morde, und ein Ende der Bluttaten ist nicht abzusehen. Im September 82 etwa «bestraft» die Camorra Nicola Russo, einen unbescholtenen Bürger, der für geringes Entgelt als Nachtwächter die Geschäfte der Gegend überwachte und zahlreiche Einbrüche vereiteln konnte, für seine Ehrlichkeit. (Weniger als ein Jahr zuvor war sein 35-jähriger Bruder ermordet worden.)

Ganz in der Nähe liegt Casavatore, ein Ort, in dem heute auf weniger als 2 qkm 22000 Menschen leben. Auch hier düstere Mietskasernen, bewohnt von Arbeitern und Angestellten, die zur Arbeit in die Stadt pendeln. Die folgenden Gemeinden — Frattamaggiore und Frattaminore, Sant'Antimo und Grumo Nevano — sind zusammengewachsen, ihre Grenzen nicht mehr sichtbar. Mercedes, BMW und Rolls-Royce donnern durch die Straßen; das ständige Hintergrundgeräusch jedoch bilden Pistolenschüsse, Gewehrsalven, MG-Feuer.

Mein Begleiter erzählt mir einen Fall aus dem ein wenig weiter östlich gelegenen Casoria. Gegen einen dortigen Gemeinderat der Christdemokraten, Domenico Jodice, seinen Bruder und andere Camorristen (darunter der im April 82 ermordete Alfonso Rosanova) wurde am 21. April 1981 Strafantrag wegen Verdachts auf Unterstützung der Cutolo-Bande gestellt. Der Gemeinderat kam ein Jahr darauf ins Gefängnis. Unbeschadet dessen verfügen die beiden Brüder über ein riesiges Vermögen (z.B. sind bei fast allen Pferderennen in Italien Zuchtpferde aus ihrem Rennstall am Start) und genießen weiterhin den Ruf von «Unantastbaren».

Im nord-östlich gelegenen Afragola — eine alte, früher für ihren Obst- und Gemüseanbau bekannte Gemeinde — befehden sich die beiden Familien Moccia (Verbündete von Cutolo) und Giugliano (nicht zu verwechseln mit der mächtigen, fast gleichnamigen Familie Giuliano aus Forcella, einem Zentrum des Schmuggels und der Heroinraffination, die dort von über jeden Verdacht erhabenen Chemikern betrieben wird). Der nicht einmal vierzehnjährige Antonio Moccia erschoß 1978 in einem neapolitanischen Gerichtssaal Salvatore Giugliano, den Mörder seines Vaters — eine der letzten einer Serie von Bluttaten.

Die Fahrt geht vorbei an makabren Autofriedhöfen und Müllhalden; nach kurzer Zeit erreichen wir Sant' Antimo, eine Stadt, der durch unternehmerisches Geschick einiger ihrer Bürger als auch durch illegale Bautätigkeit in außergewöhnlicher Weise Expansion und Aufschwung beschert wurde — vor allen Dingen aber ist Sant' Antimo Schauplatz von Gewaltverbrechen aller Art. Die 30000 Einwohner leben im Grenzgebiet zweier verfeindeter Camorra-Gruppen; hier ist der letzte Ausläufer von Cutolos Machtbereich, nur drei Kilometer entfernt von Giugliano, dessen christdemokratischer Bürgermeister Giuliano Granata sich zusammen mit Geheimdienstleuten, heute polizeilich gesuchten Personen und Top-Terroristen während der Entführung von Circo Cirillo mehrmals zu Unterhandlungen mit Cutolo traf. Christdemokratische Spitzenpolitiker wie Andreotti und Piccoli (der sich im Januar 82 bei einem Besuch der Gemeinde Arm in Arm mit Granata fotografieren ließ) schweigen sich in der Öffentlichkeit über diesen Mann aus.

In der Pfarrkirche kann man die silberne Statue des örtlichen Schutzheiligen bewundern. Der heilige Antimus, dargestellt als hübscher südländischer Lockenkopf, wurde nach langer Verfolgung von den Heiden enthauptet. Die schmerzensreiche Geschichte des christlichen Märtyrers ist Gegenstand eines Schauspiels in zwei Aufzügen, das jedes Jahr an seinem Todestag auf der Piazza zur Aufführung gebracht wird. Es zeigt, wie Sant' Antimo das Wort Gottes verkündet, wie er verfolgt und schließlich hingerichtet wird. Die Enthauptung wird mit einem blutbeschmierten Schwert nachgestellt, anschließend schweben zwei als Engelchen kostümierte Kinder an Seilen auf die Bühne herab und entschwinden wieder mit dem Kopf von Sant' Antimo, den sie wie eine Reliquie halten. Als beim letzten Patronatsfest gerade die traditionellen Böllerschüsse abgegeben wurden, wandte sich einer der Zuschauer mit einer Bemerkung über das Festschießen auf den Lippen zu seiner Frau um — und sah hinter ihr zwei Ermordete in ihrem Blut liegen. Er kannte sie nicht, aber die beiden, die man wegrennen sah, gehörten zur Cutolo-Bande.

«Was macht dieses Motorrad bloß für einen Lärm?!», sagte der gleiche Mann ein anderes Mal und trat ans Fenster, um nachzusehen. Der Lärm hatte eine doppelte Ursache. Die eine war die wie immer extrem hochtourig gefahrene Maschine, die andere der Gewehrschuß, der das Motorrad voll getroffen und zu Boden geschleudert hatte: Leblos lag sein junger Fahrer daneben.

Mein erster Besuch in Sant' Antimo gilt einem prosperierenden Unternehmen der Eisen- und Metallverarbeitung, dessen Besitzer Giuseppe Tarcisio d'Agostino uns in seinem Haus (das sein ganzer Stolz ist) willkommen heißt. Er wurde als jüngster von sechs Brüdern geboren, sein Vater starb, als er gerade zwei Jahre alt war, die Werkstatt war zerbombt, die Familie lebte im Elend. Um vier Uhr morgens fuhr die Mutter mit der Straßenbahn nach Neapel, um Eier zu verkaufen. Er selbst mußte lernen, lange Zeit mit leerem Magen auszuhalten; die Brüder, die vor ihm aufstanden, aßen alles auf, was im Haus war, und wenn einige Brotkrumen für ihn übrigblieben, war das viel.

Mitten im dritten Schuljahr schickt man ihn weg: Er hat keine Schuhe und keinen Schulkittel, und den will er auch nicht. Er wird ein Straßenjunge, der aus den Lagern der Amerikaner Sachen stibitzt und sich so mit fünfzehn Jahren seine ersten Schuhe besorgt. («Ich bin wie auf Eiern gelaufen.»). Mit diesen Ungetümen an den Füßen geht er in die Abendschule und macht seinen Volksschulabschluß nach.

Mit der Verve eines guten Erzählers berichtet Giuseppe Tarcisio dann, wie er als Trittbrettfahrer mit der Straßenbahn zum erstenmal nach Neapel kam, stundenlang durch die Stadt streifte und schließlich in der Gegend der Piazza Garibaldi vor der Werkstatt eines Hammerschmieds stand. Der Meister («ein liebenswerter und aufgeschlossener Mann») bietet ihm Arbeit an, gibt ihm Geld für die Heimfahrt, gibt ihm zu essen (er hat keine Pausenbrote wie die anderen), gibt ihm Kleider. Und geduldig lehrt er ihn nach und nach sein Handwerk. («Ich war der Kleinste, das Maskottchen des Betriebs, der Liebling des Meisters.») Mit achtzehn weiß er so viel, daß der sich in Sant' Antimo auf eigene Füße stellen kann. Er kauft ein Schweißgerät, einen Amboß und anderes Werkzeug und arbeitet von morgens sieben bis abends elf in seiner bescheidenen Werksstatt. Die Nachbarn beklagen sich: «Hier kann man ja kein Auge zutun!» Oder: «Heute ist Marienfest, da arbeiten nicht einmal die Heiden.» Aber er läßt sich nicht beirren und baut nach und nach — zu Anfang mit Rat und Tat von seinem alten Meister unterstützt — eine spezialisierte Produktion auf: Aluminiumbeschläge und Rundeisenformen für Stahlbeton.

«Ich habe Freude an einem gemütlichen Heim», vertraut mir Giuseppe Tarcisio an, als ich ihm gegenüber auf einem mit grünem Samt bezogenen Steppsofa mit reichverzierten Holzlehnen sitze; ein Leuchter aus Murano-Glas und die lindgrüne Bodenkeramik sind farblich darauf abgestimmt. Er hat sechs Kinder, von denen das älteste Jura studiert, das zweitälteste Betriebswirtschaft; in den Ferien arbeiten sie. Seine Frau, die eine bessere Schulbildung als er hat, führt die Bücher der Firma. Die Gemälde hat er in Viareggio gekauft, wo die Familie jedes Jahr einen Monat Urlaub macht; die Bibliothek ist ein wenig dürftig: die Bibel steht im Regal, aber man erwartet Neuzugänge. Dafür überraschen die Größe und das seltsam gelblich funkelnde Material der Armaturen in einem der drei Bäder: «24karätiges Gold», erklärt der stolze Hausherr.

Positives aus der Wirklichkeit von Sant' Antimo: Das örtliche Malerhandwerk gilt als besonders leistungsfähig; die Herstellung von Matratzenwolle ist zu einem wichtigen Fertigungszweig geworden (auf europäischem Niveau gibt es nur in England eine ernsthafte Konkurrenz); eine Zulieferindustrie für in- und ausländische Perückenhersteller ist entstanden; ein Betrieb hat sich auf die Erzeugung besonders guter und daher in ganz Italien gefragter Eishörnchen und -waffeln spezialisiert, ein anderer auf die Verarbeitung von Nüssen und Trockenfrüchten — und nicht zu vergessen auch, daß Nicola Romeo, der Gründer von Alfa Romeo, in Sant' Antimo seine bescheidenen Anfänge machte.

Antimo Palma — ein stattlicher und keineswegs kopfloser Mann, der mit dem Ortsheiligen nur den Namen gemeinsam hat —, Inhaber der größten lokalen Brennerei, erzählt mir, daß die Gewinnung von Alkohol aus Weintreber eine Pioniertat aus der Zeit der beginnenden Industrialisierung von Sant' Antimo ist.

«Hauptsächlich verarbeiten wir die Überschußproduktion aus Apulien, Latium und Kalabrien. Wir entziehen dem Weintreber, aber auch den Weinen, den Alkohol und liefern ihn an Likörfabriken, etwa an die Marsalahersteller in Sizilien. Mit unserer Produktion stehen wir heute in Italien an fünfter oder sechster Stelle und haben einen Jahresumsatz von 17-18 Milliarden Lire. Die Geschäfte gehen gut; augenblicklich experimentieren wir mit der Gewinnung von Alkohol aus Tomaten, Pfirsichen und Äpfeln, damit das Obst nicht länger vernichtet werden muß.»

Eine Zeitlang war der Ort auch für die Gewinnung von

Weinsteinrahm (der in der pharmazeutischen sowie der Nahrungsmittel- und Lederwarenindustrie Verwendung findet) bekannt. Während des ersten Weltkriegs gelang jedoch in Deutschland die synthetische Herstellung von Weinsteinsäure, mit dem Ergebnis, daß die Produktion von Bayer übernommen und eine blühende lokale Industrie zerstört wurde.

Negatives aus der Wirklichkeit von Sant' Antimo: Heute traut sich nach elf Uhr abends niemand mehr vor die Tür. «Wenn es in der Stadt gärt (ob nun wegen der Bauspekulation oder weil der Kampf um die Vergabe und Weitervergabe von Aufträgen tobt), kommt der Abschaum nach oben», so ein Kenner der örtlichen Verhältnisse. Sant' Antimo ist eine Hochburg von Cutolo *(Nuova Camorra Organizzata)*, die ihm heute vom neuen König der Unterwelt Kampaniens, Antonio Bardellino, streitig gemacht wird. Dessen Bruder Ernesto ist sozialistischer Bürgermeister von San Cipriano d'Aversa, das zusammen mit Villa Literno und Casal di Principe das «Todesdreieck Kampaniens» bildet.

Im Gefängnis hat Cutolo jenes System entwickelt, das die mutige und geistreiche neapolitanische Journalistin Eleonora Puntillo das «Sozialversicherungsnetz der Unterwelt» genannt hat. Camorristen aller Rangstufen profitieren davon. Jeder aus dem Cutolo-Clan, der ins Gefängnis kommt, hat Anspruch auf eine seiner Stellung in der Organisation angemessene monatliche Unterstützung. Die Angehörigen des Gefangenen erhalten finanzielle Zuwendungen für die Miete, das Kindergarten- und Schulgeld und ihren Lebensunterhalt, vor allem aber, um die besten Rechtsanwälte für das in Schwierigkeiten geratene Familienmitglied nehmen zu können. Vielleicht fällt auch noch ein Pelzmantel für die alleingelassene Ehefrau ab. Handel und Gewerbe zahlen brav die oft horrenden «Schutzgebühren», mit denen dieses System finanziert wird.

Am 20. April 1980 wird Carla Campi in ihrem Wohnort Sant' Antimo ermordet. Die Witwe von Antonino Cuomo, des früheren Statthalters von Cutolo, war — mit ihrem dreizehn Monate alten Kind auf dem Rücksitz — in ihrem Wagen unterwegs zum Gericht, um eine Aussage über die Verbindungen ihres Mannes zum organisierten Verbrechen zu Protokoll zu geben. Carla Campi hatte sich zuerst geweigert, den Gewaltverbrecher Cuomo (u. a. Mörder des Liebhabers der Schwester) zu heiraten. Um sie zur Heirat zu bringen, hatte er sie mißbraucht, worauf man ihr tröstend sagte, daß dies keine Schande, sondern eine Ehre sei.

Einen Monat zuvor war ihr Mann Antonino im Hochsicherheitstrakt des Gefängnisses von Poggioreale wegen Verdachts auf «Abweichlertum» mit vierzig Messerstichen getötet worden. Man hatte von ihm geschriebene Briefe gefunden, die Aufschluß über das Netz der *Camorra Organizzata* und deren Vereinnahmungs- und Verpflichtungstaktiken gaben; daraufhin hatte Cutolo ihn im Gefängnis abschlachten lassen. Inspiriert von dem Doppelmord an Antonino Cuomo und seiner Frau (die ebenfalls gegen ihn ausgesagt hätte), widmete Cutolo ihrem wie durch ein Wunder bei der Ermordung der Mutter unverletzt gebliebenen kleinen Sohn ein Gedicht voller guter Wünsche für eine bessere Zukunft.

(Der 22jährige Bruder des Ermordeten, Mario Cuomo, blieb trotz allem ein treuer Gefolgsmann Cutolos, wurde sogar sein Statthalter in der Irpinia. Als der wegen zweifachen Mordes verurteilte junge Mann Anfang Oktober, bewacht von vier Carabinieri, aus dem Gefängnis von Campobasso in das von Avellino verlegt werden sollte, ließ Cutolo ihn befreien. Der Gefangenentransport wurde von drei Wagen gestoppt, einer davon stand quer auf der Straße. Man zwang die Carabinieri auszusteigen und sich auf den Bauch zu legen, hielt ihnen den Lauf einer Pistole ins Genick. Der 30jährige Elio di Mella, an den der Gefangene mit einer Kette gefesselt war, wurde bei dem Versuch der Gegenwehr durch einen Schuß in die Halsschlagader getötet. Von den Handschellen befreit, stieg Mario Cuomo in einen der drei Wagen. Die Autos rasten davon; keine Straßensperre hielt sie auf.

In der Zwischenzeit, am 22. Februar 1982, erledigt der ebenfalls aus Sant' Antimo stammende und wegen Beihilfe zum Mord einsitzende Michele Montagna, ein treuer Anhänger Cutolos, für seinen Boß als Gegenleistung dafür, daß er ihm seinerzeit einen guten Rechtsanwalt besorgt hat, Mordaufträge. In einem Gefangenenwartesaal des neapolitanischen Gerichts tötet er durch Pistolenschüsse und Messerstiche einen als «Scialò» bekannten Berufskriminellen und bringt einem anderen, Gennaro Licciardi, der von seinen Freunden «A scigna» (der Affe) genannt wird, schwere Verletzungen bei (16 Messerstiche und ein Revolverschuß ins Jochbein). Beide gelten als führende Mitglieder der *Nuova Famiglia*, entschlossen, die Vorherrschaft der *Nuova Camorra Organizzata* zu brechen. (Licciardi stammt aus Sant' Antimo, avancierte jedoch zum Chef der *Nuova Famiglia* im Bereich Secondigliano. Im Mai 80 hatte er Cutolo eine Sprengstoffladung vor sein Haus in Ottaviano gelegt.) Der Mörder aus Gehorsam unterzeichnete mit folgenden Worten: «Montagna Michele, Gesandter Gottes; Satan ist umgekommen, auch Luzifer wird umkommen.» Es ist nicht schwer zu erraten, wer Gott ist.

«Capozona» («Bezirkschef») von Sant' Antimo und Umgebung ist ein verschworener Gefolgsmann Cutolos, der wegen seiner Mandelaugen den Beinamen «der Japaner» trägt; in Wirklichkeit heißt er Giuseppe Puca. 1978 wird er verhaftet. Er hat eine Unzahl von Vorstrafen und erhält dann auch eine Gefängnisstrafe von zehn Jahren — ist aber nach drei Jahren wieder auf freiem Fuß und wird ab Juni 81 für vier Jahre unter verschärfte Polizeiaufsicht gestellt. Die Bluttaten, die sich innerhalb seines «Bezirks» ereignen — etwa die Ermordung von zwei jungen Anhängern des mit der Cutolo-Bande verfeindeten Bardellino-Clans —, tragen deutlich seine Handschrift. Seitdem Bardellino und seine «Getreuen» auch in Sant' Antimo operieren, reißt die Serie der Morde, Attentate und mehr oder weniger rätselhafte Verwundungen nicht ab. Wieder im Gefängnis, läßt der erst 26jährige Puca keinen

Zweifel daran, daß er seine Karriere noch längst nicht für beendet hält.

Nur zehn Tage nach meinem Aufenthalt in Sant' Antimo wird Aniello Puca, genannt «'o baroncino» («der kleine Baron»), der jüngere Bruder des «capozona», ermordet. Dieser Mord direkt vor dem Geschäft, dessen Eigentümer «der Japaner» ist und wo dieser selbst im Jahr zuvor nur knapp einem Attentat entging, ist ein weiterer Beweis für die Schlagkraft der *Nuova Famiglia*. (Im August flieht Giuseppe Puca dann aus dem Cotugno-Krankenhaus in Neapel, in das er wegen Hepatitisverdachts eingeliefert wurde. Kurz die beiden Wächter niederschlagen, schnell die Treppe hinunterlaufen und in ein Auto springen, das genau zu diesem Zweck dort steht. . .)

«Von dieser Sumpfpflanze eine Handvoll junger Triebe auszureißen, führt zu gar nichts», kommentiert der schon erwähnte Kenner der Verhältnisse, einer, der ohne aufzumucken seine Schutzgebühren zahlt, weil er seine Ruhe haben will. «Es wird Zeit, daß dem Staat auffällt, daß die Großen immer davonkommen, jene mächtigen Familien-Clans, die riesige Vermögen besitzen, Hunderte von Feriendörfern, die vom Garigliano bis Reggio Calabria die Küste verschandeln, Villen und Hotels an der Costa Domiziana, Supermarktketten und Gestüte. Die Behörden müssen herausfinden, wer wirklich hinter denen steckt, auf deren Namen die Feriendörfer und Supermärkte pro forma eingetragen sind, auf verdächtige Personen wenigstens gezielt die Steuerfahndung ansetzen (viele sind namentlich bekannt, haben aber offenbar mächtige Gönner und bleiben deshalb unbehelligt) und diese Leute endlich wegen Steuerhinterziehung hinter Schloß und Riegel bringen.»

Ein Schußgeräusch läßt mich von meinem Stuhl hochfahren — mein Gesprächspartner dreht sich nicht einmal um und runzelt nur leicht die Stirn. Drei Jungen, die jetzt lachend wegrennen, haben Knallfrösche gezündet. «Die sind auch nicht ungefährlich», sagt mein Gegenüber und erklärt diesen weiteren Grund zur Sorge: «Jedes Jahr sterben drei oder vier Menschen durch Knallfrösche, die nicht richtig funktionieren, oder durch selbstgebastelte Feuerwerkskörper.»

Nicht durch Knallfrösche, sondern durch MG-Salven stirbt am 16. April in Sant' Antimo eine ganze Familie. Die ersten Opfer sind Mattia di Matteo und zwei seiner Freunde. Alle stammen aus Sant' Antimo, sind vorbestraft und Anhänger von Cutolo. Ihre Leichen findet man in San Prisco (Caserta) in einem ausgebrannten Fiat Panda. Dieser Wagen wurde noch kurze Zeit zuvor in unbeschädigtem Zustand vor dem Gefängnis von S. Maria Capua Vetere gesehen, kaum eine Stunde nach Rückkehr einiger Freigänger. Doch in dieser Nacht sollte das Morden noch weitergehen. Drei Stunden später tauchen drei Killer im Armenviertel von Sant' Antimo auf. Dort wohnen die Mutter von Mattia Di Matteo, Angelina Ceparano, seine Frau Francesca Maggio und seine jüngere Schwester Patrizia. Die Besucher fragen nach Mimi (also nach Mattia, den sie einige Stunden zuvor ermordet haben) — und feuern einen Kugelhagel auf die drei Frauen ab. Vor dem Haus bildet sich eine Blutlache.

Warum dieses Gemetzel? Es handelte sich um eine Cutolo treuergebene Familie. Die Mutter, die in kleinerem Umfang Schiebereien und Schmugglergeschäfte betrieb, hatte am Nachmittag jenes Tages ihren Sohn Antonio, ein Laufbursche Cutolos, im Gefängnis besucht. Aus einem Telefongespräch, das sie von zu Hause mit einem «Paten» führte, ging hervor, daß sie den Familien aller Gefangenen etwas Wichtiges mitzuteilen habe. (Unter anderem soll sie erfahren haben, daß Cutolo nach Asinara verlegt werden würde.)

Man kann nun davon ausgehen, daß die Killer nicht in Erfahrung bringen konnten, welche der drei Frauen im Gefängnis gewesen und somit zur Hüterin jener geheimen Nachricht oder möglicherweise wichtigen Anweisung von Cutolo geworden war. Deshalb brachte man alle drei um. Vergebens wurde nach dem vierten Mann gesucht, der in dem Panda gesehen worden war und den Wagen angesteckt hatte. Vielleicht war es ein geheimer Abweichler von der Cutolo-Linie, der dessen Getreue grausam ermordete und dann verbrannte; man wird den «Verruchten» kaum noch finden. Beharrlich hält sich das Gerücht, die Botschaft aus dem Gefängnis sei für Vincenzo Casillo, den Statthalter Cutolos, bestimmt gewesen, der in Begleitung des christdemokratischen Bürgermeisters Giuliano Granata zur Zeit der Entführung von Cirillo seinen Chef mehrmals im Gefängnis besucht hatte. Mitte September jedenfalls wird (nicht zum erstenmal in den letzten Jahren) nach Casillo gefahndet; vier Morde und der Attentatsversuch auf Antonio Gagliardo, Richter im Bezirk Irpinia (der wie durch ein Wunder aus dem ihm von mehr als einem Dutzend Camorristen bereiteten Hinterhalt entkommen konnte), werden ihm zur Last gelegt.

Vier Tage nach dem Massaker an seinen Angehörigen, am Tage nach der Beerdigung, erhängt sich der 28jährige Antonio im Gefängnis. Zumindest lautet das Untersuchungsergebnis auf Selbstmord. Natürlich war ihm bewußt, wie folgenschwer die Weitergabe der Botschaft aus dem Gefängnis gewesen war; sein Zellengenosse aber war Pasquale D'Amico, ein Abtrünniger der *Nuova Camorra*.

An Orten wie diesen jedoch sind fast täglich neue Opfer von Gewaltverbrechen zu beklagen. Das Blutbad scheint kein Ende nehmen zu wollen.

# RUND UM DIE DORNENKRONE

Dreizehn Kilometer nördlich von Neapel und drei von dem einstigen Gebiet der berühmten oskischen Stadt Atella entfernt liegt eine andere Gemeinde, die zur «Dornenkrone von Neapel» gehört. Sie heißt Grumo Nevano und hat 18 000 Einwohner. Das Gemeindewappen zeigt eine Erdbeere vor einer doppelten Reihe von Nußbäumen. Erdbeeren werden hier immer noch angebaut, wenn auch in viel geringerem Ausmaß als früher; der größte Teil der einst landwirtschaftlich genutzten Flächen ist nämlich inzwischen zubetoniert. Während der Obstbau heute noch Weintrauben, Pfirsiche und Aprikosen umfaßt, muß Gemüse von außerhalb eingeführt werden. Früher bestanden hier ausgedehnte Hanfkulturen, zahlten die Bauern ihre Pacht mit dem daraus erwirtschafteten Gewinn. Bis 1956 hatte die Hanfproduktion einen Umfang von mehreren hunderttausend Tonnen; das ist heute Vergangenheit: Zum einen fehlen die notwendigen Arbeitskräfte, zum anderen werden Schiffsleinen, Trossen und Wanttaue jetzt aus synthetischen Garnen hergestellt.

Grumo ist ein weiteres Beispiel für die Zerstörung ländlicher Strukturen, die Vernichtung von Grün- und Nutzflächen durch den Bauboom der 60er Jahre. Die Aleppopinien und prächtigen Oleandersträuche, die einst den Viale delle Rimembranze («Allee der Erinnerungen») schmückten, sind gefällt worden. Der Ort ist bemerkenswert schmutzig, die Einwohner haben sich noch nicht daran gewöhnt, daß Müllsäcke bis acht Uhr morgens auf der Straße stehen müssen, wenn sie abgeholt werden sollen, und pflegen um Mittag herum kleine und große Abfallbeutel aus dem Fenster zu werfen. Eine traurige Berühmtheit verdankt der Ort dem Umstand, daß sein Untergrund voller Hohlräume ist. Ein nicht einmal allzu heftiger Regenguß, eine Senkgrube, die dem Wassereinbruch nicht standhält — und schon öffnen sich Abgründe, beginnen Häuser einzusinken. 1974 war die Hauptstraße betroffen und 184 Familien (d. h. 700 Menschen) mußten woanders untergebracht werden. 1977 wurden weitere Häuser durch Bodensenkungen unbewohnbar. Das süditalienische Erdbeben vom November 1980 schließlich machte 15 Familien obdachlos, die heute noch behelfsmäßig in Notunterkünften leben. (Die Erdsenkung bedroht inzwischen auch Frattamaggiore.)

Dafür ist Grumo, früher die Hochburg von Giacinto Bosco, heute ein sicheres Stimmenreservoir von Enzo Scotti, als Minister zuständig für die Erhaltung des Kulturguts (seine Besuche im Ort gleichen Triumphzügen). Die außergewöhnliche Wohlhabenheit von Grumo basiert auf Schattenwirtschaft, unterbezahlter Schwarzarbeit, ausbeuterischer Kinderarbeit. Als «Zugpferde» fungieren dabei die Bekleidungs- und die Schuhindustrie, deren Produkte die Märkte Mitteleuropas und Nordamerikas erreichen. Ihr jährliches Umsatzvolumen beläuft sich auf siebzig bis achtzig Milliarden Lire; mehr als 60 % davon wird illegal von gewinnträchtigen Kleinbetrieben, mit denen sich ehemals abhängig Arbeitende selbständig gemacht haben, erwirtschaftet: Ausgebeutete, die zu Ausbeutern geworden sind und im Keller ihrer Wohnhäuser eine (aus höchstens zwei Arbeitsräumen bestehende und nur über ebenerdig angebrachte Klappen mit frischer Luft versorgte) Werkstatt eingerichtet haben. In der einen werden die Oberlederteile hergestellt, in der anderen surren Nähmaschinen, in einer dritten, vielleicht einer Garage, wird die Fertigung abgeschlossen. Und auf einer Holzkarre mit Fahrradreifen bringen Kinder das Leder zum Zuschneiden, die zugeschnittenen Stücke zum Zusammennähen, die zusammengenähten Stücke zur Endfertigung.

In diesen florierenden Kleinbetrieben arbeiten acht-, zehn-, elfjährige Kinder, die einen Wochenlohn von bis zu 250000 Lire nach Hause bringen. Eine Familie mit drei oder vier Kindern hat so ihr gutes Auskommen. Natürlich wird die Schulpflicht mißachtet, stehen die Schulbehörden bei dem Kampf für ihre Einhaltung auf verlorenem Posten. Am besten verdienen die Frauen, die in Handarbeit Säume nähen; sie arbeiten wie besessen. Natürlich gibt es bei dieser Heim- oder Schwarzarbeit niemals einen Streik.

Kurz nach meiner Ankunft besichtige ich zwei legal betriebene Fabriken. Eine von ihnen wird gerade bestreikt. Es handelt sich um ein Unternehmen der Bekleidungsindustrie, das seine Produkte zu 80 % in die Vereinigten Staaten, nach Deutschland, Belgien und Japan exportiert und in Italien in Genua, Mailand und Rom Abnehmer hat. Bei siebzig Beschäftigten beträgt die Konfektionszeit für ein Stück eineinhalb Stunden. Alle Arbeitsgänge werden maschinell ausgeführt, vom Knopflochnähen bis zum Pressen der Bügelfalte. Die gefragtesten Arbeitskräfte sind die Zuschneider, jedoch hat handwerkliche Qualifikation nicht mehr den Stellenwert von ehemals; die Arbeit heute ist nur noch Routine.

Mein nächster Besuch gilt einer Schuhfabrik (ebenfalls ein ordnungsgemäß angemeldeter Gewerbebetrieb): Es ist die Luigi Ascione Italy, die mit 27 Beschäftigten 250-300 Paar Schuhe am Tag produziert, oliv-, chrom-, fuchsien- oder mimosefarbenes, oft unglaublich hochhackiges Schuhwerk aller Art, von Sandaletten bis Stiefeln, das in die ganze Welt exportiert wird. Wegen der Klebstoffe («sie sind nicht mehr schädlich», sagt der Eigentümer, «aber ich sehe mich vor») wird bei geöffneten Fenstern gearbeitet. In anderen Betrieben, insbesondere in der Schattenwirtschaft, setzt man die Arbeiter noch immer ernsten Gesundheitsrisiken aus.

Der Fleiß seiner Einwohner ist das eine Kennzeichen von Grumo, die hohe Kriminalität das zweite. Kurz vor meiner

Ankunft ereignete sich ein Überfall auf ein Juweliergeschäft in einer belebten Straße. Mit Maschinengewehren im Anschlag waren die fünf maskierten Täter in das Geschäft eingedrungen, hatten die beiden Eigentümer in Schach gehalten und den Laden buchstäblich leer geräumt. Raubüberfälle sind hier inzwischen etwas Alltägliches, und fast keiner von ihnen wird zur Anzeige gebracht. Pistole an die Schläfe, Finger am Abzug — und dem Opfer wird alles abgenommen, was es bei sich trägt: Geld, Ring, Uhr oder Kette. Sehr häufig werden Autofahrer auf Parkplätzen überfallen bzw. durch einen quergestellten Wagen blockiert und dann ausgeraubt. Die Täter verschwinden mit Bargeld, der Uhr, dem Mantel; manchmal verschmähen sie auch das Auto nicht. In einem solchen Fall wird jedoch nicht der Raubüberfall angezeigt, sondern nur das Auto als gestohlen gemeldet, weil andernfalls die Diebstahlversicherung nicht für den Schaden aufkommen würde. 56 % der Bevölkerung sind Opfer oder Zeugen von Überfällen oder Straßenräubereien geworden.

Einige Arbeitgeber der Schattenwirtschaft — die mit den kleinen Werkstätten in den Kellern ihrer Wohnhäuser — besitzen Villen am Meer, in Castelvolturno, Baia Domizia (gekauft zu Zeiten der unkontrollierten Parzellierung) oder Gaeta. Ihre Wohnhäuser im Ort können die Massen elektrischer Haushaltsgeräte kaum fassen; drei Fernsehgeräte sind keine Seltenheit, der Inhaber einer Schuhfabrik hat ihrer sieben — natürlich alle in Farbe. Das wohlhabende Grumo Nevano hat die meisten Drogenabhängigen im neapolitanischen Raum, Herointote waren schon des öfteren zu beklagen.

Von den armen Leuten ist hier nie die Rede. Der einzige, durch die Presse bekannt gewordene Fall von Armut ist der einer Familie mit elf Kindern, die nicht gelernt haben, sich sprachlich verständlich zu äußern, und als Behinderte niemals in eine Schule gegangen sind. Natürlich ist das Haus der Familie vom Erdbeben zerstört worden. Der Vater versucht als Schirmflicker, Eisen- und Lumpensammler Geld zu verdienen. Andere Fälle von Armut sind nicht bekannt.

Die Gemeinde, in der zwischen 75 und 80 eine linke Koalition aus Sozialisten und Kommunisten die Mehrheit hatte, wird gegenwärtig von einer Neureichen-Riege regiert, die die Sozialdemokraten aufgeboten haben. Der Bandenkrieg setzte 1979 ein. Die ersten Toten waren zwei Anhänger von Cutolo, man fand ihre verbrannten Leichen in einem Auto; der dritte Tote war der Auftraggeber des Mordes. Im April 82 betrug die Zahl der auf neapolitanischem Gebiet, Grumo inbegriffen, Ermordeten 180, im September 217, im Oktober 300. Östlich von Grumo liegt ein nicht minder mörderischer Ort, ein Ort galoppierender Kriminalität (Camorra und Erpresserbanden): Giugliano. Zu den landwirtschaftlichen Produkten der wenigen Bauern, die es hier noch gibt, gehören Birnen, Pfirsiche (die besonders schmackhaften «Maipfirsiche»), Tomaten und Aprikosen. Die praktizierenden Katholiken von Giugliano konnten eines Sonntags nach dem Hochamt Zeugen davon werden, wie ihr Pfarrer direkt vor der Kirche den Opfern eines Mordanschlags die Letzte Ölung spendete. Man hatte sie an eben jenem Platz niedergeschossen, «damit sie in Frieden mit dem Herrn sterben können». Als die Schüsse gefallen waren, eilte der allzeit bereite Priester im Laufschritt mit seinen Kännchen zu den am Boden liegenden Opfern, vielleicht im Koma, aber noch nicht tot, was den braven Pfarrer zu der Bemerkung veranlaßte, heute sei es noch einmal gutgegangen.

Bürgermeister von Giugliano ist, wie schon oben erwähnt, der Christdemokrat Giuliano Granata, rechte Hand von Ciro Cirillo, dessen Sekretär für besondere Aufgaben im Stadtplanungsausschuß («Cirillo ist für mich wie ein Vater») und Freund von Gava. (Jener Giuliano Granata, der den christdemokratischen Spitzenpolitikern Andreotti und Piccoli unbekannt ist.)

# DIE HEIMAT DES CAMORRA-BOSS

«. . .Ottaviano wird immer als Zentrum des Verbrechens hingestellt, was nicht den Tatsachen entspricht, oder als Ort des Terrors, was genausowenig stimmt. Der Name Cutolo, so wird behauptet, verbreite Angst und Schrecken. Wann den bloß? Cutolo ist einer, der seinen Weg gemacht hat und legendär geworden ist. Die gesamte Familie Cutolo besteht aus anständigen, ehrbaren Leuten. Und das sage ich bestimmt nicht aus Angst.» Diese beschwichtigende, ungewohnte Darstellung stammt von Gaetano Auricchio, Sozialdemokrat und stellvertretender Bürgermeister von Ottaviano. Offenbar macht er die Ohren zu, um den sinistren Hintergrundlärm, das Geräusch des alltäglichen Mordens, nicht hören zu müssen; offenbar schließt er die Augen, damit er die Blutspur nicht sieht, die in Ottaviano ihren Anfang nimmt; offenbar entgeht ihm, daß hier abends niemand mehr vor die Tür gehen kann, daß die Geschäftsleute schon vor Ladenschluß die Gittertore herunterlassen, weil sie Angst vor Überfällen haben. Seine Stadt hat Ähnlichkeit mit einem geschmückten Friedhof, aber für den stellvertretenden Bürgermeister bleibt Cutolo «der etwas jüngere Schulkamerad, der die Kirchenglocke läutete, wenn ich ministrierte».

Es kam mir wie eine Pflicht vor, Ottaviano einen Besuch abzustatten, bevor ich Neapel verlassen würde. (Es war noch vor der Affäre Cirillo und also nicht aus diesem Grund.) Ein grauer Tag, der Vesuv liegt in Wolken, und wieder einmal fahre ich durch eine von skrupellosen Spekulanten verschandelte, zersiedelte, zerstörte Landschaft. Auf dem Weg nach Ottaviano komme ich an der Wallfahrtskirche der Madonne dell' Arco vorbei, ein Gnadenort, der insbesondere durch die Prozession bekannt ist, die hier am Montag nach dem Weißen Sonntag stattfindet und zu der Menschen aus nah und fern zusammenströmen. Ausgeführt wird sie von den «vattienti», einer Gruppe Gläubiger, die unaufhörlich mit ihren Füßen rhythmisch auf den Boden stampfen. Am Prozessionstag ist dieser noble Bau aus dem 16. Jahrhundert Schauplatz von Tarantella-Ekstasen und epileptischen Anfällen; Gebetsschreie gellen durch den Raum, und manch einer erfüllt sein Gelübde, einmal im Rund mit der Zunge um den Altar zu lecken.

Langsam nähere ich mich Ottaviano, dem Ausgangs- und Mittelpunkt von Cutolos Camorra-Reich. Am Straßenrand blühen hier und dort Mandelbäume, Mimosen in agressivem Gelb. Von Mauerwänden wird für das «Kreuz von Bethlehem» geworben, ein Amulett mit hochwirksamer Wunderkraft. «Es kann jedes benötigte Wunder vollbringen: Das Wunder der Gesundheit, des Geldes, des Erfolgs. (Sie können ruhigen Herzens ihr Geld bei Pferderennen, Lotterien, Fußballtoto und Lotto einsetzen und werden mit Sicherheit gewinnen.) Das Wunder einer glücklichen Familie, Verwandte, Freunde, Nachbarn, die Sie gern haben.» (Und das hier!) Eine andere Plakatwerbung preist den Spitzenwein der Gegend an, den «Lacryma Christi».

Das humanistische Gymnasium Armando Diaz ist im ehemaligen Kloster der Chiesa del Rosario untergebracht. Dort habe ich eine Verabredung mit dem Schulleiter Francesco d'Ascoli, der sich als äußerst liebenswürdiger Mann entpuppt. Mit Stolz spricht er von seiner 25klassigen Schule, die auch von Kindern aus den Nachbarorten besucht wird, nennt seine Schüler diszipliniert und fleißig und das Gymnasium selbst «eine kulturelle Insel von einigem Belang». Der Direktor ist ein stattlicher, zurückhaltend elegant gekleideter Mann mit grauem Haar und Schnurrbärtchen, dessen Spitzen allerdings ein wenig zittern, als ich ihn frage, was er über die Gewalt in seiner kleinen Stadt denkt. Zu diesem Thema schweigt er sich beharrlich aus. Er hat keine Ahnung davon, was in Ottaviano geschieht; er erfährt es erst einen Tag später aus der Zeitung. Das bürgerliche Leben wird von diesen Dingen nicht berührt. Der Knall letzte Nacht (vielleicht eine Bombe?), über dessen Ursache die Schüler aufgeregt Mutmaßungen anstellen, ja, den hat er auch gehört — aber er hat sich auf die andere Seite gedreht und weitergeschlafen.

Der Direktor, der gerade eine Stunde über Tacitus gehalten hat, erzählt mir viel Interessantes über Ottaviano. So erfahre ich etwa, daß der Ort vermutlich um ein Landhaus der Oktavier (des Geschlechts, aus dem Augustus stammte) herum gewachsen ist. Das heutige Ottaviano ist eine fleißige Stadt, in der z. B. Hemden, Krawatten, Matratzen, Korbflaschen und Holzfässer hergestellt werden. (Der wirtschaftliche Aufschwung ist allerdings keineswegs mit dem im nahen San Giuseppe Vesuviano vergleichbar, das durch seine blühende Schattenwirtschaft mit mindestens 2000 Kleinbetrieben zu einer der reichsten Städte Italiens mit überdurchschnittlichem Pro-Kopf-Einkommen geworden ist und wo jede Familie drei bis vier Luxusautos vor der Tür stehen hat.) Die landwirtschaftliche Produktion von Ottaviano, so erzählt der Direktor weiter, ist zurückgegangen, insbesondere, weil es an Kooperativen fehlt; aber immer noch gibt es im April frische zarte Erbsen und werden hier die besonders guten Pfirsiche mit weißem Fruchtfleisch (die sogenannten «misgiotte») angebaut. Zum Abschied schenkt mir Francesco d'Ascoli sein *Dizionario etimologico napoletano.* Sofort schaue ich unter dem Stichwort «camorra» nach und lese dort: «Eigengesetzlicher Geheimbund zur Nutz- und Gewinnerzielung aus kriminellen Aktivitäten. Etym.: südital. Stamm *morra* = Herde, Bande; Verstärkung durch Präfix *ca*: 'la banda per eccellenza'». Dann schlage ich ein Wort nach, das mir in diesen Tagen oft zu Ohren kommt, nämlich «scamazzo». Seine Bedeutung wird mit «Zerschlagung, Vernichtung, Gemetzel, Ausrottung» angegeben.

Der einfache Geistliche Don Luigi Saviano, Verfasser von zwei gelehrten kleinen Schriften mit dem Titel *Il folklore della città d'Ottaviano*, durchbricht dagegen die Mauer des Schweigens und gibt bereitwillig Auskunft. Ich treffe ihn in einem Ambiente an, das den Genremaler entzücken würde: in der mit alten Stücken möblierten Sakristei. Gerade ist ein Mädchen aus dem benachbarten Nonnenkloster gekommen, ihm in einem niedlichen kleinen Deckelkorb sein Essen zu bringen. Mit Andacht widmet sich Don Saviano dem frugalen Mahl (Mozzarella, ein kleiner Fisch und Mandarinen). Der lockige Engel erscheint erneut, den Korb wieder abzuholen, und verabschiedet sich mit einem artigen Knicks.

Don Saviano spricht offen über die Dinge, die den schlechten Ruf von Ottaviano begründet haben. Er erzählt mir von der La Marca-Bande, die hier in den Jahren 47/48 mit Raub und Erpressung ihr Unwesen trieb. Ein Nachkomme des damals zu Zuchthaus verurteilten Bandenchefs ist Salvatore La Marca, Unternehmer und örtlicher Spitzenmann der Sozialdemokraten, außerdem, «so geht jedenfalls das Gerücht», zukünftiges Mitglied des Senats in Rom. Für den Priester ist Don Salvatore ein «Mann der Organisation», der gute Beziehungen zu Cutolo unterhält. Früher war er Bürgermeister von Ottaviano, heute ist er in der neapolitanischen Provinzialverwaltung für Tourismus zuständig.

Bekannte Persönlichkeiten suchten in vergangenen Zeiten das an prunkvollen Bauten und lieblichen Gärten reiche Ottaviano auf: Joseph Bonaparte, Murat, Vincenzo Bellini und auch D'Annunzio, der hier seine *Odi navali* verfaßte. Don Luigi empfiehlt mir, in der Via del Municipio einen Blick auf die eindrucksvollen Ruinen des Palastes der Barone Rizzo-Ulmo, Patrizier aus Taranto, zu werfen, deren Söhne Murat, als dieser sich einmal an einem heißen Nachmittag für ein Schläfchen in den schattenreichen Garten zurückgezogen hatte, die schwere silberne Uhr aus der Tasche stahlen. «Behaltet sie zur Erinnerung», soll Murat gesagt haben, als er den Diebstahl bemerkte.

Und der Camorra-Boss Raffaele Cutolo? «Er schien ein braver Junge zu sein und war Meßdiener in der Pfarrkirche San Michele.» Ein guter Priester, meint Don Luigi, wäre allerdings kaum aus ihm geworden. Ihm gefiel vor allem der weiße Ministrantenrock mit der leuchtendroten Kordel. Das Lernen lag ihm weniger. Bei Kinderbeerdigungen, «die hier wie Feste sind» und bei denen Feuerwerkskörper in den Himmel gejagt werden, tauchte er immer auf. Wenn Don Luigi die Erinnerung nicht trügt, war der kleine Raffaele auch ganz versessen auf «stuffoli» (aus Mehl, Eiern und Zucker gemachte Süßigkeiten, die es zu Weihnachten und Ostern gibt und die mit ein wenig Honig und bestreut mit bunten Zuckermandeln, sogenannten «diavulilli», serviert werden).

Weiter geht es in Don Luigis Erzählungen. Seiner Meinung nach sind die Frauen daran schuld, daß es mit Don Raffaele Cutolo so weit gekommen ist. Die Mutter seines Sohnes Roberto hat er nie geheiratet, und dann «war er sogar mit einer Negerin zusammen». Don Raffaeles Vater war von Beruf Makler und hatte «Übermensch-Allüren», sein Bruder ist Straßenbauunternehmer, seine Schwester Rosetta nennt man «Engelsgesicht», aber sie hat ein hartes Herz, denkt wie ein Mann und hegt für ihren Bruder mehr als schwesterliche Gefühle. Mit ihrem Reichtum gibt sie allerdings nicht an, kleidet sich bescheiden und trägt die Haare wie eine Nonne. Überhaupt hatte die Familie den Beinamen «die Nonnen», weil ihre Vorfahren lange bei den Schwestern im Klostergarten gearbeitet haben.

Das Haus von Cutolo liegt oberhalb des Dorfes in einer Sackgasse, die heute «vicolo delle Rose» heißt, früher «delle Immondizie» («Müllweg»). Am 9. Oktober 1981 fand hier ein Gipfeltreffen der Camorra statt, das von einer Razzia gestört wurde. Festgenommen wurden dabei auch Francesco Pirone, Staatsanwalt und christdemokratisches Mitglied des

Gemeinderats von Ottaviano (die Ermittlungen gegen ihn wurden nach der Voruntersuchung eingestellt), sowie ein anderer Statthalter von Cutolo namens Sabatino Saviano («für Cutolo würde ich gern mein Leben hingeben»). Der Schwester Rosetta gelang zusammen mit Vicenzo Casillo (genannt 'O Nerone») die Flucht. Casillo, der des illegalen Waffenhandels und der Zugehörigkeit zu einer kriminellen Vereinigung beschuldigt wird, ist in der *Nuova Camorra* die Nummer zwei und von Cutolo mit dem Schutz seiner Schwester betraut.

Don Saviano erklärt mir, wie ich zu der Villa im Viale delle Delizie komme, die Cutolo kürzlich gekauft hat. Es handelt sich um ein ehemaliges Medici-Schloß aus dem 16. Jahrhundert (mit 350 Zimmern, riesigem Park, Stallungen und Schwimmbecken). «Fürstenschloß» wird es genannt, oder auch «Festung vom Boss». Als ich über die Morde in Ottaviano spreche, seufzt Don Saviano auf: «Es ist ein einziges Abschlachten. Vier Tote in der Karnevalswoche, davor eine ganze Mordserie. Die Zukunft wird zeigen, ob der Herr uns seinen Schutz versagt, wieviele Morde noch folgen sollen.» Zum Abschied ein Kreuzzeichen, die Hälfte einer zuckersüßen Mandarine und ein herzlich gespendeter Segen.

Eine zeitlang verschickte Cutolo Fotos von seinem Besitz als Postkarten mit der Aufschrift «Medici-Schloß R. Cutolo, P. Barra». (Es handelt sich dabei um Pasquale Barra, der momentan unter doppelter Mordanklage steht. Im Gefängnis von Poggioreale soll er den Gewohnheitskriminellen Antonio Cuomo, im Gefängnis von Nuoro Francis Turatello umgebracht haben.) Das Schloß wurde der Vorbesitzerin Maria Capece Minutolo, verwitwete Lancillotti, für 250 Millionen Lire von einer GmbH mit Namen «Immobiliare Castello» abgekauft, die ihren Sitz in Avellino hat und als deren Geschäftsführer der 30jährige Adolfo Greco fungiert. Gegen Greco wurde im Zusammenhang mit den von zahlreichen Tomatenbauern im Raum Sarno-Nocera zum Schaden der EG initiierten, gigantischen Betrugsmanöver Haftbefehl erlassen.

Offensichtlich will er es sein, der mich zu Cutolos Schloß führt: ein mehr als seltsamer Hund mit rotem, borstigem Fell und Cavour-Bart, ein Hund, wie ich noch nie einen gesehen habe und in dessen Begleitung mir — trotz seiner sanften (roten) Augen — ein wenig unwohl ist. Er bleibt vor meinem Auto stehen, als ich den Ortsausgang erreicht habe, wo man durch ein schönes, von zwei römischen Säulen flankiertes Gittertor auf ein eindrucksvolles Gebäude blicken kann: getüncht in der Farbe geronnen Blutes, umgeben von einem weitläufigen Park mit Palmen, Lorbeer- und Zitronenbäumen, blühenden Sträuchern. Vom Blattwerk fast verborgen, stehen hier und da römische Büsten, die beiden ersten, direkt hinter dem Eisengittertor, sind mit glänzendem Wellblech verschalt. Dieser von einer mächtigen Einfriedungsmauer und jahrhundertealten Bäumen abgeschirmte Besitz wirkt fast wie ein (allerdings leicht restaurationsbedürftiges) königliches Anwesen. «Betrachtet es weiterhin als Eures», hat Cutolo zu der adeligen Vorbesitzerin gesagt, als er das Schloß von ihr übernahm. «Wenn Ihr es für ein Fest, eine Hochzeit, einen Geburtstag haben möchtet, werden wir es Euch gerne überlassen.» Die Fürstin berichtet, sie habe den Eindruck gehabt, mit einem gebildeten Herrn von Stand zu sprechen: Cartier-Uhr, Ring, Goldrandbrille und — Handkuß.

Im Amtsgericht habe ich eine Unterredung mit einem Brigadiere der Carabinieri. «Verbrechen ist hier ein Gewerbe geworden», sagt er anklagend. («Bis vor einem Jahr gab es in Ottaviano fünf Carabinieri, jetzt haben wir zwölf.») Mit Schaudern höre ich zu, wie er mir die lange Reihe ungesühnt gebliebener Verbrechen herunterbetet, verübt von wechselnden Scharfschützen, die selten ihr Ziel verfehlen. Der rare Fall, daß ihnen einer entkommt, trat 1980 ein: Der Amtsrichter Antonio Morgini schoß als erster — und beeilte sich, nach Neapel überzusiedeln.

Das erste Mordopfer ist im September 1978 zu beklagen: der Rechtanwalt Pasquale Cappuccio, ein örtlicher Wortführer der Sozialisten, hatte in einem Verfahren gegen Cutolo, bei dem es um den Tod eines 17jährigen Jungen ging, die Sache des Zivilklägers vertreten und mit einem mutigen und kämpferischen Plädoyer den Zorn von Cutolo erregt; August 80: Ermordung von Pasquale Aliperta, Autohändler; Oktober 80: Ermordung von Francesco Fabbrocino (Mitglied der ehrenwerten Gesellschaft, 25 Jahre lang im Gefängnis); November 1980: Gewaltsamer Tod des kommunistischen Gemeinderats Domenico Beneventano; Wut und Trauer über die Ermordung des beliebten jungen Arztes finden Ausdruck in öffentlichen Protestkundgebungen; Januar 81: Ermordung von Antonio Bove. . . Im einzelnen führen die Polizeiberichte aus: «von Schüssen durchsiebt», «grausame Tötung», «Kugelhagel», «in einer Blutlache», «in einem See von Blut», «in einem Meer von Blut», «das Gesicht blutüberströmt», «Pistolenschüsse frontal ins Gesicht», «der Kopf fast vom Rumpf gelöst». («Innig geliebter Sohn / Dein Haupt bedeckt mit Wunden / erbarmungslos geschunden. . .» heißt es in der von den Einwohnern Ottavianos bei der Karfreitagsprozession mit tränenerstickter Stimme gesungenen Totenklage.) Im Mai 81 wird auf einen weiteren Gemeinderat der PCI ein Mordanschlag verübt. Raffaele La Pietra überlebt wie durch ein Wunder, trägt jedoch schwere Verletzungen an Gesicht und Hals davon.

Im Jahr davor war in einem Brunnenschacht die schon stark verweste Leiche der seit dem 13. Januar vermißten zehnjährigen Raffaela Esposito gefunden worden. Die Ermittlungen ergaben, daß das Mädchen mit dem Gürtel seines Mantels erdrosselt wurde. Einige Tage nach dem grausigen Fund wurde ein gewisser Giovanni Castiello unter Tatverdacht festgenommen, jedoch bald wieder aus der Haft entlassen, da man ihm nichts nachweisen konnte. Nicht lange darauf wird Castiello auf bestialische Weise umgebracht. Es folgt ein Bekenneranruf bei einer Zeitung; eine Stimme mit stark neapolitanischem Einschlag sagt: «Die Camorra hat den Mörder der kleinen Raffaela gerichtet. Man vergreift sich nicht an Kindern!» Dies bedeutet, daß die erfolgreiche Verbrecherorganisation eigene Straf- und Rachekommandos durchführt, um an ihren einstigen Ruf als «ehrenwerte Gesellschaft», Beschützerin der Schwachen und Garant eines Geetzes außerhalb der Gesetze wieder anzuknüpfen. Die kleine Raffaela hat Castiello zusammen mit seiner Geliebten im Auto gesehen. Beide sind verheiratet, das Mädchen eine unbequeme Zeugin. «Komm her, ich bringe dich heim!» — und tötet sie und wirft sie in den Brunnen.

Im Ottaviano von heute ist Mord an der Tagesordnung. Wer die Toten zählt, vergißt immer einige. Aber wie hier Name auf Name folgt, stellt sich langsam der Eindruck ein, daß Ottaviano ein Friedhof ist, auf dem geschossen wird. Nun, der Friedhof von Ottaviano lohnt einen Besuch. In ordentlichen Reihen die Grabmale der führenden Familien — eins sieht wie das andere aus —, dahinter oder dazwischen aber stehen Eisenkreuze, so eng gedrängt, daß man meinen könnte, die Toten seien aufrecht begraben worden.

Schüsse auf dem Friedhof, dies will man zunächst in den Bereich des schwarzen Humor verweisen. Nach Mailand zurückgekehrt, lese ich jedoch Anfang April in der Zeitung, daß Giovanni Boccia, Tötengräber von Ottaviano und Anhänger Cutolos, auf dem dortigen Friedhof erschossen wurde, als er gerade dabei war, ein Grab zu schaufeln. Die beiden Täter, die den 32jährigen Vater von vier kleinen Kindern mit fünf Pistolenschüssen niederstreckten, konnten unerkannt entkommen. Gerade in Ottaviano, wo sie ihn mehr als sonstwo brauchen, und Platz auf dem Friedhof dazu, erschießen sie den Totengräber, mag es einem durch den Kopf gehen. Dieser Fall erinnert einen meiner Freunde, den neapolitanischen Camorra-Experten Vito Faenza, an einen anderen, der sich 1973 in Villaricca, einem weiteren Zentrum des organisierten Verbrechens in der Umgebung von Giugliano, zutrug. Dort wurde der Friedhofswächter Armando Cacciapuoti ermordet, weil er beobachtet hatte, wie ein Anführer des Clans der Sizilianer — der damals einen Bandenkrieg mit dem Clan von Marseille ausfocht — heimlich begraben wurde.

Was hat das mit dem Totengräber von Ottaviano zu tun? Vito Faenza erklärt mir, daß Giovanni Boccia im Viale Regina Elena wohnte, hundert Meter von dem Ort entfernt, wo eine Woche zuvor in einem dunkelroten Fiat 128 die verstümmelte Leiche des Kriminalbeamten Semerari aufgefunden wurde. (Er wurde erwürgt, enthauptet und an den Füßen aufgehängt, um das Blut herauslaufen zu lassen.) Hatte Boccia irgend etwas beobachtet, etwas anderes verschwiegen, etwas Unvorsichtiges gesagt? Im traumatischen, von Haß und Zwietracht zwischen rivalisierenden Banden vergifteten Klima dieser Stadt ist alles möglich.

Das nächste Mordopfer ist Angelo Franzese, Kosmetikvertreter. Sein Körper von fünf Kugeln durchsiebt. Motiv bisher unbekannt.

Für kurze Zeit ist es still um Cutolo. Er ist ins Gefängnis von Asinara verlegt und offenbar unter strenge Bewachung gestellt worden. Doch Anfang August ist sein Name plötzlich wieder in aller Munde: Der Kassationshof bestätigt das für ihn vorteilhafte Gutachten auf «verminderte Zurechnungsfähigkeit». Die Sachverständigen diagnostizieren bei dem Auftraggeber Dutzender Morde und Kopf einer schlagkräftigen Verbrecherorganisation schlichtweg ein «paranoisches Syndrom».

Zumindest viermal haben sich zwischen 1974 und 1980 Gutachter mit dem Geisteszustand von Cutolo beschäftigt. (74/75 wurde er für völlig unzurechnungsfähig, 77 für geistig gesund, 79 für vermindert zurechnungsfähig erklärt.) Der jetzt vom Kassationshof bestätigte «Jagdschein» entspricht dem Gutachten von 79. «Von wegen verrückt», war der Kommentar von Antonio Ammaturo zu diesen Vorgängen, «Cutolo ist höchstens ein Gangster, der Verbindungen bis in den Bereich der hohen Politik hat.» (Ammaturo war Leiter des Mobilen Einsatzkommandos Neapel und verantwortlich für die erwähnte Razzia im Hause Cutolos, durch die im September 81 ein Treffen der Führer der *Nuova Camorra Organizzata* gesprengt wurde. Am 15. Juli 82 wurde er durch politisch-camorristische Terroristen ermordet.)

«In diesem Fall ist vieles merkwürdig», so die Meinung des Carabinieri-Offiziers zu dem Richterspruch. «Kaum erwähnt Cutolo Briefe von Politikern, schon springt für ihn eine Art Freispruch heraus.» Sergio Piro, Leiter der psychiatrischen Klinik von Neapel, spricht von einer «Verirrung im internationalen Strafrecht». Gegen Ende des Jahres erscheint dann noch zweimal ein ganzer Pulk von Psychiatern im Gefängnis von Asinara, um neue Gutachten über Cutolo zu erstellen. Der widmet sich derweil der Dichtkunst.

Im September bin ich wieder in Neapel (diesmal, um Informationen über den Totenkult in den «terre-sante» zu sammeln) und bekomme Lust, Ottaviano wiederzusehen, denke einmal nicht an den Ort als Camorra-Zentrum, sondern erinnere mich des starken Eindrucks, den der Vesuv auf mich gemacht hat: graue Felshänge, grünes Gesträuch, hier und da ein Ginsterbusch, schwarzer Sand. Vielleicht liegt der Vesuv heute nicht in Wolken.

Auf meinem Weg durch den Ort fällt mir das Clubhaus des «Circolo Unione Scudieri» auf; hier treffen sich die Männer von Ottaviano. Auf dem Bürgersteig eine Anzahl Stühle, ein Sonnenschutzdach spendet Schatten. Und oben am Haus, in einem Fenster, entdecke ich ein schwarzes Plakat mit der Aufschrift «MSI, Sezione Ettore Muti». Ein Ortsverein der Neofaschisten also. Abends wird hier gespielt, hauptsächlich Bakkarat.

Sicherlich ist der Vesuvweg nicht bequem, dafür wird die Vulkanwanderung zu einem Erlebnis. Hier und da bricht man einen kleinen Ast von einem duftenden Strauch, sammelt ein paar Stückchen glänzende Lava. Don Salvatore La Marca will den Vesuv um jeden Preis touristisch erschließen, Straßen und Wanderstrecken verschiedener Schwierigkeitsgrade anlegen lassen. Seiner Meinung nach ist der Vesuv die einzige Einnahmequelle, die sich für Ottaviano bietet.

In der Osteria, wo ich frühstücke, spricht man von Cutolo wie über einen unschuldig Verfolgten, einen, der — Gefängnis hin, Gefängnis her — doch die Oberhand gewinnen wird. Diese Äußerungen noch im Ohr, ein letzter Blick auf den Vulkan, der Tod und Verderben bringen kann: zum zweiten Mal verlasse ich Ottaviano.

Keine Woche später: Nicht der Vesuv hat neuen Tod und neues Verbrechen gebracht. In Nola töten drei junge Männer mit vierzig Pistolen- und MG-Schüssen einen Vetter von Cutolo. Nicola Cutolo, ein Vater von neun Kindern, der nie mit dem Gesetz in Konflikt gekommen war, betrieb eine Autoverschrottung; ein wohlhabender Mann, der einige Appartements besaß. Wegen seiner Verwandtschaft mit dem Camorra-Boss hatte er als «unantastbar» gegolten. Nie zuvor war auf einen noch so entfernten Verwandten von Cutolo ein Anschlag verübt worden.

Einen Fall wie diesen bezeichnen die Leute hier als «vendetta trasversale», d. h. man vermutet, daß die Feinde von Cutolo einen seiner Verwandten ermordet haben, weil sie an das Oberhaupt des Familien-Clans selber nicht herankamen. War dies also ein Racheakt, so folgte kurz darauf ein direkter Anschlag, als dessen Urheber allgemein der ach so ferne, ach so gut bewachte Cutolo betrachtet wird. So mächtig, daß er seine Getreuen ein Blutbad anrichten lassen kann, ist er jedenfalls noch. In Poggiomarino (eine der größerern Vesuv-Gemeinden) halten drei Autos vor einer Café-Bar; ein Dutzend Camorristen, bewaffnet mit Jagdgewehren, Pistolen und MGs, stürmen das Café, in dem sich etwa zehn Personen aufhalten, schreien «Wir bringen alle um!» und beginnen, wie wild um sich zu schießen. Zwei Rentner werden getötet, die anderen Gäste kommen mit dem Leben davon, weil sie sich zu Boden werfen. Bei ihrem Rückzug feuern die Killer wie wahnsinnig weiter aus ihren Autos, schließlich geraten gar in der Nähe der Bar spielende Kinder ins Schußfeld. Einige Vorbestrafte unter den zurückbleibenden Verwundeten lassen sich nicht ins Krankenhaus bringen, sondern lieber von einem Arzt «ihres Vertrauens» behandeln oder sogar operieren. (In der Gegend von Poggiomarino geschieht alle fünf Tage ein Mord.)

«Wir sind die neue Spezial-Camorra. Wir stehen an der Seite der *Nuova Camorra Organizzata*», heißt es in einem Aufruf der Zeitung «Il Mattino». Und weiter: Das Schwein Galasso ist noch einmal davongekommen. Aber einen seiner Freunde hat es erwischt. Wir werden alle umbringen, die etwas damit zu tun haben.»

Aus dieser Erklärung läßt sich schließen, daß der Terroranschlag auf das Café als Racheakt der Cutolo-Bande für den Mord an Nicola Cutolo verstanden werden muß. Der erwähnte Pasquale Galasso — 26 Jahre, zwei Morde, Waffenhandel, Hehlerei und Urkundenfälschung — ist einer der Anführer der mit Cutolo verfeindeten Gang. Ein Bruder Galassos wurde ein Jahr zuvor in Poggiomarino ermordet, als er gerade sein Geschäft öffnen wollte. Die Familie hat sich deshalb in eine Villa am Ortsrand zurückgezogen, eine Art Bunker, eine Festung, die man so selten wie möglich verläßt.

Ebenfalls als «vendetta trasversale» kann der Mordanschlag gelten, dessen Opfer einen Monat später der 44jährige Francesco Giugliano wird. Von Beruf Zivilverteidiger, amtierte er als sozialistischer Bürgermeister von S. Gennaro Vesuviano, ein wenige Kilometer von Ottaviano entfernt gelegener Ort und eine der beiden Vesuv-Gemeinden, in denen eine Koalition aus Sozialisten und Kommunisten die Mehrheit hat. Der Bürgermeister hatte eine nahe Verwandte von Mario Fabbrocino zur Schwägerin; dieser wiederum ist ein wichtiger Mann der mit Cutolo verfeindeten *Nuova Famiglia*.

Salvatore La Marca, der Kämpfer für die touristische Erschließung des Vesuvs, erhält im April 82 die Information, daß die Carabinieri-Einheit «Napoli 2» ein Dossier über ihn, die flüchtige Rosetta Cutolo und weitere zehn Personen, die Verbindungen zur Camorra verdächtigt werden, zusammengestellt hat und er als «Gefahr für die öffentliche Sicherheit» unter Polizeiaufsicht gestellt werden könnte.

Das Dossier der Carabinieri wird dem Richter zugeleitet.

Die einige Monate zuvor bei der Gemeinde beschlagnahmten Akten geben Anlaß zu weiteren Nachforschungen. Der Richter hat die Ermittlungen noch nicht angeordnet, als ihn schon ein Freund von La Marca anruft und fragt, welche Konsistenz dieses Dossier denn habe.

Wurde dem Richter das Dossier von den Carabinieri zugeleitet, damit er die notwendigen Schritte zur Fortführung der Untersuchung unternehmen könnte, so werden die angeordneten Nachforschungen inzwischen von den Carabinieri verschleppt: schließlich ist das Verfahren blockiert. Der Richter erhält Morddrohungen und umgibt sich mit einer Leibwache. Als auch die Kinder bedroht werden, entscheidet er sich (wie schon La Pietra und Morgigni vor ihm), Neapel zu verlassen und sich und seine Familie in Norditalien in Sicherheit zu bringen.

«Was ist das für ein Leben? Für uns Junge gibt es nur zwei Möglichkeiten: entweder man läßt sich von einer Verbrecherbande anwerben, oder man schließt sich ins Haus ein. Dabei wollen wir nur in Ruhe leben und arbeiten.» Diese deprimierende Lagebeschreibung stammt von einem jungen Teilnehmer einer Anti-Camorra-Demonstration von Mitte November 82, die Don Antonio Ribaldi, Bischof von Acerra, initiiert hat und zu der 2000 Arbeiter und Studenten aus dem Nolano und den Vesuv-Gemeinden gekommen sind. In seiner Ansprache sagte der Bischof: «Wir dürfen nicht zulassen, daß Acerra und Ottaviano, daß ganz Kampanien ein großer Friedhof von lebendig Begrabenen wird. Die Camorra ist die Kultur des Todes.» Die Einwohner von Ottaviano waren auf der Straße — still und abseits: zu groß ist noch die Angst, sich öffentlich im Kampf gegen das organisierte Verbrechen zu engagieren.

# DIE STADT, IN DER BLINDE AUTO FAHREN

*Avellino, Hauptstadt der Invaliden*

Diesmal bin ich nur auf der Durchreise in Neapel. Als ich mir gerade an einem Kiosk ein paar Zeitungen kaufen will, spricht mich ein junger Mann an (große und kräftige Statur, dunkelroter Pullover mit hohem Kragen): Ob ich Camilla Cederna sei? «Ja», sage ich, «und wer sind Sie?» Es stellt sich heraus, daß wir uns noch nie begegnet sind, er mich aber aus Zeitung und Fernsehen kennt. Es entwickelt sich eine fast bohemienhafte Unterhaltung: «Was machen sie so?» — «Dichten.» Er begleitet mich zum Hotel, erzählt mir, daß er gerade im Castel dell' Ovo an einem Seminar über italienische Literatur teilgenommen hat, daß er Guido Cuturi heißt und mit Vorliebe Epigramme verfaßt, zieht dann ein schmales Bändchen aus der Tasche und schenkt es mir: *Mala tempora*. Ich schlage es irgendwo auf und stoße auf das Epigramm «invalidità sospetta»: «L'invalido civile/in rapporto al suo male/deve essere davvero/un uomo eccezionale/perché malgrado soffra/deficienza motoria/scavalca numerose/persone in graduatoria.» («Behinderungsverdacht. Behinderung/ist oft die Kraft/die aus Leid/Leistung schafft/denn wer auf Krücken vorwärtsdrängt/hat schon manchen abgehängt.») Das sitzt. Aber woher weiß mein neuer Bekannter bloß, daß ich gerade aus Avellino zurückkomme?

Die Worte, die einem in der Stadt und Provinz Avellino am häufigsten zu Ohren kommen, sind: Unterstützung, Vermittlung, Beziehungen, Empfehlungen, Gruppenbelange und (besonders oft) Arbeitsinvalidität, Erwerbsunfähigkeit. Um in der Versorgungs-Metropole Avellino oder der dazugehörigen Provinz eine Angelegenheit voranzutreiben, bedarf es nämlich immer eines wohlgesinnten Fürsprechers, der sich der Sache annimmt. Gewöhnlich findet man diesen Vermittler, wenn man in der nächsten Umgebung der jeweiligen christdemokratischen Lokalgröße nach dem Mann sucht, der über die Masse der Wählerstimmen gebieten kann und dem dafür ein bestimmtes jährliches Kontingent von Posten und Vergünstigungen zur Vergabe überlassen wird.

Und welche Rolle spielt eine verminderte Erwerbsfähigkeit dabei? Wieso kann der athletische Poet behaupten, der Gehbehinderte laufe dem Gesunden den Rang ab? Gemeint ist die außerordentlich hohe Zahl von jungen Leuten, auch Akademiker darunter, die es für aussichtslos halten, einen Arbeitsplatz zu finden, und sich über ihre Anerkennung als Behinderte einen zu verschaffen suchen. Der Arzt, der Gefälligkeitsgutachten schreibt, ist dabei nicht unbedingt als Komplize zu betrachten. («Wenn ich es nicht tue, bekommt er keine Arbeit.») Bescheinigt wird irgendein Gebrechen, ein bestimmter Grad von Taubheit, ein zu niedriger oder zu hoher Blutdruck, eine spezielle Allergie oder eine Sehbehinderung (es gibt Leute, die gleichzeitig einen Blindenausweis und einen Führerschein besitzen). Man kann sagen, daß etwa 50 % der Bevölkerung der Provinz Avellino aus Invaliden besteht, darunter auch etliche im Alter zwischen zwanzig und dreißig. Vermindert erwerbsfähig zu sein, erleichtert es nämlich, (selbst bei Fehlen eines medizinischen Nachweises), eine Anstellung zu finden, wenn man sich an denjenigen wendet, der an der Schaltstelle sitzt, wo Anspruch und Recht abzuwägen sind. Mit christdemokratischer Hilfe gelingt es dem 'Invaliden', das langwierige Verfahren der öffentlichen Stellenausschreibung zu umgehen und bei Einstellungen bevorzugt behandelt zu werden — und hat er erst einmal die Stelle, wird sich auch eine Möglichkeit ergeben, Karriere zu machen und die anderen «abzuhängen». Für sein Vorwärtskommen legt dann der mächtige Lokalpolitiker weiter oben ein gutes Wort ein.

Entwickelt haben das Versorgungsdenken die Linken an der Basis, aus der klaren Erkenntnis, daß, wer mit der einen Hand Posten, Renten und Anspruchsnachweise austeilt und das Meer der Stellensuchenden tröpfchenweise verkleinert, mit der anderen Hand Wählerstimmen einsammeln kann. Bestimmend für das Einkommen in der Stadt und Provinz Avellino sind Sozialleistungen aller Art, wichtigste Einkommensquelle ist die nationale Sozialversicherungsanstalt I.N.P.S., die hier mehr Rentenansprüche zu erfüllen hat als in der gesamten Lombardei. (100000 Unterstützungs- und Rentenempfänger bei einer Bevölkerung von 440000.)

Gesellschaftlich, politisch und wirtschaftlich getragen wird die christdemokratische Filzokratie von (in jeder Bedeutung des Wortes) konservativen Bevölkerungsgruppen. Beschäftigte im Öffentlichen Dienst, mittlere Angestellte und Beamte, Ärzte, Rechtsanwälte, Ingenieure, Landwirte gehören dazu. Der große Polyp der christdemokratischen Macht vergibt Pöstchen, Aufträge, Kommmissionsgeschäfte, Pfründen: auf 40000 Leute stützt sich das parasitäre System. Entweder mit ihnen oder gar nicht. Und Hilfe fließt aus unzähligen Quellen.

Nehmen wir das typische Beispiel einer Bauernfamilie im Innern der Provinz. Der Altbauer und seine Frau sind Bezieher niedriger Renten. Für das Getreide und die Oliven, die sie auf ihrem kleinen Stück Land anbauen, erhalten sie Subventionen von der EG. Ihr Sohn, der mit seiner Frau bei ihnen wohnt, arbeitet als Hilfskraft in der Landwirtschaft und auf dem Bau. Als Landarbeiter erhält er in den Ausfallzeiten eine Unterstützung, außerdem bekommt er Kindergeld und seine Sozialabgaben werden bezahlt. Nebenher arbeitet er schwarz auf dem Bau. Wenn wir uns als weiteres Familienmitglied den Bezieher einer Erwerbsunfähigenrente vorstellen, wird klar, daß alle zusammen ihr gutes Auskommen haben und noch

Geld für Investitionen übrigbleibt. Denn dies ist ein italienisches Paradox: Die siebziger Jahre waren gekennzeichnet durch Landflucht, Emigration bzw. massive Abwanderung aus dem landwirtschaftlichen in den Dienstleistungssektor — die Bauern in der Provinz Avellino aber kaufen moderne Anlagen und Traktoren, Motorpflüge und Zuchtkühe.

Der Kopf des Polypen leuchtet, weil er blank und glatt ist. Es ist der Kopf des DC-Chefs Ciriaco De Mita, auch «San Ciriaco» genannt, gebürtig aus Nusco, das er seinerseits «Nabel der Welt» oder «Hauptstadt Italiens» nennt. In und um Avellino ist die christdemokratische Partei zu gut zwei Dritteln fest in seiner Hand. Er gebietet über die lokalen Funktionsträger, verschiedene Körperschaften und die Mehrheit der Parteimitglieder und kontrolliert die Verteilung einer Reihe von Geldern an Randgebiete. Von Anfang an war es sehr wahrscheinlich, daß er zum Generalsekretär der Christdemokraten avancieren würde; er hat es ohne Schwierigkeiten geschafft und deshalb eine ausgesprochen hohe Meinung von sich.

Ein moderner Christdemokrat, ein echter Laizist, sagen die, die ihn nicht mögen, aber bewundern. Seine Strategie ist die der Spaltung des Landes in zwei Teile. Der Süden steht gegen den Norden, weil der Norden mehr nimmt als er gibt. De Mita zufolge sind die norditalienische Arbeiterklasse und die «Cassa integrazione» (staatliche Einrichtung zur Ausgleichszahlung bei Kurzarbeit) die wahren Feinde des Südens. Er tut so, als sei die hohe Zahl der Versorgungsempfänger ein vorübergehendes Phänomen, organisiert gleichzeitig durch gezielte Pressionen Postenverteilung, Einstellungen und Versetzungen und schafft sich damit eine breite Machtbasis. Er behauptet, an die Ideen von Guido Dorso, der nach dem Krieg die Resistenza-Sammelpartei *Partito d'Azione* gründetet, anzuknüpfen, und verspricht der Irpinia (Provinz Avellino) eine moderne Führungsschicht, nämlich «hundert Männer aus Stahl».

Andere sagen, er sei kein echter Laizist, sondern geradezu «ein echter Atheist», bei dem sich allerdings einige Merkmale des Katholiken erhalten hätten. Etwa ein pessimistisch-düsteres Menschenbild, das sich bei ihm zu Zynismus ausgewachsen habe. Des weiteren der Hang zur «differenzierten» Sicht. (Ein häufig wiederkehrender Satz in seinen Reden lautet: «Das ist falsch und richtig zugleich.» Das heißt, er sucht in einer homogenen Wirklichkeit nach Aspekten und Nuancen, die nicht existieren, ihm aber dienen können, die Richtigkeit seiner Auffassung zu stützen. Letztlich nichts weiter als ein simpler Interessenausgleich.)

Außer darauf, daß er im Alter von vier Jahren Lesen und Schreiben gelernt hat, verweist De Mita auch gerne auf sein glänzend absolviertes Jura-Studium an der «Cattolica» (Katholische Universität). Akademischen Lorbeer erntete dort auch sein Freund und Landsmann Gerardo Bianco (gebürtig aus Guardia dei Lombardi), heute Fraktionsvorsitzender der Christdemokraten im Abgeordnetenhaus und Konkurrent De Mitas in der Irpinia. Bianco, der als Mann der Wählerschaft und nicht des Apparates gilt, verkörpert das integralistische und klerikalistische Moment der christdemokratischen Ideologie. Dieser Politiker, der in seiner ganzen Art etwas von einem Pfarrer hat, steht an der Spitze derer, die die «Correnti» (Parteiflügel) innerhalb der DC auflösen wollen. Über den Strömungen möchte Bianco stehen, hält aber enge Verbindungen zum christlichen Gewerkschaftsbund (Cisl) und dem Bauernverband (Coldiretti). Die Konkurrenz zu De Mita hat ihren Grund darin, daß sich Bianco ab und an der Eindruck aufdrängen mag, daß er nichts mehr zu bestellen hat, weil De Mita ihn einfach überall verdrängt. Während De Mita sich um eine Sprache bemüht, die seinen Anspruch als progressiver Macher nicht Lügen straft, sind für die Reden von Bianco scharfe antikommunistische und klerikale Töne kennzeichnend. Insgesamt ist Bianco ein von starkem Moralismus beseelter, rechter Integrationspolitiker. Er bewahrt jenes konservative, an Familie und Kirche orientierte Verständnis von der christdemokratischen Partei, das man als «Veneto-Modell» bezeichnet; die privaten Laster zählen nicht, solange es öffentliche Tugenden gibt. De Mita dagegen ist ein linker Integrationspolitiker und sieht nur zu, das Wohl seiner Wähler zu mehren und ihre Bedürfnisse zu befriedigen.

Verständlich, daß die beiden und ihre Anhänger sich aneinander reiben und sich ständig in Guerillakämpfe verstricken. Aber das sind interne Scharmützel, die der DC letztlich nur nutzen. Allerdings nämlich lassen diese Auseinandersetzungen erkennen, daß Antagonismen wie Regierung/Opposition oder System/Anti-System *innerhalb* des christdemokratischen Blocks aufeinanderstoßen, wodurch die Chancen für einen Machtwechsel quasi auf Null sinken.

Wer gehört nun zum Kreis der Mächtigen in und um Avellino? Wer sind die Lehnsmänner, die für ihr Treueversprechen mit Gütern belohnt worden sind? Wer sind die «Männer aus Stahl»? In der prächtigen *Sala dei Baroni* des *Maschio Angioino* in Neapel tagt der Regionalrat, um den Rücktritt von Ciro Cirillo zu beraten. Man macht mich mit einem mächtigen Mann bekannt, der aber nicht aussieht, als ob er aus Stahl wäre. Später wird mir klar, daß er zu den Gegnern von De Mita gehört.

Es ist der Rechtsanwalt Lorenzo De Vitto, vom Aussehen her ein typischer Süditaliener, untersetzt und rotgesichtig. Er ist Mitglied des Regionalrates von Kampanien, ein unterer Vasall, der über persönliche Beziehungen und kleine Gefälligkeiten sein Schäfchen ins Trockene gebracht hat und dem, was Kungelei angeht, keiner etwas vormachen kann. Ende der sechziger Jahre hat er das Krankenhaus von Avellino geleitet, und diese Polition nutzte er als Sprungbrett. Seine Verdienste um das Gesundheitswesen sind zwar gering, dafür hat er vielen eine Stelle in der Krankenpflege verschafft. Trotz all des Personals wurde ein armer alter Mann einen Monat lang in der Leichenhalle vergessen. Verwandte, die ihn vermißten und sich nach ihm erkundigten, wurden damit beschieden, daß man ihn entlassen und niemand ihn gesehen habe. Als die

Situation mehr und mehr pirandellohafte Züge annahm, fand ein etwas aufmerksamerer Angestellter schließlich die Leiche des alten Mannes, schon im Zustand der Verwesung.

Die Förderung des Tourismus in Kampanien bestimmt sich nach einer Zuordnung zu bestimmten Zonen, die der Regionalausschuß vornimmt (zur Zone A gehören Gebiete mit sehr guten, zur Zone B solche mit befriedigenden und zur Zone C Orte mit wenig Voraussetzungen für die Entwicklung des Fremdenverkehrs). De Vitto nun gelang es, den Regionalrat für eineinhalb Stunden mit einem Streit um die Einordnung von Capo Sele zu beschäftigen. Grund: Die Mönche des dortigen Klosters Materdomini sind von entscheidender Bedeutung für den Ausgang von Wahlen. Capo Sele — wo es außer den Mönchen wirklich nichts zu sehen gibt — wurde schließlich aus der C- in die B-Kategorie gehievt und erhält damit eine Förderung von 100 Millionen Lire. Augenblicklich bemüht sich De Vitto darum, Leiter der psychiatrischen Abteilung des (vom Erdbeben zerstörten) Hospitals seines Geburtsorts Sant' Angelo dei Lombardi zu werden. Die Aufsicht über eine geringe Zahl von Betten ist dabei weniger reizvoll als das Prestige und die Einstellungsmöglichkeiten, die der Posten mit sich bringt.

Hoch droben wölbt sich die Oktogen-Decke mit den Wahlsprüchen des Hauses Aragon, neben mir sitzt Lorenzo De Vitto. Innerhalb der christdemodratischen Partei gehört er zu dem von Forlani und Fanfani angeführten Flügel «Nuove cronache». Mitglied des Regionalrats ist er nun schon in der dritten Legislaturperiode. Und sein Stimmenanteil ist ständig gewachsen. Bei den letzten Wahlen war er mit 26 000 Präferenzen der erfolgreichste Kandidat auf der Liste, während Mario Sena (der Kandidat von De Mita) in der gesamten Provinz Avellino nur 21 000 zusammenbekommen hat. Doch nur bei minder wichtigen Anlässen erlauben sich die Leute, den Pfarrer (De Vitto) vor den Bischof (De Mita) zu setzen. Bei den entscheidenden Wahlen erringt ihr Vater und Herr De Mita immer einen haushohen Sieg.

De Vitto zufolge ist Fanfani ein (allerdings offensiver) Mann des Ausgleichs, während Forlani der Richtige für den Parteivorsitz gewesen wäre. De Mita ganz gewiß nicht, nein, nein. De Vitto ist ein guter Katholik und geht einmal im Jahr zur Kommunion. In seinem Geburtsort Sant' Angelo dei Lombardi hat das Erdbeben 450 Tote gefordert, darunter waren ein Schwager und drei Vettern von ihm. «Ich kann Ihnen gar nicht sagen, wieviele Wähler ich verloren habe!» fügt er mit wehmütig-naivem Lächeln hinzu.

Und jetzt kommen wir zu den wirklichen Gefolgsleuten, den Vasallen von De Mita, zu denen, die allen alles versprechen.

Einer der wichtigsten in der Alta Irpinia ist Salverino De Vito, Senator, Bürgermeister von Bisaccia und erfolgloser Bewerber um den Fraktionsvorsitz der Christdemokraten. Wenn Bisaccia vom Erdrutsch bedroht ist, kauft er zweihundert Wohn-Container, und das Dorf leert sich zur Hälfte.

Ein mächtiger Mann ist auch der Rechtsanwalt Nicola Mancino, Senator des Wahlkreises Avellino, christdemokratischer Fraktionsvorsitzender im Stadtrat, ein echter Lokalgewaltiger, der alles und jedes entscheidet, insbesondere, wenn es um Stellenvergabe geht. Früher war er Direktor der «Casa mutua artigiana» (Gewerbekreditbank) und hat sich aus dieser Position heraus ein dichtes Netz von Treue- und Abhängigkeitsverhältnissen geschaffen.

Dann ist da noch der Abgeordnete Giuseppe Gargani, Staatssekretär im Justizministerium. Als er an der Spitze der Provinzialverwaltung stand, trieb er eine so skrupellose Günstlingswirtschaft (1971, kaum im Amt, verfügte er schon 120 Neueinstellungen), daß man ihn alsbald ins Parlament wählte.

Nicht weniger wichtig sind Alfonso Tanga (Senator des Wahlkreises Benevento-Ariano), Ortensio Zecchino (Europa-Abgeordneter) und Ernesto Valentino (Direktior der «Banca Popolare d'Irpinia»). Über die Kreditvergabe kann der «Volksbank»-Direktor Tausenden von Privatleuten sowie mittleren und kleinen Unternehmen Gutes tun. Bevor er Christdemokrat wurde, war er Kommunist. Heute sonnt sich De Mita auf seiner Yacht. Und der läßt klar verstehen, daß christdemokratische Partei und «Banca Popolare» ein und dasselbe sind. «Es mag keine Führungsschicht sein, mit der man sonstwo Staat machen kann (die Abgeordneten Bianco und Gargani, die Senatoren De Vito und Mancino. . .)», bemerkte De Mita letztens in einem Interview, «aber es sind die besten Leute, die wir in der DC haben.»

Alles Heilige, die man um die Gnade anrufen kann, einen Posten zu bekommen oder bei Ausschreibungsverfahren andere zu überrunden. Man wende sich in Nusco an San Ciriaco, in Guardia dei Lombardi an San Gerardo, in Avellino an San Nicola, in Ariano Irpino an Sant'Ortensio oder an einen aus der Schar der Seligen im Regionalrat. Der Dank für die Gnadenerweise läßt nicht auf sich warten; die Gläubigen erfüllen ihr Votum, will sagen, sie geben es bei den Wahlen ab. Wenn De Mita kommt (und das war schon vor seiner Wahl zum DC-Generalsekretär so), muß er täglich mit ein- bis zweihundert Menschen sprechen, die ihm um eine Unterredung gebeten haben. Liebenswürdig lächelnd empfängt er sie zu Hause oder im Parteibüro, hört ihnen zu, macht sich Notizen. Mehr oder minder arrivierte Leute nennen ihn beim Vornamen. «Ich war bei Ciriaco. Weißt du, daß Ciriaco mich duzt? Wir haben zusammen Kaffee getrunken.» Das sind all jene, die die Macht anfassen wollen. Davon abgesehen: De Mitas Gegner behaupten, er sei geradezu unvorstellbar faul.

In Avellino aber, wo er von buckelnden Höflingen umgeben ist, interessiert er sich für alles: für Genehmigungen, Erwerbsunfähigkeit, die Versetzung eines wehrpflichtigen Sohns an einen anderen Standort. Kurz gesagt, hier wird das Leben jedes einzelnen Bürgers — von der Wiege bis zu Bahre — von den Christdemokraten organisiert. Da ist zum Beispiel ein Staatsbediensteteter, der einen Kleinkredit braucht und auch die Zusage hatte, ihn nach Ablauf eines Monats zu bekommen. Nach einem Vierteljahr ist das Geld immer noch nicht da. Also geht er zu einem einflußreichen Christdemokraten: «Hier bitte, schauen Sie sich diese Wechsel an!» Eine Woche später hat er seinen Kredit.

Da ist etwa eine berufstätige Mutter mit einem kleinen Kind, für das sie einen Krippenplatz beantragt. (Nebenbei bemerkt: In Avellino gibt es bei 60000 Einwohnern nur eine Kinderkrippe, die zudem noch ungewöhnlich teuer ist.) Die Frau wartet auf Antwort, eine Woche, einen Monat, bekommt dann gesagt, daß es keine freien Plätze gebe. Da bleibt nur, sich an einen Christdemokraten in der Verwaltung zu wenden. Zwei Tage später ist das Kind untergebracht.

Um ins Krankenhaus aufgenommen zu werden, mußte man früher jemanden aus dem Verwaltungsrat kennen. Nach der Reform des Krankenhauses genügt es, wenn man jemanden aus dem Leitungsgremium kennt. Wenn man ins Krankenhaus kommt und niemanden aus den oberen Etagen kennt, kann es passieren, daß man wochenlang ohne medizinische oder sonstige Betreuung bleibt. (Einer der ersten Krankenhausskandale ereignete sich vor einigen Jahren in Avellino. Ein Chefarzt der Chirurgie und eine Urologie-Assistenz wurden verurteilt, weil sie Patienten erpreßten. Nur gegen vorherige Bezahlung wollten sie operieren. Der Fall kam vor Gericht, die beiden wanderten ins Gefängnis.)

Ein Familienangehöriger stirbt. Und wohin mit der Leiche? Grabnischen sind nämlich äußerst knapp. Seit geraumer Zeit sollte durch einen entsprechenden Neubau auf dem Friedhof Abhilfe geschaffen werden, aber die Arbeiten kommen nie voran. So hilft auch in diesem traurigen Fall nur der Gang zu einem Christdemokraten, der im Stadtrat oder in der Verwaltung sitzt.

Auf den Ämtern der Provinz Avellino herrscht das reine Chaos, es funktioniert eigentlich nichts. Und daß dies so ist, ergibt sich notwendig aus der Günstlingswirtschaft. (Der Abgeordnete ruft den Angestellten, dem er diese Stelle verschafft hat, an und bittet ihn, einem seiner Schützlinge weiterzuhelfen. So hat der Angestellte endlich etwas zu tun. Oft nämlich werden für einen Aufgabenbereich, den fünfzig Leute bewältigen könnten, einhundertfünfzig eingestellt. Natürlich gibt es viele Leute, die arbeiten wollen, aber die absurde Protektion macht auch Nichtstun möglich.) Der Bürger aber ist in die paradoxe Lage gebracht, sich immer unterirdischer Kanäle bedienen zu müssen. Fazit: Der Bürger von Avellino ist kein freier Bürger, weil er alle Grundprobleme des Daseins (familiäre Schwierigkeiten inbegriffen) nur über die Vermittlung der Christdemokraten bewältigen kann.

«Der Bürger ist nicht frei und daher gedemütigt», so formuliert es Luigi Anzalone, ein junger Kommunist und Philosophielehrer am naturwissenschaftlichen Gymnasium von Avellino. «Die Gesetze sollten seine Rechte sichern und tun es in keiner Weise. Nicht nur, weil es Gesetzeslücken gibt, sondern insbesondere deshalb, weil die Gesetze lediglich dazu benutzt werden, über Filzokratie, Rechtsbeugung und klaren Rechtsbruch den Tarnmantel der Legalität zu breiten. Wir haben keinen Rechtsstaat, sondern eine Parodie des Rechtsstaats, den Anti-Staat.»

Eine Frage drängt sich auf: Wie kommt es dann, daß die Bewohner der Irpinia, die als Staatsbürger in ihren Rechten mißachtet und in ihrer Würde gedemütigt werden, in ihrer übergroßen Mehrheit die Christdemokraten wählen und mit diesem System mehr als zufrieden scheinen?

Antwort: «Weil in einer Gesellschaft, der die geschichtliche Erfahrung eines Staates, der die Rechte der Bürger respektiert, fehlt, die nur einen feindlichen Staat kennt, der von den Bürgern Abgaben verlangt, dieser paternalistische Anti-Staat, der dem Bürger wie eine Gunst gewährt, was ihm von Rechts wegen zusteht, ihn in gewisser Hinsicht belohnt und privilegiert, in dem Sinne, daß er nicht nur das verlangen kann, worauf er einen gesetzlichen Anspruch hat, sondern auch das, worauf er von Rechts wegen keinerlei Anspruch hat. Dieses Privileg (und der dazugehörige Wohlstand) lassen den einzelnen Bürger seine Erniedrigung vergessen; er fühlt sich mächtiger als sein Mitbürger.» Eine letzte Bemerkung: «All dies richtet natürlich Schaden an. Der Dienstleistungssektor einer solchen Gesellschaft ist aufgebläht und leistungsschwach. Zu normalen Zeiten mag er noch ausreichend funktionieren, in Notlagen ist es, als ob es ihn gar nicht gäbe. Ein Beispiel? Bei der Erdbebenkatastrophe erhielten wir Hilfsgüter und Unterstützung aus ganz Italien — nur von der Provinz Avellino kam nichts. Weshalb? Weil man den Schlüssel zu der Garage, in der die Transportfahrzeuge standen, nicht finden konnte.»

Mehr als gereizt jedoch reagiert die mächtige und wohltätige DC, wenn sich jemand gegen sie stellt. Ein Berichterstatter, der sich offene Kritik an der von den Christdemokraten zu verantwortenden Erdbebenhilfe erlaubt, wird mit Klagen überzogen. Und die wenigen bürgerlichen Intellektuellen, die Gegner der Mehrheitspartei sind, finden keine Anstellung, haben keinen Erfolg bei Stellenausschreibungen, machen keine Karriere, erhalten keine Aufträge, mögen sie nun Lehrer, Ärzte oder Ingenieure sein.

Ein Fall für sich ist der Bürgermeister von Avellino. Der einzigartige Mann heißt Antonio Matarazzo und ist, selbstverständlich, Christdemokrat. Sein Bruder Vincenzo, einer der größten Bauunternehmer der Stadt, war vor einigen Jahren auf den Gedanken verfallen, sein Geld in den Bau eines großen Altersheims zu stecken. Wie die Bauarbeiten sich dem Ende nähern, wird ihm plötzlich das Risiko des Unternehmens klar: Woher all die Alten und Pflegebedürftigen nehmen, um das Haus zu füllen? Der Bau hat immense Kosten verursacht. Wie gerufen kommt da — das Erdbeben. Die Kommune kauft das Altersheim, um 120 Wohnungen für Erdbebenopfer darin einzurichten (und Vincenzo kauft sich eine Yacht).

Vor diesen Ereignissen war Antonio Matarazzo durch Gerichtsbeschluß seines Amtes als Gemeinderat verlustig gegangen und die Wählbarkeit in den Magistrat aberkannt worden. Das Urteil, das dem Antrag der Beschwerdeführer folgte, wurde damit begründet, daß die Funktion Matarazzos als Präsident der «Ente trasporti» (ein von der Kommune Avellino und den Nachbargemeinden getragener Verkehrsverbund) inkompatibel mit dem Amt des Gemeinderats sei. In der Tat wäre er in der einen Funktion Kontrollierter, in der anderen Kontrollierender. Daß in diesem Fall nicht nur juristisch, sondern auch politisch-moralich gesehen eine Inkompatibilität vorlag, bedarf keiner weiteren Erläuterung. Das Urteil ist kaum einige Wochen alt, als der Bürgermeister von Avellino zurücktritt. Was tun die Christdemokraten? Sie wählen Antonio Matarazzo zum Bürgermeister. Ein weiteres Beispiel für die Unverfrorenheit, mit der die übermächtige DC das Recht beugt.

Damit nicht genug. Antonio Matarazzo leitet einen privaten Polizeidienst, der zur Überwachung von Läden und öffentlichen Gebäuden eingesetzt wird. Auch dieses Geschäft betreibt Matarazzo auf die ihm eigene Art. Da er als Bürgermeister Arbeitgeber des Überwachungsdienstes ist, gleichzeitig aber bei diesem angestellt, kann er sich selbst mit Arbeit versorgen. Eines ist Matarazzo gewiß nicht, ein «Mann des Wortes». Mit bitterem Lächeln wurde allgemein ein von ihm Anfang November 1981 an Parteien und Gewerkschaften gerichtetes Fernschreiben aufgenommen: «Bitte teilen Sie der Stadtverwaltung die Namen der Teilnehmer an den Festen zum 23. November mit.» (Daß das Erdbeben mit «Festen» gefeiert werden sollte, kam den meisten seltsam vor; hier und da wurde daraus gefolgert, daß Matarazzo mit seiner Muttersprache auf Kriegsfuß stehen müsse.)

Die für die Erdbebenopfer in Avellino aufgestellten Fertighäuser sind die schlechtesten in der ganzen Provinz. In ihnen herrscht im Winter Eiseskälte, im Sommer Bruthitze. Die Bewohner dieser Unterkünfte werden mit geschwollenen Füßen wach, die Bettwäsche durchgeschwitzt; die Schränke lassen sich nicht schließen, die Kleider schimmeln. Den Auftrag für den Fertighausbau bekam Fiore Caso, Leiter der städtischen Verkehrsabteilung und Inhaber eines holzverarbeitenden Betriebs. Er hatte niemals zuvor Fertighäuser gebaut, und auch der von ihm beauftragte Konstrukteur hatte niemals zuvor welche entworfen. Kosten: sieben bis acht Milliarden Lire. Das Regenwasser staut sich, weil die Fertigteile direkt auf dem Fundament sitzen, in den Toiletten fließt das Wasser nicht ab, es gibt keine Belüftungsvorrichtungen, an den Wänden (insbesondere an denen nach Osten und Westen) bilden sich sichtbare Feuchtigkeitsflecke.

Lange Zeit hingen überall in der Stadt Plakate, auf denen die hiesige Sektion der PCI mit Empörung auf diese gesundheitsgefährdende, menschenunwürdige Unterbringung hinwies. «Der damit befaßte Untersuchungsausschuß hat die Unbewohnbarkeit dieser feuchten, nicht isolierten und mit gepfuschten Installationen ausgestatteten Fertighäuser anerkennen müssen. Eine Bestätigung dafür ist die Anordnung, die Zahlungen an die Firma Caso einzustellen. . . Wer für Baumängel verantwortlich ist, muß für den Schaden haftbar gemacht werden. Wer für Verwaltungsfehler verantwortlich ist, muß zurücktreten.» Im weiteren Text wird auf Schwachstellen in der Gesamtanlage der «Dörfer», unzulängliche Versorgung mit lebensnotwendigen Dienstleistungen, Fehlen von Gemeinschaftseinrichtungen sowie der Nicht-Existenz auch nur minimaler Sicherheitsvorkehrungen hingewiesen.

Avellino ist eine Stadt paradoxer Verhältnisse und sozialer Gegensätze. Um zu verstehen, daß es eine reiche Stadt ist, genügt es, sich die Häuser der christdemokratischen Mittelschicht am Corso Vittorio Emanuele, in der Via dei Platani oder am Parco Abate anzuschauen. Diese Luxusvillen mit ein bis zwei aufgesetzten Halbgeschossen und hängenden Gärten sehen aus wie Schiffe oder plumpe, überladene Kommoden. In diesen Straßen gibt es teure Läden (insbesondere Modegeschäfte) mit berühmten Namen. Die Väter brausen im Mercedes, die Söhne auf einer Honda oder Kawasaki durch die Stadt. Die Familien der Neureichen, der Bauunternehmer oder höheren Beamten sind voll motorisiert. Diese Leute stammen aus der wohlhabenden Schicht unmittelbarer Grundbesitzer; unterstützt von einer verfehlten Stadtplanungspolitik, haben sie die Bauern von ihrem Grund und Boden verjagt und Bauland daraus gemacht. In den Wohngegenden steht eine architektonische Scheußlichkeit neben der anderen.

Fast alle hängen sie verbissen am Geld, haben einen Zweitwohnsitz an der (inzwischen vom Erdbeben verwüsteten) kalabresischen Küste. Drogenkonsum, zumindest der Gebrauch sanfter Drogen, ist in den besseren Vierteln keine Seltenheit mehr. Die Gruppen modisch gekleideter Jugendlicher, die am späten Nachmittag am Corso Vittorio Emanuele stehen, umgibt eine Marihuana-Duftwolke. Den Haschisch-Konsumenten aus den sozial schwächeren Schichten wird von den Dealern offenbar schon Heroin angeboten.

Und doch ist Avellino eine arme Stadt, eine Stadt ohne kulturelles Leben. Die einzige Großveranstaltung, die den Leuten hier geboten wird, ist das sonntägliche Fußballspiel (30–40000 Zuschauer). Braucht irgendeine Gruppe einen Veranstaltungsraum, muß sie die Stadtbibliothek mieten, weil die Stadt keinen anderen Versammlungssaal hat. Die Politiker halten ihre Reden unter freiem Himmel oder in Kinos. Avellino besitzt weder ein Theater noch ein Nachtlokal und — weil alles in Privatbesitz ist — auch keinen Park, in dem sich die Menschen treffen könnten.

Um ihren Luxus, ihren ausufernden Wohlstand, zur Schau zu stellen, reisen die Besitzenden nach Neapel, nach Rom und im Winter nach Cortina. In Avellino veranstalten sie höchstens einmal eine lärmende Abendgesellschaft in einem teuren Restaurant. Dann essen sie Spezialitäten wie «mogliatello» (mit Lamminnereien und -leber gefüllte Rouladen) mit «cecatielli» (Mehlklöße) und trinken dazu Weine aus der renommierten lokalen Weinbauschule (Aglianico di Aurasi, Greco del Tufo, Fiano) oder ein Glas von dem vorzüglichen Weinbrand, den es hier gibt.

Die städtebauliche Zerstörung von Avellino, das immerhin mit schönen Bauten aus dem 18. und 19. Jahrhundert aufwarten konnte, nahm wegen Fehlens eines Bebauungsplanes bis Ende 72 ihren Lauf. Nun stehen sie da, die acht oder zehn

Stockwerke hohen Monstren, dichtgedrängt und beklemmend. Unabwendbar wurde das städtebauliche Desaster, als im August 68 der damalige Bürgermeister Angelo Scarpati in einer einzigen Nacht mehr als zweihundert Bauanträge genehmigte und damit dem Beschluß des Bebauungsplans im Gemeinderat und einer vom Ministerium für Öffentliche Arbeiten vorbereiteten allgemeinen gesetzlichen Regelung zuvorkam. Damals erlebte das Baugewerbe seine Blütezeit. Als der Bebauungsplan angewandt werden mußte, kamen sich die Bauunternehmer gegenseitig in die Quere und wanderten nach Atripalda, Mercogliano oder Monforte ab, alles ehemals reizvolle Vororte, die heute völlig verschandelt sind.

Was geschah nun nach dem Erdbeben (wie schon gesagt: ein Geschenk des Himmels für Dutzende kleiner und mittlerer Bauunternehmen)? Bekanntlich wurden vom italienischen Staat Hunderte von Milliarden Lire für den Bau von Fertighäusern bereitgestellt und Tausende von Häusern im Katastrophengebiet wiederaufgebaut. Keine einzige Kommune der Provinz Avellino jedoch hat Aufträge für die Instandsetzung von Häusern vergeben. Die hiesige Bauwirtschaft hat am Abriß, am Neuaufbau und an der Aufstellung von Fertighäusern verdient.

An fünfzig Unternehmen in der Alta Irpinia wurden Aufträge vergeben (Bau von Fertighaussiedlungen mit 200 – 300 Wohneinheiten; Gießen der Fundamente; Legen der Anschlüsse für Wasser, Strom und Kanalisation); beteiligt an der Ausführung der Arbeiten waren zweihundert Unternehmen. Verantwortlich dafür ist die Praktik der Weitergabe von Aufträge, wobei man zulässige und unzulässige Weitergabe unterscheiden muß. Erlaubt ist etwa, daß eine große Baufirma, der eine Reihe von Aufträgen zugesprochen worden sind, einen Teil davon an ein Spezialunternehmen abtritt. Nicht erlaubt ist dagegen, daß eine Firma, die einen 5-Milliarden-Lire-Auftrag erhalten hat, diesen für 4 Milliarden an eine andere Firma weitergibt, diese wiederum für 3 Milliarden an eine dritte, bis er schließlich für 2 Milliarden von einem Unternehmen ausgeführt wird, das auch noch daran verdienen muß und deshalb nur schlechte Arbeit leisten kann (einmal ganz abgesehen von dem Zeitverlust, den diese Weitergabepraktik mit sich bringt). In Calabritto wurde ein Auftrag meist fünfmal weitergereicht; drei unzulässige und ungerechtfertigte Weitergaben entsprechen dem Durchschnitt.

Michele De Mita, Bruder des Generalsekretärs der DC und Inhaber eines Bauunternehmens mit 130 Beschäftigten, das ausschließlich Straßenbauarbeiten für die Straßenaufsichtsbehörde A.N.A.S. ausführt, wurde nach dem Erdbeben mit dem dringlichen Auftrag der Instandsetzung aller Kirchen der Provinz Avellino betraut. Der Auftrag war eine Milliarde Lire wert. Auch die Trümmerbeseitigung hätte der Unternehmer De Mita gerne übernommen, wurde aber in diesem Fall abschlägig beschieden.

Weitgehend unbekannt ist die Alta Irpinia als Zentrum illegaler Beschäftigung. Jugoslawen, Türken, Tunesier arbeiten hier ohne Versicherung, ohne Papiere, ohne geregelte Arbeitszeiten. Man zahlt ihnen etwa 10000 Lire am Tag. Sie leben in Baracken und reden nie. Die Aufseher fürchten mißtrauische Fragen, besonders solche nach Lebensbedingungen und Lohnhöhe. «Ich verstehe nicht», ist alles was sie sagen. Unglaublich, daß die Gewerbeaufsicht nichts von alldem bemerkt, keine Überprüfungen vornimmt, keine Bußgeldverfahren gegen diese Firmen einleitet, um die Einhaltung gesetzlicher Bestimmungen durchzusetzen. Offiziell heißt es, man habe Inspektionen durchgeführt, das Ergebnis sei aber immer negativ gewesen. (Dabei braucht man nur am Sonntag auf den Markt von S. Angelo oder Liono gehen, um die «sprachlosen» Männer zu sehen.)

Die Altstadt von Avellino gibt es nicht mehr. Wohl auch gedrängt von auftragsinteressierten Firmen hat die Kommune sie völlig abreißen und neu wieder aufbauen lassen. Dabei hätte vieles so saniert werden können, daß das historische Bild und der Milieuwert der Altstadt erhalten geblieben wäre.

Die Aversion der Politiker gegen Stadtkerngebiete als gewachsene Ganze ist bekannt, auch ihre unselige Neigung, sie als muffig-museale Gemäuer zu betrachten, die der Entwicklung eines aufstrebenden Gemeinwesens nur im Wege sind. Seit Jahrzehnten hat man, ungeachtet der Einsprüche von Denkmalsschützern und Beschwerden der linken Parteien, die historische Altstadt (im ursprünglich römischen, später langobardischen Kern waren viele in der Zeit der Franzosen und im 18. Jahrhundert unter Karl III. errichtete Gebäude erhalten) verkommen lassen, weder gepflegt, noch restauriert; von einem Sanierungsplan wollen wir gar nicht erst reden. Die Erkenntnis, daß es weitaus billiger ist, Altbauten zu erhalten und instandzusetzen, anstatt Neubauten hochzuziehen, drang nicht bis ins Baudezernat vor. Behutsame Sanierung? Ha, ha, ha! Wie werden sie gelacht haben, als ihnen das zu Ohren kam, die profitgierigen Bauunternehmer und die Politiker, die sie protegieren. Schließlich hatten sie die Altstadt so herunterkommen lassen, weil sie sie als Spekulationsobjekt betrachteten.

In einigen Städten, Bologna an der Spitze, hat man Anfang der 70er Jahre begonnen, Altstadtwohnhäuser restaurativ zu sanieren, um die drohende Zerstörung unersetzlicher Baudenkmäler und die Umwandlung von Wohn- in Büroraum zu verhindern. Nichts von dem geschah in Avellino. Hier ließ man alles verfallen: den alten Teil der Stadt, von dem steile, enge Gassen zu dem eindrucksvollen Dom mit klassizistischer Fassade führen, die Kirchen, den barocken Brunnen, die älteste Straße (Via del Seminario), die Torre dell'Orlogio, die Piazza centrale (die einen fast dreieckigen Grundriß hat und auf den die fünf Straßen münden) und auch den mittelalterlichen Palazzo della Dogana (Mitte des 19. Jahrhunderts von Marino Caracciolo erneuert und mit Statuen und Büsten römischer Imperatoren geschmückt).

Überall schreitet also der Verfall fort — bis das Erdbeben alles in Ordnung bringt, die Häuser beschädigt oder (insbesondere die aus Tuff) einstürzen läßt. Und Massen von Altstadtbewohnern, die jahrelang unter unvorstellbaren hygienischen Bedingungen in baufälligen, muffigen Behausungen haben leben müssen, ziehen schreiend durch die Straßen und fordern den sofortigen Abriß der alten Häuser und den Neubau von solchen aus Beton. Sie denken nicht daran, wie viele von ihnen sich in den Hochhausghettos am Stadtrand wiederfinden werden. Und die verantwortlichen Stadtplaner, auch sie erschüttert und im Zwiespalt, ob wiederaufgebaut werden soll oder nicht, beschließen den Abriß. Wenn man heute zum Dom geht (auch er ist beschädigt, aber immerhin nicht eingestürzt), sieht man auf dem Weg noch Fassaden von Patrizierhäusern, wappengeschmückte Portale, schöne Bauten aus dem 18. Jahrhundert. All das wird bald der Vergangenheit angehören. Isoliert und absurd wird der Dom wirken, steht er erst in einer Umgebung einfallsloser (oder schlimmer noch: einfallsreicher) Neubauten der 80er Jahre.

Zwei Namen gelten etwas in Avellino: De Mita und Sibilia. Der erste steht für jenen Teil der herrschenden Klasse, der Bildung und Stil für sich in Anspruch nimmt; der zweite verkörpert die plebejisch-arrogante Variante der Macht.

Antonio Sibilia arbeitet nach dem Volksschulabschluß als Handlanger und Steineschlepper auf dem Bau, pendelt in illegalen Geschäften zwischen Neapel und Avellino hin und her und erwirbt in jungen Jahren ein Stück Land mit dazugehörigem Steinbruch. Seinen Besitz kann er verkaufen, als die «Autostrada del Sole» gebaut wird. Und an diesem Punkt beginnt sein unaufhaltsamer Aufstieg als Lire-Milliardär. Als Bauunternehmer baut er ohne Genehmigungen, läßt Schwarzarbeiter für sich arbeiten, macht allerlei Geschäfte und überzieht nach und nach seinen Heimatort Mercogliano mit Beton. (Dort besitzt er übrigens eine Luxusvilla, einen privaten Sportplatz und eine Café-Bar, in der er abends unter einem lebensgroßen Porträt seiner selbst Karten spielt.) Sibilia ist heute Herr über dreißig Baubrigaden, mindestens 500 Arbeiter, sowie Präsident des in die erste Liga aufgestiegenen Fußballclubs von Avellino. («Bagger-Boß» nennt man den

Herrn, zu dessen Lieblingssprüchen «Ich bin der Chef» gehört.) Sibilia ist Sozialdemokrat.

Er ist so breit wie lang, hat riesige schwielige Hände, und der Wohlstand hat ihm, wie das so geht, Fettringe um die Leibesmitte beschert; drum hängt ihm der Bauch über den Gürtel, darunter schaut der Bund der Unterhose heraus. Er legt eine zwanghafte Verehrung der Madonna von Pompeji an den Tag und baut, wo immer er kann, Kapellen; aber wenn er ein Gelübde ablegt, dann der Madonna von Montevergine.

Bei seinen Mitbürgern, insbesondere bei einfachen Leuten, Proletariern und Subproletariern, kleinen Angestellten und Händlern, bei allen, die von Minderwertigkeitskomplexen geplagt werden, ist Sibilia äußerst beliebt. Er stellt genau den Typ dar, den sie selber gerne sein würden oder noch werden wollen: den Mann, der es aus eigener Kraft geschafft hat. Seine Sprache ist mehr als skurril. Halb aus Koketterie, halb, weil er nicht anders kann, redet und argumentiert er wie ein arroganter Plebejer, vulgär und herrisch zugleich. Herr ist er unter anderem über einen Fußballclub, dessen Anhänger aus mehr als hundert Dörfern, auch der weiteren Umgebung, oft stundenlange, beschwerliche Wege auf sich nehmen, um das sonntägliche Spiel ihrer Mannschaft zu sehen.

Die Fußballbegeisterung wird auch dadurch gefördert, daß die Mannschaft unter dem Schutz der neapolitanischen Camorra steht und Sibilia in der Gnade eines Obergangsters. Und das kam so: Gegen Mitte der 70er Jahre beschränken sich die kriminellen Aktivitäten der Camorra nicht mehr auf das Lauro-Tal und die Gegend um Nocera und Sarno, sondern erreichen langsam auch das wohlhabende und ruhige Avellino. Entführungsversuche werden unternommen, es beginnen die Erpressungen. Als erstes versucht man, den angesehenen Arzt Carmine Malzoni zu kidnappen; er kann knapp entkommen (und lebt seitdem wieder unbehelligt von Drohungen). 1977 ist dann Sibilia an der Reihe. Aus Maschinengewehren wird auf seinen Mercedes gefeuert; nur durch eine halsbrecherische Autofahrt gelingt es ihm, sich zu retten.

Sibilias gewichtige Person bedarf des Schutzes, und so wendet er sich an einen guten Bekannten: Don Raffaele Cutolo. Der verschafft ihm bei einem seiner kurzen Abstecher in die Freiheit verläßliche Leibwächter. Sibilia wird nicht mehr angetastet. Als er dem Bauunternehmer Arcangelo Japicca die Präsidentschaft des Fußballclubs von Avellino abnimmt und sich selbst an dessen Spitze setzt — was er wegen des damit verbundenen gesellschaftlichen Aufstiegs (Kontakte zu Geschäftsleuten in ganz Italien , Interviewbitten von Journalisten, Verehrung seitens der Fußballspieler) als Triumph empfindet —, erfährt er, daß Cutolo, seitdem Avellino in die zweite Liga aufgestiegen ist, zu den begeisterten Anhängern des Vereins zählt und zu jedem Sieg Glückwünsche schickt. Doch er tut noch mehr als das. Eines Tages teilt er dem Clubpräsidenten mit, daß die Roten Brigaden bei dem Spiel um die italienische Pokalmeisterschaft eine Bombe legen wollen. Den Roten Brigaden soll Cutolo klargemacht haben, daß der Club unter seinem Schutz steht. Das haben sie eingesehen und auf den Anschlag verzichtet. Worauf die Zeitungen meldeten: «Cutolo rettet Avellino».

In einer Pause des Prozesses, der im September 1980 gegen die *Nouva Camorra* geführt wird (und mit einem Urteil endet, das kein Recht geschehen läßt, nämlich mit einer von den Zeitungen als «Teilsieg» für den Boss bezeichneten 10-jährigen Gefängnisstrafe für Cutolo) betritt Don Antonio Sibilia den Gerichtssaal. In seiner Begleitung ist der brasilianische Spieler Juary (bekannt als Voodoo tanzender Torschütze): Cutolo wollte ihn schon immer einmal kennenlernen.

Der Auftritt dieses Gespanns löst Ovationen und Unruhe im Publikum aus. Doch die Vorstellung geht noch weiter. Sibilia tritt an die Gitterzelle heran, in der Cutolo sitzt, stellt den Fußballspieler dem Boss der*Nuova Camorra Organizzata* vor und übergibt diesem dann eine Goldmünze, auf deren Vorderseite ein Wolf (Wappentier der Irpinia) abgebildet ist und deren Rückseite die Aufschrift «Zum Zeichen der Hochachtung» trägt. «Was gibt es daran auszusetzen? Ich habe sie für die engsten Freunde der Mannschaft prägen lassen», sagt er, als die Richter ihren Unwillen deutlich machen, «und ich muß mit Cutolo sprechen, weil er die Spieler vor einem Terroranschlag bewahrt hat.»

Gerade zu dieser Zeit jedoch hat der Zweite Staatsanwalt Libero Mancuso (der auch mit dem Fall Cirillo befaßt war) in einem Verfahren die Anordnung von Zwangsaufenthalt für 61 Mitglieder der *Nuova Camorra* beantragt. Jetzt setzt er auch Sibilia auf die Liste: drei Jahre in einem Ort im Trentino. Sibilia leistet der Anordnung nicht Folge, er hat ein Bandscheibenleiden und braucht Wärme. Für ein paar Wochen zieht er sich nach Longiano zurück, eilt dann nach Avellino und sammelt dort — als Zeugnis seiner Rechtschaffenheit — 30000 Unterschriften gegen seine Verbannung.

Das Urteil wird mit der Begründung aufgehoben, der Fall liege außerhalb der räumlichen Zuständigkeit des neapolitanischen Gerichts, weil die schwerwiegendsten Taten, die man Sibilia zum Vorwurf mache, in Avellino begangen worden seien. (Der Staatsanwalt, der die Anordnung der Präventivmaßnahme für Sibilia beantragte, hat folgendes ausgeführt: «Es ist deutlich, daß ihm derart enge Beziehungen zu gefürchteten Verbrechern lediglich dazu dienen, seine einträglichen Geschäfte zu erhalten und auszubauen, dank dieser Protektion für seine Firmen Aufträge zu erhalten, die er sonst nicht bekommen würde. Seine Gegenleistung besteht darin, der Cutolo-Bande oder ihrem Anführer selbst bei Bedarf finanzielle oder andersgeartete Unterstützung zu leisten; eine Begünstigung, die bis zur öffentlichen Erklärung von Wertschätzung geht und dadurch Cutolos kriminellem Handeln und seiner Person Ansehen verschafft.»)

Machen wir es kurz: Sibilia wird zuerst freigesprochen, dann doch verurteilt und nach Forli geschickt, das er wegen Erkrankung schon nach einer Woche wieder verlassen darf. Er bekommt die Erlaubnis, aus gesundheitlichen Gründen nach Hause zurückzukehren, lebt also wieder in Avellino. Der Fall geht in die nächste Instanz.

Im Oktober beginnt dann schließlich in Neapel vor der zwecks Anwendung der Präventivmaßnahmen des neuen Anti-Mafia-Gesetzes eingerichteten Sonderkammer der Prozeß gegen Antonio Sibilia. Die Anklage lautet auf «Mitgliedschaft im Cutolo-Clan». Der Angeklagte erscheint jedoch nicht vor Gericht, und sein Verteidiger (der frühere Bürgermeister von Avellino) legt ein Attest vor, in dem bescheinigt wird, daß sein Mandant vier Tage zuvor «einen Anfall von Angina pectoris» erlitten habe. Es wird in Abwesenheit des Angeklagten verhandelt, und Staatsanwalt Maddalena beantragt für Sibilia vier Jahre Polizeiaufsicht sowie eine für denselben Zeitraum geltende Aberkennung der Verfügungsgewalt über seinen Besitz bzw. dessen Teilkonfiskation (Sibilia ist einer der reichsten Männer der Region).

«Wir kommen langsam an die Geld- und Finanzierungsquellen der Unterwelt heran. Bei den Ermittlungen in Kalabrien und Kampanien sind wir auf 560 Unternehmen gestoßen, die direkte oder indirekte Beziehungen zum organisierten Verbrechen unterhalten oder in illegale Geschäfte verwickelt sind», erklärt der Staatsanwalt und fährt fort: «Die langen und sorgfältigen Ermittlungen erlauben die Feststellung, daß die Zugehörigkeit von Antonio Sibilia zur organisierten Camorra von Cutolo als konkret bewiesen werden kann.»

Ein weiteres Ergebnis belastet den Ruf von Sibilia. Bei einem vor zwei Jahren ermordeten «Eintreiber» der Camorra wurden Wechsel über mehr als 20 Millionen Lire gefunden, die — so die Ermittler — in Zusammenhang mit dem Kauf eines Fußballspielers standen und von Sibilia eingelöst werden sollten.

Die Nachforschungen der Finanzbehörden dehnten sich auch auf die Söhne von Sibilia aus. Gegen sie wird wegen Steuerhinterziehung und Vorlage von Scheinrechnungen ermittelt.

Inzwischen stehen in Avellino die Feiern zum hundertsten Todestag von Francesco de Sanctis an. Ministerpräsident

Spadolini und DC-Generalsekretär De Mita haben sich dazu eingefunden. Bevor jedoch die Gedenkreden geschwungen werden, sprechen die Bürgermeister der vom Erdbeben betroffenen Gemeinden. «Auf der einen Seite erfahren wir hautnah das Versagen der staatlichen Organe», ist da zu hören, «auf der anderen Seite bedrängt uns die unerträgliche Herausforderung der Camorra. Fast zwei Jahre nach dem Erdbeben fehlen uns immer noch die nötigen Mittel zum Wiederaufbau.» Wenige Schritte neben dem Ministerpräsidenten zieht der Redner das Fazit: «Der Staat ist fern.» Die Bürgermeister verlangen, daß endlich Gelder für den Wiederaufbau bereitgestellt werden, sie wollen Entbürokratisierung, sie fordern ein planmäßiges und offensives Vorgehen gegen das organisierte Verbrechen, seine anmaßende Einmischung in Wirtschaft und Verwaltung. . . «Bis vor zwei Jahren wußten wir in unseren Gemeinden nicht, was Kriminalität ist. Heute erleben wir jeden Tag Überfälle, Schießereien, blutige Vergeltungsmaßnahmen.» Auch das Attentat auf den integren Richter Antonio Gagliardi, für den Drohungen schon seit Jahren zur Alltäglichkeit gehörten, wird von den Bürgermeistern angesprochen.

Und ganz zuletzt findet auch De Sanctis noch Erwähnung: «Der Süden hat lange genug gewartet. Nicht einmal ein kleiner Teil der zerstörten Gebäude in unseren Gemeinden ist wieder aufgebaut. Ein weiterer harter Winter steht uns bevor. Auch das Geburtshaus von De Sanctis in Morra Irpina ist unbenutzbar. Es wurde beim Erdbeben beschädigt und ist nicht instandgesetzt worden.»

Das Lächeln des in Avellino umjubelten DC-Generalsekretärs De Mita ist immer strahlend, aber geradezu blendend ist es auf einem Foto, das ihn Arm in Arm mit Flavio Carboni zeigt, dem Mann, dem die Presse den Beinamen «der sardische Intrigant» gegeben hat. Es handelt sich um den zweifelhaften Freund und Zeugen der letzten Lebensstunden des Skandalbankiers Roberto Calvi.

Der Fotograf, dem der unscheinbare dunkle Mann an De

Mitas Seite unbekannt war, bedauert nachträglich, das Bild des Duos für nur 45 000 Lire hergegeben zu haben. Eine zeitlang gab es eine wahre Inflation von De Mita-Fotos, dieses eine jedoch bekam in dem Moment Bedeutung, als Carboni ins Gerede geriet und man kein Bild von ihm auftreiben konnte. Im «Europeo» taucht die besagte Aufnahme auf, das heißt — das halbe Foto. Nur Carboni ist darauf zu sehen, unter seinem rechten Arm schiebt sich allerdings deutlich sichtbar De Mitas Hand hervor (in der er ein Blatt Papier oder eine schmale Akte hält). Dann druckt der «Espresso» das Bild; wieder nur in einem Ausschnitt: De Mita fehlt, da, wo seine Hand sein müßte, ist Carbonis Ärmel retuschiert. Wenige Tage später ist der «Messaggero» an der Reihe: Wieder ist nur Carboni auf dem Foto zu sehen, die wichtige rechte Hand mit dem Blatt Papier darin verschwunden, mehr noch, die Jacke von Carboni sozusagen ausgebessert, und in den Hintergrund hat man gar ein halbes Auto gezaubert.

Zum Kampf entschlossen präsentiert sich Ciriaco De Mita, als nach der Ermordung des Carabinieri-Generals Dalla Chiesa Vermögenskontrollmaßnahmen angeordnet werden, um den Geldgeschäften des organisierten Verbrechens auf die Spur zu kommen. «Jetzt ist die Stunde eines Kampfes ohne Pardon», tönt der Generalsekretär der Christdemokraten. «Wir dürfen keine Verquickung, keine Komplizenschaft mehr dulden. Nachsicht kann nicht geübt werden.»

«Wann denn je», schreibt Gianni Baget Bozzo als Reaktion darauf in der in Palermo erscheinenden «Ora», «haben die Christdemokraten je ein Mitglied wegen Zugehörigkeit zur Mafia oder Camorra ausgeschlossen? Wann je mag De Mita in Catania oder in Palermo einen Mafioso in seiner Partei finden? Hat er in Nocera oder Avellino je einen Camorristen gefunden?»

Aber nein doch. Vielmehr pflegten die Christdemokraten der Irpina Kontakte zu einem recht umstrittenen Mann, von dem es heute heißt, er stehe «im (starken) Geruch der Camorra-Zugehörigkeit». Gemeint ist Antonio Graziano, Bürgermeister von Quindici (einem Ort, in dem Wild-West-Sitten herrschen) und Mitglied einer Sippe, die durch die Entführung des Oberhaupts der neapolitanischen Bankiersfamilie Fabbrocino zu Zeitungsehren gekommen ist. In einem Bericht der Carabinieri an den Generalstaatsanwalt wird Graziano als einer der wichtigsten Männer in Cutolos Verbrecherorganisation bezeichnet.

Damit ist nicht genug. Antonio Graziano (der bereits vorbestraft ist, in mehreren Prozessen angeklagt wurde und gegen den der Untersuchungsrichter neu ermittelt) wurde auf einer Bürgerliste in die Gemeindevertretung des Bergdorfs Baianese-Valle di Lauro gewählt. Dort gehört er der Mehrheit an (Christdemokraten und Faschisten) und sitzt auch im Gemeindevorstand, bei dessen Zusammensetzung er und seine Helfershelfer den Ausschlag geben.

Daran fand De Mita nie etwas auszusetzen. Doch dann stellten die Kommunisten die drängende Frage, ob nach der Anprangerung von Verquickung und Komplizenschaft nun nicht der Zeitpunkt gekommen sei, sich endlich von diesem Mann zu trennen, mit dem die DC vor dem erklärten Kampf gegen die Camorra immer freundschaftlich zusammengearbeitet hat.

Eigentlich glaube ich nicht, daß es zwischen De Mita und mir eine telepathische Verbindung gibt. Doch Tatsache ist, daß, kaum habe ich mir diese Frage recht gestellt, der Bürgermeister von Quindici Mitte November überzeugt wird, als Mitglied des Gemeindevorstands von Baianese zurückzutreten (diesmal sicherlich ein Sieg der Linken). Sein Amt als Bürgermeister behält er allerdings, und auch als Gemeinderat kann er weiterhin die christdemokratische Verwaltung unterstützen. Und dies, obwohl er in einem (an die Öffentlichkeit gelangten) Dossier der Carabinieri als «Camorrist im Dienst von Cutolo» bezeichnet wird. Und auch, obwohl er in einem Interview mit der Zeitung «Il Mattino» bestätigt hat, er sei «Cutolo moralisch verpflichtet».

# NON OLET?

*Reichtum und Umweltverschmutzung in Solofra*

Zwölf Kilometer und eine Gebirgskette liegen zwischen dem von Kungelei, Versorgungsdenken und Bereicherung beherrschten Avellino und einer Kleinstadt, die als autonome Industrie-Insel gelten kann: Solofra. In den Gerbereien der Stadt — sie ist neben S. Croce sull'Arno und Arzignano (Provinz Vicenza) auf diesem Sektor führend in Italien — arbeiten 3 500 Beschäftigte; Arbeitslosigkeit ist praktisch unbekannt. Von sich selbst sagen die Einwohner von Solofra gern, der Schaffensdrang sei ihnen angeboren. Kein Wunder also, daß neben Gerbereien mittlerer und oberer Größenordnung eine Reihe von Handwerksbetrieben entstanden sind, in denen qualitativ hochwertige Pelzbekleidung hergestellt wird.

Solofra zieht Arbeitskräfte aus dem gesamten Umkreis an, exportiert einen hohen Anteil seiner Produktion ins Ausland und ist eine ausgesprochen begüterte Stadt. Doch für diesen Wohlstand — in vielen Fällen geradezu Überfluß — zahlen die Bürger von Solofra einen hohen Preis. Wo ist das «schöne grüne Becken von Solofra mit seinen Terrassen, Wiesen, Feldern und Weinbergen», das in den Kampanien-Reiseführern der vierziger und fünziger Jahre beschrieben wurde?

Die Landwirtschaft hat so gut wie keine Bedeutung mehr. Die Bauern, die hier einst ihre Weinstöcke hegten und pflegten, sind vor mindestens fünfzehn Jahren Industriearbeiter geworden. Auf den Terrassen an den Hängen haben sich Fabriken breitgemacht, und in der grünen Ebene ist die Bebauung ins Kraut geschossen, fast überall von atemberaubender Häßlichkeit.

In der emsigen kleinen Stadt steigt einem ein beissender Geruch in die Nase, den man mit Fug und Recht Gestank nennen kann. Verursacht wird er von den Gerbsäuren. Doch damit nicht genug. Morgens hängt der Himmel voller dunkler Rauchwolken, die bei Windstille unbeweglich und niedrig über der Stadt stehenbleiben, so daß man meint, ersticken zu müssen. Ein hohes Maß an Umweltverschmutzung — das Gesetz zur Reinhaltung der Luft («Legge Merli») aber, mit dem den Unternehmen schon vor Jahren der Einbau von Filteranlagen zur Pflicht gemacht werden sollte, ist nach einem unglaublichen Hin und Her noch immer nicht in Kraft. Allein die Gewerkschaften werden nicht müde, trotz der Erfolglosigkeit ihrer bisherigen Bemühungen, immer wieder auf die Umweltverseuchung hinzuweisen; alle anderen schweigen, und insbesondere die Kommune versucht, die Belastungen und drohenden Gefahren vergessen zu machen.

Zur Verschmutzung der einst blühenden Landschaft tragen zum Beispiel die kleinen Gerbereien bei, die Fellreste draußen verbrennen, anstatt sie in Verbrennungsanlagen beseitigen zu lassen, oder sich fester oder flüssiger Industrieabfälle irgendwo in den Tälern entledigen und damit schwere Vegetationsschäden verursachen. Bisher ohne großen Erfolg versucht ein Zusammenschluß von Gerbereien, diesen Übeln abzuhelfen. Industrieabwässer werden auch direkt in einen (inzwischen schaumigen und stinkenden) Fluß abgelassen, der sie bis in die Gemarkungen von Nocera und Sarno hinausträgt, oder in den Gebirgsbach Solofrana geleitet, der in den Golf von Neapel einmündet, dessen Wasser nun wirklich verseucht genug ist.

Es bedarf keiner großen Phantasie, sich die Auswirkungen dieser ungesunden Umwelt auf den Menschen vorzustellen. Ein Neurologe am Ort (und Gemeinderat der Sozialisten) spricht bereits von einer überdurchschnittlich hohen Zahl von

Lungenkrebs- und Hirntumorfällen. Bei der Bearbeitung von Häuten und Fellen werden Stoffe wie Chrom verwendet, die als mögliche Krebserreger gelten, andere sind mit Sicherheit kanzerogen. Die Kinder haben oft Hals- oder Kopfschmerzen. Die Erwachsenen verdrängen ihre Angst davor, was die Zukunft bringen könnte, schwanken bei der bekannten Alternative 'Geld oder Gesundheit' und mögen nicht daran denken, daß auch ihnen geschehen könnte, was schon anderen geschehen ist. In den einstmals schönen Alleen hat das Baumsterben begonnen; die Luft hier ist für Knospen und Blätter wie ein Todeshauch.

Das Handwerk am Ort hat eine alte Tradition. Im 16. und 17. Jahrhundert betrieb man in Solofra — damals in Kontakt mit den Türken — Goldschlägerei, d. h. die Herstellung von Blattgold für Heiligenbilder und Bucheinbände. Nach und nach setzte sich bei dieser Arbeit Leder als Hilfsmittel zum besseren Ausschlagen des Goldes durch. Man begann also nebenher mit Gerberei und verlegte sich schließlich ganz auf dieses Handwerk. Schon Ende des 18. Jahrhunderts wurde hier auf bescheidenem industriellem Niveau Haut- und Fellverarbeitung betrieben (die schädlichen Gerbsäuren kannte man damals noch nicht). Dieser Fertigungszweig entwickelte sich bis 1950 ruhig und stetig weiter und schuf über die Heranbildung einer qualifizierten Arbeiterschaft die Basis für einen fast explosionsartigen Aufschwung der örtlichen Industrie nach Einrichtung des Gemeinsamen Marktes. Solofra unterhält heute Handelsbeziehungen mit der ganzen Welt. Rohleder, Ziegen- oder Schafsfelle bezieht man aus dem Iran, Südamerika, dem Nahen Osten, sogar aus China. Das gegerbte Leder wird hautsächlich in die USA exportiert. Ernsthaft bedroht wurde die örtliche Industrie von dem Einfuhrstopp für Leder aus Italien, den Carter seinerzeit während der Krise der Schuhindustrie verhängte. Unter Reagan wurde er wieder aufgehoben und der Export konnte weitergehen.

An jenem schicksalhaften Tag im November 1980 erlebte auch Solofra ein heftiges Beben der Erde. Es gab dreißig Tote. Die ersten Tage vergingen mit Bergungs- und Aufräumungsarbeiten, mit der Organisation der Versorgung. Auch hier war die historische Altstadt von Erdbebenschäden betroffen, und — wie üblich — machte der gefräßige Bagger vor ihr nicht halt. Eine Führung durch Solofra hört sich heute so an: «Hier stand das Rathaus, ein ehemaliger Augustinerkonvent, und da der Stadtturm, dort drüben der Palazzo Orsini; die alten Gebäude auf dieser Seite waren der Glanz und Stolz der Industriestadt Solofra.» Die Resultate der ungebremsten Bautätigkeit, der die alten Stadtkernbereiche langsam zum Opfer fallen, kann man nur mit einem Schauder registrieren. (Den letzten Wahlkampf hat die DC mit dem Slogan «Baut wo und wie ihr wollt» bestritten.)

Wie sollte nun die Industrie mit dem Erdbeben fertig werden? Ein Dutzend Fabriken waren zerstört, andere beschädigt worden. Ein längerer Produktionsausfall hätte zum Verlust von Aufträgen geführt. Schon sahen sich die Einwohner von Solofra ohne Obdach, ohne Arbeit, ohne Essen. Da kam, als habe die Vorsehung sie geschickt, aus Florenz eine Gruppe von Technikern und Ingenieuren zu Hilfe. Sie verschafften sich einen Überblick über die schweren Schäden, insbesondere in der Altstadt, und empfahlen bei den zerstörten und baufälligen Fabriken Instandsetzungen und gleichzeitige Produktionsverlagerungen in jene 130 oder 140 unbeschädigten Betriebe im Industriegebiet, wo sodann die Arbeit in vollem Umfang wiederaufgenommen werden konnte. Die Entscheidungen und Ratschläge der Experten aus der Toskana führten sehr rasch zu Erfolgen.

Dann, Anfang April, geschieht etwas Beunruhigendes: In der größten Gerberei der Stadt explodiert eine Bombe; eine Woche später wird ein Sprengstoffanschlag auf das in einem Pavillon in der verwüsteten Innenstadt untergebrachte Koordinierungsbüro der kommunistischen Gewerkschaft Cgil verübt. «Eine Warnung», sagt der Kommandant der Carabinieri in Avellino. Eine Warnung von welcher Seite? Der Gewerkschaftssekretär hat keinen Zweifel: «Das ist die Camorra.» Er bringt die Anschläge auf die Baustelle von Alfa Nissan in Avellino und den dortigen stellvertretenden Bürgermeister mit denen auf die Gerberei und schließlich das Gewerkschaftsbüro in Solofra in Zusammenhang.

Einige Tage zuvor hatte die Cgil die Öffentlichkeit darauf aufmerksam gemacht, daß in den Erdbebengebieten die Gefahr einer Camorra-Infiltration gewachsen sei. Nach dem Bombenanschlag auf die Gerberei hatte die Gewerkschaft ein anklagendes Dokument veröffentlicht und in scharfem Ton Stellung bezogen: «Solche Ereignisse, die leider in unserem Land vorkommen, sind als Anschläge auf demokratische Wirtschaftsstrukturen, Aufschwung und wirtschaftliche Erholung in den Erdbebengebieten zu betrachten. Es darf nicht zugelassen werden, daß Teile der zum Wiederaufbau bestimmten Gelder in die Taschen des organisierten Verbrechens fließen.» (Weiter unten in diesem Text wird gesagt, daß hinter den überall in der Provinz zunehmenden Erpressungsversuchen einzig und allein die Camorra stecke.) Fazit: Massenstreik der Arbeiter. Auch De Mita ist von den Machenschaften der Camorra überzeugt und sagt dies sehr deutlich in einem Interview mit dem «Espresso»: «Es handelt sich um eine sehr konkrete Gefahr, die seit dem Beginn des Baus von Alfa Nissan, wo die Arbeiten an mit Cutolo liierte Firmen vergeben werden, offenkundig ist.»

Solofra wird natürlich von einer absoluten Mehrheit der Christdemokraten regiert. Sie haben sich ein bequemes Motto zugelegt: «Da es nun mal all diese Übel gibt, soll man sie besser vergessen.» Sie haben keinerlei Programm für die Zukunft. Jeder kann sich, wo er will, niederlassen, ausbreiten, eine kleine Fabrik oder ein Haus bauen.

In Solofra ist die Arbeiterklasse stark und hat dies mit ihrem Streik nach dem Anschlag auf das Gewerkschaftsbüro eindrucksvoll bewiesen. (Hier gibt es weder einen unterbezahlten Arbeiter, noch einen, der seine Rechte nicht kennt.) Genauer gesagt: stark ist hier die Gewerkschaft, mehr als schwach sind die Parteien der Linken. In Solofra gibt es den

Kapitalisten-Clan der Iulianos. Sie besitzen die drei oder vier größten Fabriken und benehmen sich wie Kolonialherren. Ihr Reichtum kommt von hier, aus der Gerberei, aus der Umweltverseuchung, aus dem Gestank; doch nicht im Traum denken sie daran, hier zu leben. Sie wohnen irgendwo bei Salerno an der Küste; sie kaufen Hotels; Habgier ist ihnen eine Kardinaltugend; sie interessieren sich nicht im geringsten dafür, was in Solofra politisch geschieht.

# DIE KRANKE STADT

*Palermo*

Zum ersten Mal seit genau zwanzig Jahren bin ich wieder in Palermo. Eigentlich wollte ich für dieses Kapitel neue Nachrichten aus dem romanhaften Leben des Adels der Stadt, von dem ich damals fasziniert gewesen war, zusammentragen. Etwa, welche Mitglieder der Aristokratenfamilien noch am Leben sind, wie es um die Nachkommenschaft bestellt ist, ob die Jungen die Schrullen der Alten geerbt haben. So erinnere ich mich etwa an die Fürstin Alessandra von Lampedusa, die vor kurzem verstorbene Witwe des Verfassers des Gattopardo («Der Leopard»). Auf dem Bett liegend, pflegte die Tochter eines Kammerherrn des Zaren ihre Besucher zu empfangen. Dabei trug sie einen weiten Pelzmantel und auf dem Kopf ein schillerndes und blumenmotivgeschmücktes Etwas, von der Form her ein Zylinder ohne Krempe.

Der sizilianische Hochadel, befand die Fürstin von Lampedusa, liebe es nicht, mit Geld in Berührung zu kommen. Ein befreundeter Anwalt, der ihr zur Abgeltung der Urheberrechte an den Werken ihres verstorbenen Mannes ein hübsches Bündel Geldscheine auszuhändigen hatte, erzählte mir damals, wie rituell und trickreich die Übergabe vonstatten ging. Damit die Fürstin die Geldscheine nicht anfassen mußte, wurden sie gerollt und mit Papier oder Gummibändchen umwickelt, in Zeitungen versteckt, in den Geldschrank geschmuggelt.

Der Baron Lucio Piccolo wußte zu berichten, daß seine Großeltern den Bauern bei der Weinernte geholfen hätten, allerdings im Frack. Der erst fünf Jahre zuvor verstorbene Baron Bebbuzzo Sgàdari di Lo Monaco war schon damals zum Mythos geworden. Geistreich war er gewesen, für alles aufgeschlossen, ein superber Musikkenner; sein Salon hatte den Intellektuellen immer offengestanden, und natürlich liebte er ein angenehmes Leben. Dreizehn Lakaien umgaben ihn, der jüngste von ihnen, ein ehemaliger Schulkamerad, fünfzig Jahre alt, die anderen alle hochbejahrt, der älteste 97. Mit 86 Jahren servierte der unentbehrliche Giovannino noch immer bei Tisch, und mit einem gehauchten «Baroneddu mio» pflegte er zuweilen seinen Herrn ehrerbietig auf die Stirn zu küssen. Drei Bedienstete begleiteten den Baron auf seinen Reisen. So träge war er, daß er sich im Speisewagen von einem von ihnen das Wasserglas zum Mund führen ließ.

Dann gab es da noch jene herzogliche Familie, die sich und ihren Gästen im Anschluß an ein exzellentes Mahl vom Majordomus Morphium verabreichen ließ. Zuletzt wurde dann auf einem Tablett eine große gestreifte Katze hereingetragen, der der Hausherr selbst mit größter Behutsamkeit die beruhigende Spritze setzte.

Schon damals wurde mir gesagt, der palermitanische Adel zeige beängstigende Verfallserscheinungen. Die ersten Klagen dieser Art hörte ich von Gioacchino Lanza Tomasi di Mazzarino, Herzog von Palma und Fürst von Lampedusa (Giuseppe Lampedusa hatte ihn kurz vor seinem Tode adoptiert). Der heutige Generalmusikdirektor der Oper von Rom — als ich ihn besuchte, lag auf seinem Notenständer die Partitur der *Fledermaus*, auf seinem Schreibtisch ein begonnener Artikel über elektronische Musik — erklärte mir, daß das Einkommen der Adelsschicht seit der Einigung Italiens mit der allgemeinen Verbesserung des Lebensstandards in Europa nicht Schritt gehalten habe, vielmehr auf dem Stand von 1860 stehengeblieben sei, durch wachsende Steuerbelastung weiter geschmälert.

Von Verfall sprach auch Baron Francesco Agnello, Verwaltungsdirektor des römischen Sinfonieorchesters und Freund von Karl-Heinz Stockhausen (ein häufiger Gast auf seinem Landgut in Siculiana). Bekannt wurde Agnello auch durch die Tapferkeit, mit der er seine Entführung durchstand, bei der er fünfzig Tage in einem unterirdischen Verschlag gefangengehalten wurde. Gerade in Palermo, der königlichen Stadt, so der Baron, sei der Stern des Adels unaufhaltsam gesunken, sein schrecklicher, rapider und gänzlicher Niedergang endgültig besiegelt worden. Ob ich mich an Bendico erinnere, den Hund im *Gattopardo*? Am Ende sei das einst schöne und kräftige Tier nur noch ein häßlicher, wurmbefallener Balg. Und so seien auch die großen Herren geendet, ruiniert von der Krise in der Landwirtschaft, der Agrarreform, den Steuern, den Verwaltern. All dies hätte nicht unbedingt ihren Untergang bedeuten müssen, wenn es sich bei den Adligen um aktive, lebenstüchtige Menschen gehandelt hätte.

1962 also hatte ich diese Begegnungen gemacht, und noch einen weiteren Adligen hatte ich gesprochen, einen zerbrechlich wirkenden Herrn, der mir wieder einfiel, als ich mich entschied, das Thema Adel nicht weiter zu verfolgen und mich statt dessen mit den gesellschaftlichen Aufsteigern von Palermo zu beschäftigen.

Dieser damalige Gesprächspartner hatte eingeräumt, daß es die großen Herren mit diversen Vizekönigen in der Ahnenreihe durchaus noch gebe, die Familien Mazzarino, Spadafora, Tasca und de Spuches, die verschiedenen Zweige der Familie Lanza und den Fürst von Mirto (der konservativste von allen, der den Gattopardo als Schmähschrift gegen den Adel betrachtete). Noch ließen sie sich nicht dazu herab, mit Leuten von allzu anderem Stand zu verkehren. Und wer seien denn, hatte ich gefragt, die neuen mächtigen Männer, die mit den schönen Frauen an ihrer Seite, die Luxuslimousinen- und Motorbootbesitzer, die so fieberhaft aufkauften, was von den alten Häusern des Adels übriggeblieben war? «Das sind die Enkel der Maurermeister von gestern», wurde mir erklärt, «das sind Bauunternehmer und Bodenspekulanten, dazu Inhaber von Ladenketten. Ihr Vermögen wird nicht mehr auf Millionen, sondern auf Milliarden beziffert. Große Empfänge werden gegeben, wenn in einer Familie die zweite oder dritte Milliarde gefeiert wird.»

Dieser verbitterte Adlige beklagte sich schon damals über das Neonlicht in den Geschäften und die häßlichen Neubauten, während mir nur aufgefallen war, daß die einst prächtigen herrschaftlichen Häuser im Stadtzentrum erbarmungslos dem Verfall preisgegeben wurden, sich niemand darum kümmerte, den Steinfraß aufzuhalten. Was der Bauboom anrichtete, war mir völlig entgangen.

Im Juni 1982 aber schaue ich vom Monte Pellegrino auf das neue Palermo, und der Schreck fährt mir unwillkürlich in die Glieder. Ein kunterbunt zusammengewürfelter Steinhaufen, dichtgedrängt Häuser jeder denkbaren Form und Farbe, wie Waben für Menschen, aber ohne Ordnung; schiefe Winkel und dreieckige, schuhschachtelgroße, käfigähnliche Balkons; Farben, daß einem angst und bang werden kann: Orange, Zitronengelb, fauliges Grün, Bleigrau und Knallrosa, Kastanienbraun und Chromgelb nebeneinander. So also sieht das Geschwür aus, das Palermo befallen hat, das also hat der wahnwitzige Bauboom der 60-er Jahre angerichtet, dies also ist das beklagenswerte Ergebnis der Immobilienspekulation. Die Goldene Muschel gibt es nicht mehr: Vergangenheit jenes glänzende Blättermeer des endlos scheinenden Gartens mit paradiesischen Früchten und Jasmin; jenes magische Geräusch sich öffnender Blütenblätter, dem Flügelschlag von Schmetterlingen gleich, man wird es hier nie mehr hören.

Ein so rapider Degradierungsprozeß ist zwangsläufig mit sozialer Zerrüttung verbunden. Eine derart entstellte Stadt kann nur eine kranke Stadt sein. Was Wunder, daß hier die Gewaltkriminalität wächst und gedeiht. Was diese Stadt am Leben erhält, kann eigentlich nur aus unsauberen Quellen stammen. Nicht zufällig wird sie von schmutzigem Geld überschwemmt, Geld aus erpresserischen und dunklen Geschäften, Gewinne aus mehr oder minder offen geduldeten illegalen Praktiken; allemal eine üble Kumpanei.

«Chi ha soldi e amicizia va in culo alla giustizia» («Wer Geld und Freunde hat, pfeift auf die Justiz»), steht mit Teerfarbe auf einen Felsen geschrieben. «So ist es», sagt mein Begleiter. Ein alter Mafiaspruch, nie war er so richtig wie heute.

Die ersten, die in Palermo reich wurden, waren also die Immobilienspekulanten, daneben natürlich die Finanzverwalter großer Mafia-Familien, die die Parzellierung zur gewinnträchtigen Kapitalanlage nutzten. Die Jahre des hemmungslosen Wohlstandsstrebens und der wachsenden Bedürfnisse sind die Jahre des Aufstiegs dieser obskuren Schicht, die durch Investition ihrer Gewinne aus dem Zigarettenschmuggel und gleichzeitiger Ausübung von Pressionen die Goldene Muschel von Palermo in ihren Besitz bringt. Bauunternehmer, Grundeigentümer und Mafia-Kreise arbeiten Hand in Hand. Mafiosi und Politiker werden zu Geschäftspartnern. Bebauungspläne werden beschlossen, will sagen, die Politiker erklären ein Gelände zum Bauland, nachdem die Mafia sich seiner bemächtigt hat. Von dem Gewinn fällt natürlich ein guter Teil für die Politiker ab, die diese beträchtlichen Summen wiederum zum Aufbau einer innerparteilichen Machtstellung verwenden.

Innerhalb der christdemokratischen Partei gewannen damals auf nationaler Ebene karrierebewußte junge Politiker entscheidenden Einfluß: Giovanni Gioia, Staatssekretär bei Fanfani, Minister und Boss; Salvo Lima, Staatssekretär im Finanzministerium; Vito Ciancimino, zuerst Baudezernent, dann Bürgermeister von Palermo. Es war die Zeit des unaufhaltsamen Aufstiegs von Francesco Vassallo; der ehemalige Fuhrunternehmer nutzte seine guten Beziehungen zu Politikern, um für ein Butterbrot eine erkleckliche Anzahl von Grundstücken zu kaufen, wurde steinreich, konnte sich Schiffe, Villen und Luxusautos anschaffen und Investitionen im Bankensektor tätigen. Zwanzig Jahre später gelingt Rosario Spatola, früher ambulanter Schrotthändler, der Aufstieg zum Großunternehmer, der bei öffentlichen Ausschreibungsverfahren den Zuschlag erhält. (Bekannt wird er durch seine Verwicklung in Spekulationsgeschäfte, den Drogenhandel und die Machenschaften von Sindona.)

Straflos leisten sich die Bauunternehmer Übergriffe und häufen riesige Vermögen an. Um ihre Ansprüche gegen andere durchzusetzen, greifen sie zur Gewalt, um Aufträge zu erhalten, bedienen sie sich der Einschüchterung. Du willst dieses Stück Land also nicht verkaufen? Sieh mal, zuerst vergiften wir deine Hunde, dann legen wir dir eine Bombe ins Auto, gib nur acht! Auf diese Art zahlt man für gutes Land nur einen lumpigen Preis.

Natürlich sind die Banken bis heute über Kreditgeschäfte mit dem von der Baugenossenschaft Iacp («Istiuto autonomo case popolari») betriebenen sozialen Wohnungsbau verknüpft, insbesondere aber wird der private Wohnungsbau von ihnen finanziert. Der Bauunternehmer baut ja mit geliehenem Geld, verkauft dann das Haus und bürdet dem Käufer die Bankschuld samt Zinslast, vermehrt um seinen Profit, auf. Die Banken schaffen also die Grundvoraussetzung für die Bauspekulation mächtiger Wirtschaftsgruppen.

Man kann nur staunen, welchen Aufschwung das Geld- und Kreditwesen in der Region Sizilien genommen hat. Beispiel: Zwischen 1952 und 1975 konnten die «Banche popolari» (Volksbanken) ihr Geschäftsnetz in Italien um 85 % ausbauen, in Sizilien um 586 %. Bei den Aktiengesellschaften betrug der Anstieg landesweit 30 %, in Sizilien aber 202 %, bei den «Casse rurali» (Raiffeisenkassen) stehen 12 % gegen 25 %. Bemerkenswert ist noch, daß die kleineren sizilianischen Banken (fast ausschließlich Privatbanken) verglichen mit denen im übrigen Italien um mehr als das Vierfache expandiert haben.

Der größte Teil der Kreditvergabe geht noch heute in den Bausektor. In letzter Zeit sind dabei auch oft Operationen im Gange, nach deren Zulässigkeit man besser nicht genauer fragt. Aus dem von der Italienischen Notenbank veröffentlichten Datenmaterial geht zudem hervor, daß diese Banken echte Wuchergeschäfte betreiben.

Nicht nur an Drogenhandel und Bauspekulation haben die Schieber und Geschäftemacher außergewöhnlich gut verdient, auch der jahrelange Betrug zu Lasten der EG war sehr einträglich; Abermilliarden Lire sind aus dieser Quelle geflossen. Die Mafia-Bosse Michele und Salvatore Greco aus Ciaculli und der ehemalige christdemokratische Bürgermeister von Bagheria und Inhaber einer zitrusfrüchteverarbeitenden Fabrik, Michelangelo Aiello, genannt «Mister Milliardo» (geschätztes Vermögen: 500 Milliarden Lire), betrieben mit Hilfe zweier Beamter des «Istituto commerciale per l'estero» (Außenhandelsgesellschaft) folgendes Spiel. Phase eins: Die Beamten des Ice bescheinigen ihnen, daß sie eine bestimmte Anzahl Tonnen Orangen vernichten mußten; dafür bekommen sie Ausgleichszahlungen von der EG. Phase zwei: Unter Anwendung verschiedener Tricks und Kniffe weisen sie nach, daß sie die (schon als vernichtet gemeldeten) Früchte zu Säften und Marmeladen verarbeitet haben; dafür gibt es wieder EG-Zuschüsse. Das alles geht, weil das Subventionssystem der EG keineswegs so funktioniert wie es sollte. Die beiden Beamten werden sofort in Haft genommen, die beiden Mafiosi sind sowieso schon aus anderen Gründen untergetaucht, und Aiello, dem fortgesetzt schwerer Betrug und Korruption vorgeworfen werden, ist einige Monate lang flüchtig, stellt sich aber dann freiwillig.

Was treibt nun all die Bauunternehmer aus Catania nach Palermo? (Auf die negativen Folgen dieses Zustroms werden wir später noch zurückkommen.) Nun, Palermo ist das Zentrum der Bauwirtschaft auf Sizilien. Eine wesentliche Rolle dabei spielt seit jeher die Familie Salvo aus Salemi (die Brüder Nino und Alberto Salvo und ihr Cousin Ignazio). Sie sind eng befreundet mit Lima und Gullotti und Nutznießer eines alten Privilegs — das ihnen dank ihrer offenkundig guten Beziehungen zu Politikern erhalten blieb —, des Privilegs der privaten Steuereinnahme im staatlichen Auftrag. Unter anderem gelang es ihnen, das Inkrafttreten eines Gesetzes zur Abschaffung dieses Anachronismus zu verhindern. Von den eingenommenen Geldern beanspruchten sie einen doppelt so hohen Prozentsatz für sich wie die übrigen noch verbliebenen privaten Steuereinnehmer. Und die Wirtschaftsdaten der gesamten Region waren abrufbereit in ihren Computern gespeichert.

Eine überaus erfolgreiche Familie, die drei Finanzierungsgesellschaften, eine Bank in Salemi, riesigen Grundbesitz und Landgüter, Obstplantagen und Weinkellereien ihr eigen nennt. 500 000 Hektoliter Wein werden in diesen privatwirtschaftlich betriebenen Unternehmen jährlich produziert. Mit anderen Worten: die gesamte Weinerzeugung Siziliens ist — als Ergebnis eines schrittweisen Akkumulationsprozesses, der letztlich zur Marktbeherrschung führte — fest in der Hand der Familie Salvo. Mit ihrem Exportvolumen stehen sie in dieser Branche an siebter Stelle in Italien — und die UdSSR verlangt ausdrücklich den Wein der Salvos, nicht den der roten Kooperativen. Allein im letzten Jahr erhielten sie Finanzierungshilfen in Höhe von fast 10 Milliarden Lire zum Aufbau von Winzergenossenschaften (insgesamt werden für diesen Zweck lediglich 45 Milliarden jährlich bereitgestellt). Nun gut: diese Mittel flossen an die «Ente sviluppo agricolo» (Landwirtschaftlicher Förderverein), aber dabei handelt es sich um nichts anderes als einen Zusammenschluß der Salvos und ihrer Verwandten. Als gewiefte Nutznießer öffentlicher Gelder haben sie in den letzten fünf Jahren (für ihre Gesellschaften, Kooperativen und die von ihnen kontrollierten Vereinigungen) von der Region Vorzugskredite in Höhe von 19 Milliarden 892 Millionen Lire erhalten.

Nino Salvo ist zudem mit einem Anteil von 65 % Haupteigner der «Compagnia siciliana turistica» (Sizilianische Tourismusgesellschaft), der das Zagarella Palace Hotel in Santa Flavia gehört: 900 Betten an einem Ort, der zu den landschaftlich reizvollsten der Insel gehört.

Auf den Rat eines Freundes hin schaue ich mir das Heiligtum der Familie Salvo an, den Sitz der «Satris», also jener Gesellschaft, der hier jahrzehntelang die Einnahme der Steuern oblegen hat. Der Weg dorthin führt durch eine enge Gasse voller Schlaglöcher und über ausgetretene Treppen — dann jedoch betritt man das in einem ehemaligen Franziskanerkonvent untergebrachte Verwaltungsgebäude und befindet sich in einer anderen Welt. Die Familie Salvo hat die riesige Empfangshalle mit einem bronzenen Stalaktitengewölbe und metallverkleideten Wänden neu herrichten lassen. Eine Unzahl von Computer-Terminals beherrschen den Raum, der weniger die Atmosphäre einer Bank als die einer bedrohlichen Science-Fiction-Welt ausstrahlt.

Einen Schlag erhält das Imperium der Familie Salvo allerdings, als — wenige Tage nach dem Mord an dem sizilianischen PCI-Chef Pio La Torre — der Rechnungshof vom zuständigen Minister Formica angewiesen wird, die Bücher ihrer Steuereinnahmegesellschaften und landwirtschaftlichen Betriebe zu prüfen. «Es ist allerhand dummes Zeug über uns geschrieben worden», sagt Nino Salvo — dem es nicht mißfällt, als «Vizekönig von Sizilien» tituliert zu werden, und der keinen Hehl daraus macht, daß seine Familie die bei weitem reichste auf Sizilien ist — laut «Panorama» Anfang Juli 82. «Man hat sogar behauptet, daß wir das schmutzige Geld aus dem Heroingeschäft weißwaschen und in Umlauf bringen. Aber wir Salvos verdienen so viel Geld mit der Steuereintreiberei, daß wir einen brauchen, der unsere Milliarden wieder in Umlauf bringt.» Dem «Espresso» gibt er folgende Auskunft: «Wir verfügen über eine enorme Liquidität. Wenn der Staat unseren nächstes Jahr auslaufenden Zehnjahresvertrag als private Steuereinnehmer nicht verlängert, werden wir vor Freude einen Luftsprung machen.»

Weniger unverschämt hört sich allerdings das an, was die gefürchteten und sich widersprechenden Führer des Familien-Clans einige Tage später zu sagen haben. «Die Steuereinnahme wirft nichts mehr ab», erklären sie, nachdem sie dem Präsidenten der Region, Mario D'Acquisto, die überraschende Mitteilung gemacht haben, daß sie in Zukunft darauf verzichten wollten. So stellt die «Satris», die für 75 sizilianische Kommunen die Steuern einzog, am 25. August 82 ihre Tätigkeit ein.

Wie das? Nun, eine Mindereinnahme in Höhe von acht Milliarden Lire hätte das Geschäft unrentabel gemacht. Wie konnte es angesichts der Tatsache, daß die immens reichen Salvos seit jeher einen Anteil von 6,72 % an den Einnahmen (ein Prozentsatz, der weit über dem in anderen Regionen Italiens praktizierten liegt) für sich einbehielten, so weit kommen? Der Geschäftsführer nennt die Entscheidungsgründe: Im letzten Jahrzehnt hat die Regierung einen «Zwangszusammenschluß» 51 defizitärer Steuereinnahmestellen mit den Gesellschaften der Salvos angeordnet. Dazu kamen zwei für die Geschäfte außerordentlich ungünstige gesetzliche Neuregelungen. Zum einen wurde verfügt, daß einige Großunternehmen ihre Steuern direkt bei staatlichen Stellen zu entrichten haben und die privaten Einzugsgesellschaften ausgeschaltet werden. Zum anderen wurde von Finanzminister Formica per Erlaß eine Senkung des als Erhebungskosten einbehaltenen Prozentsatzes angeordnet. Durch die erste Neuregelung gingen den Salvos zwölf Milliarden Lire verloren, infolge der zweiten hätten sie weitere acht Milliarden weniger eingenommen. Die Steuereintreiberei entwickelte sich zum Verlustgeschäft.

Dazu kam ein weiteres: Die Region hatte vor kurzem einen Gesetzentwurf vorgelegt, der die Bereitstellung von fünf Milliarden Lire für die «Wiederherstellung der Ausgewogenheit» im Steuereinnahmewesen vorsah; durch die unnachgiebige Haltung der Kommunisten wurde aus diesem Entwurf nie ein Gesetz. Finanzpolitische Beobachter hatten den Eindruck, hier werde eine Erpressung versucht: Hatte die Familie Salvo mit ihrem Ausstieg aus dem Steuergeschäft gedroht, um die Regionalregierung unter Druck zu setzen? Eine Vermutung, die viel für sich hat.

Auch eine andere Vermutung hat einiges für sich, nämlich die, daß der Sturz der Regierung Spadolini im August 82 auf das Konto der Steuerpächter-Lobby geht, die zur Rettung ihres Prozentanteils an den Steuereinnahmen all ihre Gefolgsleute im Parlament, all die, mit denen diese Lire-Milliardäre gute Beziehungen pflegen, mobilisiert hat. Und während der Präsident der Region erklärt, daß man nicht zurück könne, schöpfen die Steuerpächter wieder Hoffnung, weil die Verabschiedung des 5-Milliarden-Gesetzes offenbar auf die lange Bank geschoben wird. Wenige Stunden vor dem Mord an dem Carabinieri-General Dalla Chiesa jedoch werden die von Formica angeordneten Ermittlungen der Finanzaufsicht auf Nino Salvo ausgedehnt. Der fühlt sich beleidigt und verfolgt: Wie ist es nur möglich, daß seine Partei, die DC, sich gegen die Unternehmer wendet, die sie unterstützen?

Die Familie Salvo hat ihre alte Macht wiedererlangen können und betreibt immer noch private Steuereinnahmegesellschaften auf Sizilien (etwa gemeinsam mit der Familie Cambria, ihren Geschäftspartnern seit eh und je). Auch die einträglichen Aktivitäten im Agrarbereich hat sie wiederaufgenommen und den geschäftlichen Einbruch überwunden, zu dem es infolge des spurlosen Verschwindens des mit den Salvos verschwägerten Ingenieurs Ignazio Lo Presti gekommen war. Lo Presti wurde entführt und kehrte nie nach Hause zurück. Niemand hatte vermutet, daß er ein Mafioso war, der sich an einem bestimmten Punkt entschieden hatte, auszusteigen; es heißt, er habe in direktem Kontakt zu Dalla Chiesa gestanden.

Im April 80 hatte Lo Presti in der Nähe von Mailand ein gepanzertes Auto für den Mafioso Salvatore Inzerillo besorgt. In der Begründungsschrift, mit der Richter Falcone dessen Fall zu Neuverhandlung an die untere Instanz zurückverweist, beschäftigt er sich 16 Seiten lang mit Lo Presti. Hier ist auch ein abgehörtes Telefongespräch zwischen diesem und einem gewissen Roberto festgehalten, hinter dem der Richter Tommaso Buscetta, den wichtigsten Mann im Drogengeschäft, vermutet. «Zu viel Neid. . . zu viel Verrat, zu viel Täuschung», sagt Lo Presti zu Roberto. Darauf dieser: «Und Nino weiß nichts?» Lo Presti: «Nino ist auch verschwunden.» Das Telefonat wurde geführt, als der Mafia-Krieg gerade am Anfang stand. «Nino» ist für Falcone Nino Salvo, dessen Familie vermutlich in Kontakt zum Mafia-Clan Inzerillo stand.

Palermo ist eine Stadt, die im Geld schwimmt. Die Eleganz der Läden und die Wohlhabenheit der Einwohner sind frappierend. Trotz der erschreckenden Zunahme von Mord- und Entführungsfällen (Opfer sind Staatsbedienstete, die sich nicht korrumpieren lassen, oder verfeindete Mafiosi, die sich gegenseitig umbringen) haben die Palermitaner eine Art Gleichgültigkeit gegenüber dem erbarmungslosen Ritual der Gewaltkriminalität entwickelt. Darin drückt sich keine Billigung aus, eher Gewöhnung. Man findet sich halt mit den Realitäten ab, eine Art schleichender Verfall moralischer Werte tritt ein. Gewalt wird eingesetzt, um sich zu bereichern und den Gipfel der Wollust zu erreichen: Macht. Die Reichen und Mächtigen tragen bei den Beerdigungen der Mordopfer Trauermienen zur Schau, mögen gleichzeitig aber daran denken, wie sie sich noch mehr Geld und Privilegien aneignen können. Der Preis für einen Killer liegt zwischen zwei und zehn Millionen Lire, dazu kommen die Flugkosten für seine sofortige Rückkehr in die USA. Wer sich in der Branche einen Namen machen will, mordet beim ersten Mal vielleicht auch gratis. Wenn alles glattgeht, wird man wieder auf ihn zurückgreifen, und er kann den Tarif erhöhen. Als Killer angeworben werden immer häufiger Söhne von Provinz-Mafiosi, die in einem Familien-Clan, einer «Cosca», aufgewachsen sind.

Die heute in Palermo führende Schicht ist bekannt dafür, die überall herrschende Verschwiegenheit und Vetternwirtschaft zur systematischen und von ihrem Ausmaß her skandalösen Steuerhinterziehung zu nutzen. An nichts hängen sie so sehr wie an den irdischen Gütern: Stadtwohnungen, die vor Luxus strotzen, Villen am Meer, vielleicht auch ein Haus in der Schweiz, teure (auch gepanzerte) Limousinen, dicke Bankkonten, Geschäfte und Restaurants. Sie führen ein Mafia-Nomadenleben: Mailand, Rom, Paris — und zum Spiel nach Monte Carlo. Beim Hafenamt sind Tausende von Luxus-Yachten registriert, aber keinen roten Heller haben die Reichen für Gemeinschaftsaufgaben übrig. In Bagheria, das immerhin 60 000 Einwohner hat, gibt es kein Krankenhaus.

In Palermo soll es mindestens zwanzig Leute geben, die müde lächelnd einen Scheck über 30 Milliarden Lire ausstellen könnten. Palermo ist sicherlich die italienische Stadt, in der sich Schmuck und Edelsteine am besten verkaufen lassen; die großen Juweliergeschäfte bezeugen dies zur Genüge. Alles, was signiert, teuer, exklusiv ist, geht hier weg wie warme Semmeln. Kaum zeigt Krizia seine Novitäten in der Auslage, sind sie auch schon verkauft. Und nicht anders ist es bei Fendi, Cartier, Armani, Versace und Mila Schön.

Als Ursachen dieses ungeheuren Reichtums können die Verfeinerung krimineller Taktiken und der massive Einstieg von Mafia-Kreisen in äußerst lukrative Geschäfte betrachtet werden. All das flüssige Kapital mußte nun in wirtschaftliche Aktivitäten gesteckt werden, die es zum einen ermöglichen, das schmutzige Geld weißzuwaschen, zum anderen, neue Gewinne zu erzielen.

Bauunternehmer und hohe Beamte, Auftragnehmer und Auftraggeber, betreiben mit Leidenschaft Glücksspiele. Allabendlich verwandeln sich Salons in Spielhöllen; es geht um Einsätze von bis zu 50 Millionen Lire. Bevorzugt wird Poker, Chemin oder Bakkarat gespielt. (Nachmittags versuchen die Damen ihr Glück bei Canasta und Ecarté.)

Ein einziger BMW-Vertragshändler war für Palermo nicht genug. Schließlich werden hier zwei BMW pro Tag verkauft. Deshalb gibt es jetzt eine zweite Verkaufsstelle. BMW gilt als bevorzugtes Killer-Auto; die Besitzer dieses Typs werden jetzt sogar von der Finanzaufsicht überprüft. Mir scheint jedoch, daß die Killer in letzter Zeit auf VW-Golf GTI umgestiegen sind.

Die Restaurants sind immer brechend voll. Einmal beobachte ich, wie an einem Nebentisch zwanzig Portionen Spaghetti mit halben Langusten serviert werden. Nach ihrem Verhalten zu urteilen, hätte man eigentlich meinen können, daß meine Nachbarn zur ärmeren Gesellschaftsschicht gehören. Aber zum Schluß war da kein Familienoberhaupt, das mit kritisch-düsterem Blick die Rechnung kontrolliert — einer nach dem anderen stellte, ohne mit der Wimper zu zucken, einen Scheck über 120 000 Lire aus.

Eines Samstagsnachmittags betritt ein Mann, wie man ihn sich durchschnittlicher nicht denken kann, zusammen mit einer ebenfalls recht unauffälligen Frau einen Antiquitätenladen. Man sucht ein Tischlein «Louis-quinze», wie der Mann knapp bemerkt, findet es auch und stellt gleich einen Scheck über 30 Millionen Lire aus. Die Lieferung wird für Montag vereinbart. Die Unterschrift ist dem Antiquitätenhändler unbekannt, deshalb geht er am Montagmorgen zur Bank, um sich zu erkundigen, ob dieser Kunde vertrauenswürdig sei. Er erntet ein spöttisches Lächeln: «Dem können Sie Ihren ganzen Laden verkaufen.» Als ein Angestellter des Geschäfts dann das Möbelstück abliefert, wird er in eine riesige Wohnung geführt. Überall stehen Diwane und Sessel mit damastiertem Bezug. Die Hausherrin läßt ihn alles bewundern, und amüsiert registriert er, daß auf jedem Sitzmöbel ein Stofftier oder eine Reifrock-Puppe plaziert ist. Während er sich umschaut, zündet er sich eine Zigarette an. Eilig bringt die Hausherrin ein Tellerchen. Wie unendlich peinlich, aber der Architekt hat die Aschenbecher noch nicht liefern lassen.

Unter den eleganten Geschäften der Via Ruggero Settimo (auch «der Salon» genannt) fallen die hocheleganten auf, die mit den makellos gekleideten Angestellten und einer Einrichtung, die ein bis zwei Milliarden Lire gekostet hat. Da gibt es einen Laden, dessen Schaufenster mit Wildschweinleder ausgelegt ist; den Verkaufsraum hat man mit Hölzern und polychromen Kristallen ausgestattet. Der Eigentümer war früher selbst Angestellter, man versteht nicht, woher er das Geld hat, aber bekanntlich gibt es ja meist keine Zeugen, wenn hier Geld den Besitzer wechselt.

Zu den Spitzenverdienern gehören in Palermo Notare und Rechtsanwälte, Ärzte und Analytiker. Die Anschaffung teurer medizinischer Apparate, auf die öffentliche Krankenhäuser jahrelang vergeblich warten, ist für die Privatkliniken kein Problem. Palermo ist nicht einfach reich, Palermo ist stinkreich, höre ich von jemandem, der es nicht mehr ist. Man braucht sich doch nur die Villen am Meer anzusehen, die — sämtlich illegal — zwischen dem Flughafen und der Stadt gebaut worden sind. Dieser Häuserhaufen, über dem der Gestank von verbranntem Müll liegt, ist ein echter Bauskandal. Aber einstweilen haben die neuen Herren, die Ärzte, Rechtsanwälte, Händler und Geschäftsleute ihr Haus an der Küste. Brav zahlen sie ihre «Schutzgebühr», damit aus Haus und Garten auch nichts verschwindet, etwa ein Gemälde oder ein Schlauchboot. Oft scheint man nicht zu wissen, wohin mit dem Geld. In Bagheria haben sie zwei Wolkenkratzer gebaut, an den öffentlichen Strand des Örtchens Santa Flavia zwei Chalets gestellt, deren winzige Grotten-Appartements ohne Schwierigkeiten für 180 Millionen Lire pro Stück verkauft wurden.

Und doch kann man durch die Altstadt und die armen Viertel von Palermo Ratten huschen sehen, die so groß wie Katzen sind. Die Stadt ist eine der schmutzigsten in ganz Italien, und das, obwohl zur Steigerung der Effektivität der städtischen Müllabfuhr gerade 160 neue Müllwerker eingestellt wurden. (Die Müllabfuhr von Palermo macht jedes Jahr 45 Milliarden Lire Verlust; pro Benutzer fallen hier am Tag Kosten in Höhe von 130 000 Lire an, in Mailand dagegen nur 49 000.) Übrigens ist jeder fünfte Palermitaner an Salmonellose erkrankt.

Der wirklich begüterte Bürger von Palermo trägt im Sommer einen hellen, im Winter einen gedämpft-rauchgrauen Leinenanzug. Dazu kommen eine schwere goldene Halskette, eine Cartier-Uhr, ein Ring. Er zeigt sich viel in der Öffentlichkeit, organisiert gerne Feste; seine Villa am Meer steht ganzjährig offen, der BMW fahrbereit vor der Tür. Die Kinder gehen in eine Privatschule. Mit sechzehn bekommen sie ein Motorrad, mit achtzehn ein Auto.

Was ist aus den jungen christdemokratischen Aufsteigern der 60-er Jahre geworden, von denen weiter oben die Rede war? Giovanni Gioia ist gestorben, sein Zwillingsbruder Luigi — der zusammen mit dem ehemaligen Sekretär im Innenministerium und heutigen Leiter des Gesundheitsamts Giuseppe Insalaco die magistratsinterne Opposition anführt — wird bei den nächsten Wahlen kandidieren. Zwei andere, Salvo Lima und Vito Ciancimino, sitzen fest im Sattel. Lima, zu Zeiten der unverschämtesten Bauspekulation Bürgermeister von Palermo und Anführer des westsizilianischen Andreotti-Flügels, hat in der palermitanischen DC noch immer das Sagen. Er ist Europa-Abgeordneter, weiß 300 000 Wähler hinter sich, spielt sich überall als Herr auf, unterhält gute Beziehungen zu Kommunisten, verfügt über einen ausgedehnten Freundeskreis und über Verbindungen zu Spitzenmanagern, Bauunternehmern und selbstverständlich zur Familie Salvo.

Vito Ciancimino aus Corleone, ehemals Vermessungstechniker und heute Unternehmer, ist für die lokale Organisation der palermitanischen DC zuständig und noch immer einer der mächtigsten Männer der Stadt. Die Versuche der Wirtschaftsgruppe Inim, die Venchi Unica 2 000, eine der Gesellschaften, mit deren Aktien Sindona Spekulationsgeschäfte betrieben hat, zu kaufen, liefen über ihn. Die Abgeordneten des italienischen Parlaments hatten gerade des Todes Pio La Torre gedacht, als in der direkt anschließenden Parlamentsdebatte über das Drogenproblem ein Redner der Kommunisten daran erinnerte, daß Rosario Spatola auch mit Hilfe der palermitanischen Wohnungsbaugesellschaft Iacp schmutziges Geld in Umlauf gebracht habe. Und wer wohl im Aufsichtsrat dieses Unternehmens sitze? Der Abgeordnete des PCI beantwortet die Frage selbst: «Signor Vito Ciancimino, Christdemokrat und ehemaliger Bürgermeister von Palermo.» (Seit einiger

Zeit ist ein gerichtliches Untersuchungsverfahren im Gange, das Aufschluß über die Zusammenarbeit zwischen dem damaligen Aufsichtsratsmitglied der Iacp und dem Spatola-Konzern bei dem Bau von 700 Wohnungen im Viertel Sperone geben soll.)

Die nächste Attacke des Redners der Kommunisten gilt Attilio Ruffini. «Wie ist es bloß möglich, daß ein Verteidigungsminister einem Typ wie Rosario Spatola zuprostet?» ruft er in den Plenarsaal, wobei er maliziöserweise gleichzeitig so tut, als schenke er den Beteuerungen Ruffinis, er sei in Unkenntnis über die Vorstrafen seines Tischgenossen gewesen, Glauben. Die Vorgeschichte dieses denkwürdigen Abends verdient es, kurz beleuchtet zu werden. Am 30. Mai 78 wird Giuseppe Di Cristina, Mafia-Boss aus Riesi und ehemaliger Angestellter des sizilianischen Chemiewerks Sochimisi, ermordet. Bei der Untersuchung des Falls führt eine Spur zu den Schweizer Bankkonten von Sindona; man stößt auf Schecks über mehrere Milliarden Lire. Gegen achtzehn palermitanische Mafiosi wird Haftbefehl erlassen, der wichtigste Mann darunter ist Salvatore Inzerillo (der im Mai 81 ermordet wurde). Im Mai zwei Jahre zuvor jedoch hatten sich folgende Herrschaften im Restaurant «La Carbonella» versammelt: Attilio Ruffini, Verteidigungsminister, Rosario Spatola (Schwager von Inzerillo, heute wegen Zugehörigkeit zur Mafia und Drogenhandels im Gefängnis, Organisator der vorgetäuschten Entführung von Sindona, der außerdem, wie die Finanzbehörden erst kürzlich ermittelt haben, den Staat um Steuern in Höhe von 5,5 Milliarden Lire betrogen hat) und schließlich Inzerillo, der zu diesem Zeitpunkt auf der Fahndungsliste steht. Der Abend endet mit einem Trinkspruch, den Spatola und Inzerillo ausbringen: «Sagt den Freunden und den Freunden der Freunde, daß sie diesen Ehrenmann unterstützen sollen!» Prösterchen in Richtung von Ruffini. Ein deutlicher Aufruf der Mafia an die Bewohner der Viertel Bellolampo, Cruillas, Uditore und Passo di Rigano, bei den Wahlen Ruffini ihre Stimme zu geben. Einige Monate später lenkt Inzerillo das

Unternehmen Sidona auf Sizilien. (Kommentar des Richters Giovanni Falcone: «Was für ein wichtiger Mann Rosario Spatola ist, ergibt sich überdeutlich daraus, daß es ihm gelingt, die Teilnahme eines amtierenden Ministers an einer Wahlversammlung zu erreichen.»)

Ende der siebziger Jahre beginnt das Drogengeschäft in Palermo ungeahnte Ausmaße anzunehmen. Die Mafia betreibt es mit unternehmerischem Sachverstand, hat alle Phasen der Produktion in der Hand und die Heroinherstellung zu einer Großindustrie gemacht. Die immensen Gewinne aus dem Drogengeschäft werden für Wirtschaftsaktivitäten und Finanzierungen aller Art verwendet, oft für schmutzige Geschäfte, aber auch für legale Unternehmungen im Bau-, Agrar- oder Tourismussektor.

In Wahrheit ist Sizilien schon seit der unmittelbaren Nachkriegszeit, als man hier einen für Frank Tre Dita (Coppola) in New York bestimmten Koffer voll Heroin beschlagnahmte, ein Stützpunkt des internationalen Drogengeschäfts. Aber erst nach dem Niedergang der Drogenmetropole Marseille wurde Palermo zum Zentrum der Herstellung von Rauschgift. Viele Erkenntnisse über den internationalen Drogenhandel und die Verbindungen zwischen «Familien» auf Sizilien und in den USA sind der amerikanischen Drogenbehörde DEA (Drug Enforcement Administration) zu verdanken, die mit italienischen Experten zusammenarbeitet. Einer von ihnen war der Leiter der Sondereinsatzgruppe Palermo, Boris Giuliano, der im Juli 79 ermordet wurde. Er hatte Ermittlungen darüber angestellt, wie die Gelder aus dem Drogengeschäft transferiert und weißgewaschen werden und dabei entdeckt, daß Sindona enge Beziehungen zur internationalen Freimaurerei unterhielt und sich dieses Verbindungsnetz während seiner angeblichen Entführung zunutze gemacht hatte, um die Drogenzentren Neapel, Palermo, Verona und Athen aufzusuchen. Giuliano strengt also eine Untersuchung an — doch eine Kleinigkeit entgeht ihm. Der Bankangestellte und stellvertretende Leiter der Zweigstelle, über die er zu erfahren hofft, wer der Mafioso ist, der dort in regelmäßigen Abständen Hunderttausende von Dollars aus dem schmutzigen Geschäft deponiert, ist ein gewisser Paolo Lo Coco, Schwager von Giovanni Bontade, Mafia-Führer mit einer Spitzenposition im Drogengeschäft. Lo Coco erfüllt seinen Auftrag, dem Richter jede Einzahlung des mysteriösen Kunden zu melden, nur mangelhaft, und Giuliano beginnt, ihm gegenüber Verdacht zu schöpfen. Er stellt genauere Nachforschungen an und steht kurz davor, Lo Coco festzunageln. Da wird der Richter in einer Café-Bar erschossen. Die Killer wird man nie fassen.

In Palermo bitte ich den Präfekten Carlo Alberto Dalla Chiesa um ein Interview und werde sofort von ihm und seiner attraktiven Frau empfangen. Die beiden sind sichtlich ineinander verliebt und bester Laune. Dalla Chiesa ist noch voller Zuversicht, daß er die von der Regierung erbetenen Befugnisse erhalten wird und einen mit Mailand, Turin, Neapel, Bari und anderen Städten koordinierten Kampf gegen die Mafia führen kann. Ich lasse es ihn nicht merken, aber was ich in diesem Moment am meisten an ihm bewundere, ist sein Mut. Schließlich kehrt er in ein Palermo zurück, das von eben jenen Erfolgreichen, Besitzenden und Mächtigen beherrscht wird, über deren zweifelhaften Unternehmungen, Verbindungen zur Mafia, Konflikte mit der Justiz und Verstrickungen in die Bauspekulation er 1971 der Antimafia-Kommission so unmißverständlich berichtet hatte. Eben um Ciancimino, Lima und auch um D'Acquisto, der heute Präsident der Region ist, ging es doch in seinen damaligen Berichten. (Alles Leute, für deren Ehre sich Andreotti in einem unglaublichen Fernsehinterview mit Giampaolo Pansa verbürgt. Es seien allesamt Freunde, läßt er verlauten, und Nello Martellucci, der Bürgermeister von Palermo, der drei Tage nach der Ermordung des Präfekten erklärt, es gehöre nicht zu den Kompetenzen seines Amtes, die Mafia zu bekämpfen, ja, auch er ist laut Andreotti «ein Ehrenmann».) Während meiner Zusammenkunft mit Dalla Chiesa verdränge ich die düstere Prophezeiung aus meinem Kopf, mit der viele Leute auf seine Ernennung reagiert haben: Man werde sich mit seiner Ermordung nicht allzulange Zeit lassen.

Es herrscht denn auch kein Mangel an dunklen Andeutungen und offenen Drohungen von seiten derer, die Grund haben, sich davor zu fürchten, daß der «Superpolizist» Dalla Chiesa Nachforschungen über die Herkunft ihrer großen Vermögen anstellt. Schließlich könnte sein Kampf gegen das Heroingeschäft die Drogenschieber um ihr Hab und Gut und ihren Luxus, die Ehefrauen um ihre Pelze bringen. Unterdessen werden die Kompetenzen von Dalla Chiesa beschnitten. «Er soll», erklärt der Innenminister Rognoni, «die Intelligence koordinieren; Dalla Chiesa soll der Terminal aller Erkenntnisse über die Mafia sein.» Die seltsame Wortwahl — 'Intelligence', 'Terminal' — soll verschleiern, daß Dalla Chiesa weiterhin lediglich lokale Kompetenzen haben und durch Zuteilung einiger neuer Beamter nur unwesentlich gestärkt wird. Dalla Chiesa denkt an Rücktritt; Rognoni dementiert gereizt.

Trotz der Verärgerung und Enttäuschung über die abgelehnte Koordinierung verdrängt Dalla Chiesa vielleicht — verliebt und glücklich wie er ist — den Gedanken daran, wie schwierig es für ihn sein wird, in dieser von Aggressivität und Tragik geprägten Stadt zu überleben. Er wird herausgefordert, und fast jeden Tag findet eine Generalprobe statt, was in anonymen Anrufen bei Zeitungen später die «Operation Carlo Alberto» genannt werden wird.

Und es beginnt ein makabrer Countdown. Bis zum 1. August sind 79 Menschen ermordet worden, einen Tag später sind es 81, am 7. August 86, zwei Tage darauf 89, und so immer weiter: 90, 91. . . 95 Mordopfer bis zum 15. August.

Innerhalb von kaum zwei Wochen werden 14 Menschen in dem von Bagheria, Casteldaccia und Altavilla Milicia gebildeten «Todesdreieck» umgebracht. Es ist, als wolle man den Weg des Präfekten mit Leichen pflastern, als Zeichen der Geringschätzung oder, um seine Unfähigkeit zu demonstrieren.

All dies geschieht, während immer mehr Straßenkontrollen durchgeführt werden und der «Belagerungszustand» sich verschärft. Wenn ein Anrufer ankündigt, an einem bestimmten Ort werde man eine noch warme Leiche finden, kann man sich darauf verlassen, daß es stimmt. Aus den Fotos, die jeden Tag in den Zeitungen erscheinen, entwickelt sich eine Art Ikonographie des Terrors, die bestimmten Grundmustern folgt: Nahe dem geöffneten Wagenschlag liegt der Tote, zusammengesunken, zusammengekauert, blutüberströmt, die Gesichtszüge nicht mehr zu erkennen. Niemand hat etwas gesehen, kann etwas bezeugen, aber sofort strömt eine schaulustige Menge zum Tatort. Fürsorgliche Väter nehmen ihre Kinder auf die Schultern, damit sie besser sehen können. Mord und Totschlag werden zum beherrschenden Thema der Gespräche, füllen die Spalten der Zeitungen. Von dem Tag der Amtseinführung Dalla Chiesas als Präfekt (1. Mai) bis zum Tag seiner Ermordung (3. September) werden 53 Menschen umgebracht. Zehn Morde im Mai; erbarmungslose Gemetzel folgen im Juni, bei einem Blutbad auf der Umgehungsstraße kommen drei Carabinieri, der Fahrer und der Mafia-Boss Alfio Ferlito aus Catania ums Leben (ein Beweis für die Existenz der Mafia-Achse Catania-Palermo); im Juli und August dann sind Mafiosi, unbescholtene Bürger, Bauunternehmer, Ärzte und Geschäftsleute die Opfer: Der Terror des «Todesdreiecks».

In einem Gespräch mit dem Landesvorsitzenden der Kommunisten auf Sizilien, Luigi Colajanni, frage ich, wie man sich die mangelnde Unterstützung für Dalla Chiesa zu erklären habe. «Wenn man das ehrliche Bemühen des Ministers nicht in Zweifel ziehen will, bleibt nur eine Erklärung. Die wirklich wichtige Lobby, die der Mächtigen in Politik und Mafia, hat sich erfolgreich bemerkbar gemacht und jede Entscheidung blockiert. Die Herausforderung der Mafia, die kürzliche Mordserie und diese Sabotage, das alles wirkt zusammen. . . Nicht allein wir wollen die Koordination in der Mafia-Bekämpfung und die Anwendung des Anti-Mafia-Gesetzes. . . Das Engagement der katholischen Kirche fordert dazu auf, das geheime Einverständnis öffentlich aufzukündigen, d. h. das Gesetz des Schweigens, die «omertà» zu überwinden. Die Mafia wird als soziales Übel verurteilt, man sagt sich von kompromittierten Politikern los.»

Dies ist in der Tat Inhalt der Predigten von Pater Francesco Michele Stabile, bischöflicher Vikar und Initiator einer heftigen Stellungnahme gegen die «Männer des Todes» (die kurz im Anschluß an die mutige Botschaft der Pfarrer des «Todesdreiecks» erfolgte). Pater Stabile sagt: «Straßensperren zu errichten, führt jetzt zu gar nichts. Wenn man wirkliche Einschnitte in das Mafia-Netz will, muß man zur Vermögenskontrolle übergehen; es gilt festzustellen, woher dieser Geldfluß stammt und wer durch Gesetzesbruch reich wird.»

«Aber auch damit ist es noch nicht getan», fährt der Geistliche fort. «Den unsauberen Praktiken, den Machenschaften bei der Vergabe öffentlicher Aufträge muß ein Ende gesetzt werden, dieser ständigen Gewohnheit, der noch niemand Herr geworden ist. Denn auch bei dem Kampf um Aufträge wird gnadenlos gemordet. Die Kommunen? Sie tun gar nichts. Und auch das sollte einmal untersucht werden. Ob sie wohl nur einfach unfähig sind oder sich geschickt heraushalten wollen? Ich weiß, fast alle Gemeinden der Provinz Palermo werden von den Christdemokraten regiert. Aber die DC verrät oft ihre christlichen Grundwerte, insbesondere, weil sie nicht den Mut hat, sich von kompromittierten Politikern zu trennen.» Geht es deutlicher?

Zum Abschluß unseres Gesprächs kommen wir auf ein leicht makabres Thema: «Vor zwei Jahren wurde hier in Bagheria der Mafioso Tommaso Scaduto beerdigt. Aus allen Teilen Siziliens und auch aus Kalabrien wurden Kränze geschickt. Hinter der Bahre gingen drei Bürgermeister und ein Dutzend Gemeindeverordnete. Hat sich seitdem nichts geändert? (Die unglaublichste Mafia-Beerdigung war übrigens die von Giuseppe Di Cristina. Sie fand 1978 in Riesi, einem Ort nahe Caltanissetta statt. Alles im Dorf stand still. Gemeindeverwaltung und Schulen geschlossen, Trauerbeflaggung am örtlichen Parteibüro der Christdemokraten, unter den Trauergästen Persönlichkeiten des öffentlichen Lebens in großer Zahl. In Zusammenhang mit der Beerdigung kam es nachher zu 51 Verfahren wegen Dienstpflichtverletzung.)

«In diesem schlimmen August haben wir leider wieder ähnliche Beerdigungen erlebt. Die Kirche kann das nicht tolerieren. Vielmehr müssen wir eine Richtschnur für das Verhalten aller Pfarrer entwickeln, um zu verhindern, daß der einzelne sich exponiert. Die Kirche hat sich in diesen Jahren in vielerlei Hinsicht gewandelt. Vor allem gibt es die eingeschüchterte Kirche nicht mehr, und sie darf es auch nicht mehr geben.» Und wieder ist es Andreotti, der (in dem schon erwähnten Fernsehinterview) zu beschwichtigen versucht. Die Teilnahme an Beerdigungen, so sagt er, sei ein Werk der Nächstenliebe. Natürlich habe er Taufen auch lieber als Begräbnisse. . . Das eigentliche Problem, das der Aufwertung der Mafia, umgeht er. Für beschränkte Ausführungen dieser Art erntete er beim «Freundschaftsfest» der christdemokratischen Partei das schallende Gelächter der Zuhörer.

Pater Stabile orientiert sich an Salvatore Pappalardo, dem Bischof von Palermo, der in seiner beeindruckenden Predigt zum Christkönigsfest 1981 von der Mafia und ihrem schmutzigen Geld sprach, von «unseren Brüdern, die morden, und den vielen Handlangern, des Bösen in unserer Stadt». Eine Predigt, mit der er der Mafia ein wahrhaftiges «j'accuse» entgegenschleuderte.

Wie den Antichristen wollen die Besten unter den Geistlichen also die Mafia bekämpfen. Des Kontrasts wegen kann ich es mir nicht versagen, ein Gespräch mit Nello Martellucci, dem Bürgermeister von Palermo, zu führen, von dem es heißt, daß er das Wort Mafia erst nach dem Tod von Pio La Torre in den Mund genommen habe.

Nello Martellucci ist ein mehr als höflicher Mann, der allerdings stark zum Monologisieren neigt. Wütend wird er, wenn jemand meint, Palermo und Mafia seien zwei verschiedene

Worte für dieselbe Sache. Und das, sagt er, denken die Kolonialisten vom Festland und lassen es von ihrer Presse verbreiten. Dabei handle es sich bei den Einwohnern von Palermo zu 98 % um ordentliche, arbeitsame, engagierte, aufgeschlossene und großherzige Menschen. Martellucci gehört innerhalb der DC zum Andreotti-Flügel und ist ein Bewunderer von Lima (ein außergewöhnlicher Mann sei das, der wisse, wie man mit Menschen umgeht und eine Ausgeglichenheit habe, die man selten finde); sein Pressesprecher ist Vincenzo Ciancimino, ein enger Verwandter von Vito. Was er zum Skandal bei der Vergabe öffentlicher Aufträge sage, will ich vom Bürgermeister wissen. Das sei alles maßlos übertrieben worden. Und der Schmutz in Palermo? Ja, ob Rom oder Neapel etwa sauber seien?! Zum Schluß nimmt der Bürgermeister sozusagen Haltung an und verkündet, Palermo sei die wichtigste christdemokratische Stadt Italiens.

Über mein Gespräch mit Martellucci berichte ich in einem Artikel in «Panorama». Darin belustige ich mich ein wenig darüber, daß er sogar so nett war, mir seine Diät zu erklären, mache Bemerkungen über seine Vergangenheit als aktiver Sportler und schreibe, daß er selten lacht, weil er so schmale Lippen hat. Er aber ist derart höflich, daß er mir ein Dankeskärtchen schickt: «. . .Ihre freundliche Ironie war mir ein Vergnügen.»

Bis 1980 wurden die Bezirke Bellolampo und Uditore von den vier Mafia-Gruppen Inzerillo, Spatola, Gambino und Di Maggio beherrscht. Von diesen Clans ist keiner übriggeblieben. Von der Familie Inzerillo leben nur noch die Frauen, die Männer wurden zwischen Frühjahr und Ende 1981 Opfer von Anschlägen. Der Sohn von Salvatore Inzerillo wurde entführt und tauchte nie wieder auf. Im April 1981 wird Stefano Bontade ermordet, Mafia-Führer aus einer Familie von Mafia-Führern, Herr über mindestens hundert Mafiosi, die Villagrazio und Brancaccio kontrollierten, sowie den dritten wichtigen Stützpunkt der alten Mafia in Cinisi mit dem dortigen

«Capo» Gaetano Badalamenti. All diese Mafia-Gruppen existieren nicht mehr. Aufgestiegen sind dafür die (ebenfalls durch das Heroin-Geschäft reichgewordenen) Mafia-Familien vom Corso dei Mille, aus San Lorenzo Colli, Corleone, Croceverde-Giardini und Ciaculli. Im letztgenannten Ort residiert die Familie Greco; sie mag etwa einhundert Mitglieder haben. Ihr Oberhaupt, «der Ingenieur», kontrolliert in Venezuela eine der größten Reifenfabriken der Welt. In Sizilien betätigten sich die Brüder Michele («der Papst») und Salvatore («der Senator»), beide sind inzwischen untergetaucht. Den einst mächtigen und heute zerschlagenen Mafia-Familien im Rauschgiftgeschäft waren sowohl die amerikanische DEA als auch Boris Giuliano von der Sonderkommission Palermo und Staatsanwalt Costa auf die Spur gekommen.

Der Preis für ein Kilo Heroin beträgt in Amerika 250000 Dollar. «Nach Abzug der Produktions- und Transportkosten», sagt der Soziologe Pino Arlacchi von der Universität Cosenza, «dürfte der Reingewinn bei 700 bis 800 Milliarden Lire jährlich liegen; die weitaus niedrigeren Schätzungen, die man oft hört, beziehen sich lediglich auf den Jahresertrag aus dem Kleinhandel in den USA.» Daraus erklärt sich leicht, warum Palermo im Geld schwimmt und Luxusgeschäfte, Schönheitssalons und exklusive Boutiquen hier so viele Kunden haben. Die durch die Rauschgiftkriminalität in Umlauf gebrachten immensen Geldmittel sind Ursache von Verzerrungen auf dem Finanzmarkt. Ökonomen und Soziologen stellen sich die Frage, was wohl aus der Wirtschaft Siziliens wird, wenn das Heroingeschäft eines Tages zerschlagen sein sollte. Ein totaler wirtschaftlicher Zusammenbruch könnte die Folge sein.

Pio La Torre hatte das Mafia- und Rauschgiftproblem entschlossen angepackt, hatte unablässig gemahnt, gedrängt, nachgefragt, angeklagt. Und dann war da jemand gewesen, der seine Schritte verfolgte und beschloß, daß er sterben müsse.

Giovanni Falcone verkörpert einen neuen Typ Richter, so gänzlich verschieden von seinen Kollegen, die aus «Mafioso» immer noch «Ehrenmann» machen und «Mafia» als «Kraft des Bösen», «Hypertrophie des Ego» oder «Volksempfinden» begreifen. Falcone ist ein mutiger Mann. Er ist mit Arbeit überlastet, erhält täglich Drohungen und lebt wie ein Gefangener. Er muß ein gepanzertes Auto benutzen, und Leibwächter (früher fünf, heute zwanzig) folgen ihm überallhin. 1982 hat er gegen die Familien Spatola, Inzerillo, Gambino und Di Maggio sowie weitere 121 mutmaßliche Rauschgiftkriminelle ermittelt. Die Akte ist 1057 Seiten dick: ein Verzeichnis von Namen, Vornamen, Decknamen, Adressen, Schecknummern, Telefongesprächen, Telefonmitschnitten.

Giovanni Falcone ist ein noch junger Mann (sein dichter, graumelierter Bart täuscht ein wenig), tatkräftig und mit einem geduldigen Lächeln. Wie kommt er mit der herrschenden Klasse in Palermo zurecht? «Eine frontale Auseinandersetzung wird natürlich vermieden. Hier gibt es eine Unternehmerschicht, die ihre Rechnung nicht ohne die Mafia machen kann, von ihr abhängig ist oder selbst dazugehört. Grundsätzlich gilt festzuhalten, daß auf Sizilien viele Fäden des internationalen Verbrechens zusammenlaufen. Sie wissen so gut wie ich, daß hier eine enorme Geldmenge in Umlauf ist. Es handelt sich nicht mehr um ein regionales Problem, wir haben es mit multinationalen Verbrechensorganisationen zu tun.» Wie der Soziologe Arlacchi schätzt auch Falcone, daß der Erlös aus dem Heroingeschäft seit 1976 wenigstens 800 Milliarden Lire jährlich beträgt.

Seitdem Falcone gegen die Rauschgiftgroßindustrie ermittelt, sind in Palermo vier Herstellungsstätten aufgeflogen. Einige Details seiner Ausführungen wecken mein Interesse: «Für ein Heroin-Labor benötigt man viel Platz, Wasser und elektrisches Licht. Man hat hier Heroin mit einem Reinheitsgrad von 92 % gefunden. Verschnitten wird es mit Talkpuder oder minderwertigeren Zusätzen.» Weiter sagt Falcone: «Mailand und Palermo gehören zusammen. Der Heroinmarkt in Italien ist heute in der Hand einer sizilianischen Mafia-Gruppe, und in den Spitzenfunktionen sitzen Sizilianer. Aber Mailand ist ein zentraler Umschlagplatz für alle Stoffe, die man zur Heroinherstellung braucht; die Beschaffung der Morphin-Base läuft über Mailand, auch der Vertrieb wird von dort aus und ohne Beteiligung der Sizilianer geregelt. Das Kokaingeschäft dagegen wird ganz von Sizilien bzw. Catania aus abgewickelt.»

(Seit 1948 hatte man in Palermo kein Rauschgift-Labor ausgehoben. Das damals entdeckte war in einer Süßwarenfabrik gegenüber der Vucciria untergebracht. Es gehörte Salvatore Luciano, besser bekannt als Lucky Luciano.)

In den mehr als tausendseitigen Ermittlungsakten Falcones habe ich mit besonderem Interesse die Stellen gelesen, die Aufschluß darüber geben, wie das Heroin von Palermo nach New York gelangte. Es wurde in Päckchen verschickt, deren Inhalt man als zum persönlichen Gebrauch bestimmt deklarierte und die an nichtexistente Personen adressiert waren. Lagerten diese Päckchen erst einmal in den Magazinen der Alitalia, ließen Angestellte, an die man Bestechungsgelder von bis zu 10000 Dollar zahlte, sie verschwinden, brachten sie an bestimmte Lagerplätze oder vertauschten sie mit anderen. Auf diese Art wurde kiloweise Heroin nach New York eingeschleust, verpackt als Babypuder, in Metallschachteln oder unter Stößen von Platten verborgen.

Einige Angestellte der Alitalia bitten eines Tages darum, in eine andere Schicht versetzt zu werden (die ihnen bessere Gelegenheit gibt, die fraglichen Päckchen auszutauschen und weiterzubefördern). Die Beamten der DEA werden über den Vorgang informiert, ziehen die richtigen Schlüsse daraus und ertappen einige der Alitalia-Mitarbeiter auf frischer Tat. Die Fahnder versuchen nun, sie zu überreden, mit ihnen zusammenzuarbeiten, um Mitglieder der Organisation enttarnen zu können. Weil sie anderenfalls harte Strafen zu erwarten haben, wird das Angebot von einem Teil der Betroffenen akzeptiert. Auf diese Art entdecken die Fahnder die Drogenumschlagplätze (eine Bäckerei in Brooklyn, die im Besitz einer bekannten Mafia-Familie aus Bagheria ist, eine Pizzeria, die zur Kette der Familien Gambino und Inzerillo gehört, die «Pizzeria Tiffany», die als Geldwaschanlage betrieben wird, das «Caffè Milleluci» in Brooklyn, die Firma «Arcobaleno italiano», das «Caffè Italia», die «Bar Capricci's», das «Night Valentino«).

Wichtige Fahndungserfolge werden durch die Arbeit eines «Under Cover Agent» («verdeckter Fahnder») ermöglicht, bei dem es sich um einen Aussteiger aus dem Drogengeschäft handelt, der gegen Zusicherung von Straffreiheit für zwei Bestechungsversuche, die er als Alitalia-Angestellter unternommen hatte, zur Zusammenarbeit mit der Rauschgiftbehörde bereit war. Durch die verdeckte Fahndung (mit allem was dazugehört: Mikros in den Manschetten, verschlüsselte Nachrichten usw.) konnten am 18. März 1980 in Cedrate di Gallarate mehr als 40 Kilogramm Heroin beschlagnahmt werden. Ein Erfolg der guten Kooperation von amerikanischen und italienischen Drogenfahndern. Unser UCA, in gelber Sportjacke, trifft also zusammen mit den sizilianischen Brüdern Emanuele, Domenico und Antonio Adamita, die als Rauschgifthändler und Angehörige der Mafia-Gruppe Carlo Gambino avisiert werden, in Italien ein. Die Polizei läßt das Grüppchen nicht aus den Augen, und über ihren Informanten sind die Fahnder bei mehr als einem Abendessen im Restaurant «Vecchio Quattrocento» dabei, wissen über jeden Schritt im Haus der Familie Adamita in Vanzaghello (bei Mailand) Bescheid und erleben auch mit, wie die Päckchen — zwecks Täuschung der Drogenspürhunde der Polizei mit Zinnband umwickelt — bei einer Versandfirma in Cedrate di Gallarate aufgegeben werden. Bei der Razzia im Haus der Adamitas werden — neben Waffen — Pappkartons mit der Aufschrift «Südfrüchte» gefunden. Sie kommen aus Sizilien, in ihnen liegt die ein oder andere Nummer des «Giornale di Sicilia». Das Rauschgift stammt also von dort, fast mit Sicherheit aus Bagheria, und soll nach New York weiterverschoben werden.

Die Beweise gegen die in der Lombardei operierenden sizilianischen Brüder sind erdrückend, und dies gilt ebenso für die Brüder Gambino und eine große Zahl von Freunden, Begünstigern, Mitwissern und Handlangern, gegen die Anklage erhoben wird. (Bei dem Prozeß, der am 30. November gegen 76 mutmaßliche Heroinhändler eröffnet wird, sieht man Emanuele Adamita allerdings nur kurz auf der Anklagebank. Sehr bald wird er auf der Bahre aus dem Gerichtssaal getragen und zur Behandlung seines sich verschlimmernden Herzleidens ins Krankenhaus gebracht.) Der Agent in der gelben Sportjacke wird sofort nach seiner Rückkehr in die USA einer Gesichtsoperation unterzogen, um von der Mafia nicht wiedererkannt und beseitigt zu werden.

Von großem Interesse ist auch das von Falcone und dem Mailänder Untersuchungsrichter Giuliano Turone bei einer Richtertagung in Rom gehaltene Referat über Möglichkeiten der Bekämpfung des organisierten Verbrechens. Darin angesprochene Punkte sind: die Ermittlungstaktiken im Mafia-Bereich, die Spezifik der Mafia-Kriminalität und der damit befaßten Fahndung, die grundlegende Bedeutung von Vermögensnachforschungen, die Verbreitung und multinationale Organisation dieses Verbrechenstyps, die Ausdehnung der Ermittlungen auf das Ausland und schließlich die Einteilung der Verbrechen in drei Kategorien.

Der ersten Kategorie werden Verbrechen zugeordnet, die unmittelbare finanzielle Auswirkungen haben, denen man also am leichtesten durch Einkommensüberprüfungen auf die Spur kommt. Zu dieser Gruppe gehören: organisierte Erpressung, Tabak- und Juwelenschmuggel, natürlich die nationale und internationale Rauschgiftkriminalität und schließlich Entführungen mit Lösegeldzahlungen. Zur zweiten Kategorie zählen Verbrechen, die in Verbindung mit dem Profitstreben der Mafia und daraus resultierenden Bandenkriegen um Herrschaftsansprüche in bestimmten Bereichen stehen. Beispiel: Morde, mit denen rivalisierende Gruppen ihre Rechnungen begleichen. Die dritte Gruppe schließlich umfaßt die «präventive» Kriminalität, die dazu dienen soll, das Mafia-System als solches zu erhalten (etwa Ermordung von Politikern oder anderen Repräsentanten der Staatsgewalt, die der etablierten Mafia-Macht gefährlich werden könnten).

Nachdem man bei einer Studientagung des italienischen Richterbundes, die im Mai 1982 in Castelgandolfo stattfand und an der auch Richter Falcone teilnahm, ausführlich über die Möglichkeiten, Intrigen und Verflechtungen der Mafia diskutiert hatte, hörte man den Bericht der Regierungskommission des Staats New Jersey. «What remains?» fragte der Berichterstatter am Schluß und gab selbst die Antwort: «The goverment only.»

3. September 1982, 21.10 Uhr: Terroranschlag auf General und Präfekt Carlo Alberto Dalla Chiesa in der Via Isidore Carini, Palermo. Von MG-Feuer furchtbar zugerichtet, wird der Polizeibeamte Domenico Russo, 32, dessen blauer Alfa hinter dem Auto mit dem Präfekten und seiner Frau fuhr, im Koma in die Notfallchirurgie des Stadtkrankenhauses gebracht; dort wird er zwei Tage später sterben, ohne das Bewußtsein wiedererlangt zu haben. Erst nachdem man sich um den Polizisten gekümmert hat, wird in dem anderen Wagen das Ehepaar Dalla Chiesa entdeckt. Beide sind erbarmungslos niedergemetzelt worden, bis zur Unkenntlichkeit entstellt; die Mörder haben ihnen aus Kalashnikovs frontal ins Gesicht geschossen. Jemand läuft, Bettlaken zu holen. Es dauert eine Weile. In der Zwischenzeit deckt man die Leichen mit Zeitungen zu.

Noch in der Nacht kommen die Verwandten, der Innenminister, der Ministerpräsident. Weinend stehen die Kinder der Dalla Chiesas an den schon geschlossenen Särgen. Im erleuchteten Zimmer der Präfektur wird die erste Kritik an den staatlichen Organen laut. Die Tochter Rita, vom Schmerz gezeichnet, entfernt vom Sarg ihres Vaters den Kranz des Präsidenten der Region D'Acquisto; der Sohn Nando gibt eine flammende Erklärung ab. So schnell wie möglich will die Familie weg aus dieser Stadt, eine Blitz-Beerdigung wird arrangiert. Um drei Uhr findet die Trauerfeier in der Kirche von San Domenico statt. Die trockene Hitze bringt die Politiker ins Schwitzen, und schweißgebadet sind sie auch, weil sie fast körperlich spüren müssen, daß die Anwesenden ihnen die Schuld an dem Geschehen zuschreiben. Sie werden mit verachtungsvollen Blicken und Beschimpfungen eingedeckt, Kardinal Pappalardo reicht nur Staatspräsident Pertini die Hand. «Arm ist mein Palermo», sagt er in seiner Traueransprache, «so langsam und zögernd scheinen die Maßnahmen und Entscheidungen derer zu erfolgen, die für die Sicherheit und das Wohl aller zu sorgen hätten. . . wie entschlossen, überlegt und schnell handeln die, die Geist, Willen und Kraft dazu haben.» («Er wird der nächste sein», sagt eine Frau mit leiser, tränenerstickter Stimme und fügt hinzu, wie verschieden dieser Geistliche von seinem Vorgänger, Kardinal Ernesto Ruffini, sei. Der hatte in einem Hirtenbrief drei Übel aufgezählt, unter denen Sizilien zu leiden habe: das diffamierende Gerede von der allesbeherrschenden Mafia, der *Gattopardo* von Tomasi di Lampedusa und der Schriftsteller Danilo Dolci.(1) Nach Ende der Zeremonie laufen die Politiker eilig davon — verlacht, beschimpft, zum Spott mit Münzen beworfen — und erreichen nur mit Mühe ihre gepanzerten Fahrzeuge, die sie zu Militärflugzeugen bringen. Was mögen sie nach einem derartigen Spießrutenlaufen wohl auf dem Rückflug miteinander geredet haben?

Was nachher geschieht, wirft ein bezeichnendes Licht auf die Zustände in Italien, einem Land, in dem die Geheimdienste bestimmend in demokratische Abläufe einzugreifen pflegen. Vierzehn Stunden vergehen, bis der Safe des Präfekten versiegelt wird; acht Tage vergehen, bis der dazugehörige Schlüssel auftaucht. Mit einem Mal wird er wenige Zentimeter vom Safe entfernt entdeckt; ein beschriftetes Schildchen hat er auch. Man öffnet den Safe — und was ist drin?

1) *Danilo Dolci*, geb. 1924 in Sesana (Triest). Aufsehenerregende soziologische Recherchen in Sizilien. Bekannteste Werke: «Inchiesta al Palermo», «Racconti siciliani».

Nichts. Kein Dokument, kein Notizbuch, kein Dossier.

Ein Tatzeuge meldet sich, ein völlig eingeschüchtert wirkender Mann, der angibt, er habe die Meuchelmörder gesehen und nun Angst, selbst umgebracht zu werden. (Die Untersuchungsrichter verfolgen diese Spur — und drei Monate später stellt sich dann heraus, daß der Zeuge alles erfunden hat und sich ständig in Widersprüche verwickelt; man steckt ihn ins Gefängnis. Nur ein Phantast oder jemand, der den Auftrag hatte, die Nachforschungen in die falsche Richtung zu lenken, um die wirklichen Mörder zu schützen?) Der Richter Falcone spricht von der Notwendigkeit, das Vorgehen des Hohen Regierungskommissars für den Kampf gegen die Mafia, Emanuele De Francesco, zudem Leiter des Geheimdienstes Sisde und Präfekt von Palermo (schon Ende 82 wird er dieses Amt allerdings aufgeben), mit den richterlichen Ermittlungen zu koordinieren, mit anderen Worten, die Beziehungen zwischen beiden Instanzen gesetzlich zu regeln. De Francesco behauptet, von Anfang an nicht an den Tatzeugen geglaubt zu haben (warum hat man dann drei Monate verloren?) und nennt als wichtigstes Untersuchungsergebnis den Nachweis, daß im Mordfall Dalla Chiesa und bei dem Massaker auf der Umgehungsstraße drei Monate zuvor dieselben Tatwaffen benutzt worden seien; ausgezeichnet, wenn die Politiker ein Gesetz beschließen, das den Ausstieg aus der Mafia belohnen soll.

In Norditalien wird allerdings ein Mafia-Aussteiger erschossen, zwei Tage nachdem er dem Richter Falcone seine Aufzeichnungen und die Beziehungen zwischen dem Catania- und dem Palermo-Clan ausgehändigt hat.

War da die Rede von «Agenten der anderen Seite» in der Präfektur? Heute denkt der Hohe Kommissar De Francesco daran, den Beamten Antonio Miceli Crimi (dessen in Amerika ansässiger Bruder in die vorgetäuschte Entführung von Sindona verwickelt war), eine Verwaltungsangestellte sowie den Christdemokraten Ciro Lo Proto (Neffe eines bekannten Mafia-Führers aus Catanzaro, verwickelt in die Untersuchung des Mordes an dem Carabinieri-Oberst Giuseppe Russo) aus der Präfektur zu entfernen. Als er sein Amt in Palermo antrat, hatte De Franceso noch sein «volles Vertrauen» in diese Leute bekundet. Nicht schwer vorauszusagen war auch, daß in das Landhaus der Dalla Chiesas in Prata in der Irpinia eingebrochen werden würde. Wahrscheinlich suchten die Einbrecher nach Briefen, Dokumenten, Aufzeichnungen.

Inzwischen wird ein Mann wegen des dreifachen Mordes festgenommen, über den wenig bekannt ist. Er heißt Nicola Alvaro und arbeitet als Olivenpflücker auf dem Aspromonte. Man entläßt ihn wieder aus der Haft, als man den falschen Tatzeugen einsperrt. Gefahndet wird nach dem Komplizen und Auftraggeber, dem ehrenwerten Boss Nino Santapaola aus Catania. Gegen den Inhaber von Autogeschäften, Cafés und Beerdigungsinstituten hat Richter Falcone einen Haftbefehl wegen Drogenhandels, Zugehörigkeit zu einer kriminellen Vereinigung und Beteiligung an dem Massaker vom Juni 82 (bei dem fünf Menschen umkamen, darunter der Rivale Santapaolas, Alfio Ferlito) erlassen. Nono Santapaola ist natürlich flüchtig, was ihn aber nicht daran hindert, als Gast in großbürgerlichen Häusern oder Luxushotels zu verkehren oder an Bridge-Turnieren teilzunehmen.

Nach dem Mord an Dalla Chiesa und den Bluttaten vom August, nach den Anschlägen der Mafia und den Machenschaften der Politiker spricht man mit Bestürzung von Sizilien und wächst das Mißtrauen gegenüber den Mächtigen. Aber keine Angst. Am 29. Oktober 1982 kommt Andreotti zu einer Parteiveranstaltung in den Kongreßsaal Don Orione in Palermo. Er bezeichnet Dalla Chiesa als einen «Staatsdiener, den niemand für sich allein beanspruchen kann», und gibt den angeschlagenen sizilianischen Christdemokraten Rückendeckung, indem er (mit stürmischem Beifall belohnt) ausruft: «Ihr sizilianischen Christdemokraten seid stark, deshalb reden sie schlecht über euch. Stärkt die Positionen der Partei; die DC ist keine vorübergehende Erscheinung, das gilt insbesondere für Sizilien.» Und die christdemokratischen Parteifunktionäre, wie sind die? «Sie sind tüchtig, anständig und mutig. Und wer sie beschuldigt, nicht entschlossen genug gegen die Mafia vorzugehen, ist ein geifernder Verleumder.»

Diese Ermutigung war notwendig, weil DC-Präsident Piccoli beschlossen hatte, daß am 13./14. November der nationale Kongreß «Kampf gegen die Mafia» stattfinden sollte. Angekündigt worden war diese Veranstaltung im August 1980, nach dem Mord an Vito Lipari, dem christdemokratischen Bürgermeister von Castelvetrano. Damals schien es dringend geboten, sich so schnell wie möglich zu einer Gesamtanalyse der bedrückenden sizilianischen Verhältnisse zusammenzufinden. Ziel: Bekämpfung der Kriminalität («Mafia» sagte man zu jener Zeit noch nicht). Der DC-Politiker Vittorino Colombo hatte sich bei der Beerdigung von Bürgermeister Lipari folgerndermaßen ausgedrückt: «Wir sagen nein zu dieser sinnlosen, namenlosen Gewalt.» Die Dringlichkeit des besagten Kongresses war Piccoli dann bald entfallen und es bedurfte all der Gewalttaten (123 Ermorderte bis November), der Terroranschläge auf La Torre und Dalla Chiesa, der mutigen Erklärungen von Kardinal Pappalardo und anderen Geistlichen, um den Präsidenten der DC zum Handeln zu bewegen.

Bei dem Kongreß sprechen Lokalpolitiker, außerdem Professoren, Strafrechtsspezialisten, Urbanistikexperten — viele der Redner haben dem Publikum nichts Neues über die Mafia-Plage zu sagen. Als Ausnahmen zu nennen sind Professor Francesco Teresi (Ordinarius für Öffentliches Recht an der Universität Palermo), Professor Sergio Mattarella (Bruder des im Januar 1980 ermordeten Präsidenten der Region Sizilien) und Rino Nicolosi (Regionalbeauftragter für Industriefragen), die auszusprechen wagen, daß es in der DC Siziliens auch Mafiosi gibt. «Wir wehren uns gegen die Kriminalisierung der DC. In der DC herrschen ordentliche Verhältnisse. Wir weisen jeden Angriff mit Entrüstung zurück.» Zu guter Letzt, nach einem hitzigen Redebeitrag von Salvo Lima, der davor warnt, Martellucci und D'Acquisto (dessen sofortigen

Rücktritt die Kommunisten nach der Ermordung von Dalla Chiesa gefordert haben und der auch kurz nach dem Kongreß sein Amt aufgeben wird), anzutasten, erteilt Parteipräsident Piccoli am Ende des zweiten Tages allen sizilianischen Christdemokraten die Absolution.

Im Umfeld des Kongresses, wie man so schön sagt, sucht ein äußerst liebenswürdiger Herr meine Bekanntschaft. Er sagt mir seine Personalien und seine Ämter auf, aber ich bekomme nur den Namen mit. Seine pechschwarzen Haare sitzen ihm wie eine Mütze auf dem Kopf, ein exakt gezogener Scheitel, blendendweiße Zähne. Sein ganzer Kummer ist, daß er bei den letzten Wahlen die Nominierung zum Parlamentskandidaten um nur drei Stimmen verfehlt hat. Andererseits kann er mit seiner Karriere und seinen finanziellen Verhältnissen zufrieden sein. Nein sowas, ich steige in einem Hotel ab, wenn ich in Palermo bin? Er könnte mir ein reizendes kleines Appartement zur Verfügung stellen, ganz für mich allein. Kinos besitzt er auch. Und abends könnten wir uns amüsieren. Also wirklich, so ein liebenswürdiger Mensch.

Im November, als ich wieder in Mailand bin, schlage ich eines Tages die Zeitung auf und stoße auf das Bild eines Mannes, der mir irgendwie bekannt vorkommt — schau an, der nette Herr aus Palermo. An seinen Namen kann ich mich noch erinnern: Ernesto Di Fresco; an sein Amt nicht, dabei ist er nichts weniger als Provinzpräsident. Der 52jährige, lese ich, steht unter dem Verdacht auf Bestechlichkeit, manipulative Praktiken und Vorteilsnahme im Amt und wurde zusammen mit vier Beamten der Provinzialverwaltung in Haft genommen. Die Entdeckung einer vorgetäuschten Auftragsvergabe und das Auftauchen verdächtiger Schecks palermitanischer Kleinunternehmer führten zur Festnahme. Protegiert wurde Di Fresco von einflußreichen Männern wie den Gebrüdern Gioia (zuerst von Giovanni, später von Luigi) und unterhielt auch freundschaftliche Beziehungen zu einigen Mafiosi; Don Paolino Bontade aus Villagrazia war sein Taufpate. Di Fresco hat nie verborgen, daß er ausgesprochen wohlhabend ist, umgab sich mit teuren Frauen und fuhr elegante Limousinen. Als leidenschaftlicher Spieler pokerte er gern mit den Gebrüdern Bontade, war aber auch für Roulette und Chemin zu haben und verkehrte in einer Reihe von Spielkasinos. Das letzte Mal in der Öffentlichkeit zeigte er sich anläßlich des Papstbesuchs in Palermo. Auf Kosten der Provinz (50 Millionen Lire) ließ er in einer Auflage von 100000 Stück eine Broschüre mit dem Titel *Ciao Papa* drucken und verteilen, in der das Wirken des Papstes auf religiösem und das Wirken des Provinzpräsidenten auf sozialem Gebiet mit gleichmäßig verteiltem Lob bedacht werden. Als der Papst durch die Stadt fuhr, folgte seinem weißen Land-Rover auch ein schwarzes Ferrari-Cabrio, gesteuert von Di Fresco. (Inzwischen hat man ihn aus der Partei ausgeschlossen.)

Kurz vor Ende des Kongresses hatte ein Redner von Rang behauptet, jetzt, da der Hohe Regierungskommissar und Präfekt in der Stadt residiere, werde das Morden in Palermo ein Ende nehmen. Der Präsident der Region D'Acquisto hatte Wert auf die Feststellung gelegt, bei der Vergabe öffentlicher Aufträge werde in Zukunft Transparenz herrschen.

Beides allzu leichtfertig dahingesagt. Kaum nämlich ist der Kongreß beendet, wird Calogero Zucchetto, genannt Lillo — ein junger, mit besonders sensiblen Ermittlungen gegen die Mafia betrauter Beamter des Sonderdezernats und Leibwächter von Giovanni Falcone — durch vier Pistolenschüsse getötet. Drei Tage später werden ein 45jähriger Mann und sein 15jähriger Sohn — beide in einer Färberei beschäftigt und nie mit dem Gesetz in Konflikt gekommen — im Stadtteil Brancaccio niedergemetzelt. Dieses nur wenige Quadratkilometer große Viertel ist ein wahres Schlachtfeld. Nach sechs Uhr abends kann man hier nicht mehr aus dem Haus gehen. In den letzten Jahren sind in Brancaccio mehr als zwanzig Morde geschehen; einer nach dem anderen wurden die Freunde des seit Jahren untergetauchten Mafia-Führers Salvatore Contorno getötet (vermutlich die Vendetta einer verfeindeten Familie). Am 19. des Monats eine schreckliche Entdeckung auf einer Straße unterhalb des Hügels von Monreale: In einem Fiat 127 liegen die Leichen von drei erbarmungslos niedergemetzelten Menschen. Es handelt sich um Antonino Caruso (der unter Polizeiaufsicht stand), den Zimmermann Saverio Porpora und den dreizehnjährigen Neffen von Caruso. Der Anschlag hatte sicherlich Antonino Caruso gegolten, aber die neue Mafia läßt keine Zeugen am Leben, selbst dann nicht, wenn es unschuldige Kinder sind.

Das Morden nimmt kein Ende. Am nächsten Tag wird der siebzehnjährige Salvatore Badalmenti vor seiner Bunkervilla — eisenvergitterte Fenster, hohe Mauern, von Leibwächtern umstellt — erschossen. Er stirbt in demselben Auto, in dem eineinhalb Jahre zuvor sein Vater Nino, ein Mafioso und Vetter von Gaetano Badalamenti, getötet worden war. (Gaetano Badalamenti, genannt Don Tano, ist ein alter Mafia-Führer, der wegen Zugehörigkeit zu einer kriminellen Vereinigung und Drogenhandel gesucht wird und in Amerika untergetaucht ist, wo er seit jeher mit einigen Bossen der «Cosa nostra» zusammenarbeitet.) Mit Salvatore, der in dieser von seinem Vater geerbten Festung lebte, wurden seit Beginn des Jahres 1982 131 Menschen in Palermo ermordet. Wir haben Mitte November. Am 30. November steigt die Zahl der Mordopfer auf 136. Am regnerischen Spätnachmittag dieses Tages spielt sich in der Altstadt von Palermo eine Szene ab, die aus einem Kriminalfilm sein könnte. Drei oder vier Killer rennen mit Gewehren in der Hand durch die Menge, erschießen zwei (gerichtsbekannte) Männer in einem Auto, finden ihr drittes Opfer in einer Bar, töten auch ihn — und mit ihm einen Jungen, der mit der ganzen Sache nichts zu tun hat. Gleichzeitig wird in unmittelbarer Nähe der Piazza Politeama ein Juwelier von zwei Gangstern, die ihn überfallen haben, erschossen. Durch Gewehrschüsse stirbt bald darauf Domenico Bova, Mafia-Führer des Vororts Acquansanta. Und schließlich (wie unangebracht das Wort doch in diesem Zusammenhang erscheint) werden in der Weihnachtszeit innerhalb von fünf Tagen ein halbes Dutzend Mafia-Bosse umgebracht, Mitglieder so gnadenloser Familien wie der Riccobonos und der Micalizzis, die sich offenbar über die Frage der «Notwendigkeit» des Mordes an Dalla Chiesa, also der Einschätzung der vermutlichen Konsequenzen (wie die Ernennung eines Regierungskommissars mit weitreichenden Sonderbefugnissen, neue Maßnahmen gegen Drogenhändler, Verzögerungen auf dem inneritalienischen Heroinmarkt) zerstritten haben.

Was das Versprechen auf Transparenz bei der Vergabe öffentlicher Aufträge angeht, ist der Fauxpas enorm. Der DC-Kongreß ist nicht einmal eine Woche vorbei, als der Skandal der «goldenen Aufträge» bekannt wird. Die zentrale Figur der Affäre ist Carmelo Costanzo, einer der vier «Apokalyptischen Reiter» aus Catania, d. h. einer der wichtigsten Industriellen Süditaliens, ein Optimist, der nicht an die Mafia glaubt oder nicht an sie glauben will. «Alles Geschwätz», pflegte er lächelnd zu sagen, «alles Verleumdung.» Jetzt wird wegen Verdachts auf Beihilfe zur Vorteilsnahme im Amt und Bestechung nach ihm gefahndet. Kurz vor seinem Tode hatte Präfekt Dalla Chiesa seine Aufmerksamkeit auf diese Angelegenheit gerichtet und Protokolle der Sitzungen des sizilianischen Regionalparlaments angefordert, um sich über den an Costanzo vergebenen Großauftrag näher zu informieren. Fünf Unternehmen bewerben sich um den fraglichen Auftrag. Als bekannt wird, daß der Catanier Costanzo für sein Angebot über 26 Milliarden 275 Millionen Lire — es ist das teuerste und für die Region unvorteilhafteste — den Zuschlag erhält, ruft eines der abgewiesenen Unternehmen sofort das zuständige Verwaltungsgericht an; der Generalstaatsanwalt läßt ermitteln, parallel dazu versucht auch Dalla Chiesa, sich Klarheit zu verschaffen, und fordert die Sitzungsprotokolle an. Wieso bekam Costanzo den Zuschlag, obwohl günstigere Angebote vorlagen? Ein parlamentarischer Untersuchungsausschuß wird eingesetzt, um die Arbeit der Vergabekommission zu überprüfen. Diese bleibt dabei, ihre Entscheidung sei korrekt gewesen. Schließlich folgt der Präsident des Regionalparlaments, der Sozialist Salvatore Lauricella, einem Antrag der Kommunisten auf Überprüfung der Zuteilungskriterien und setzt die Auftragsvergabe aus.

Ein hoher Beamter der Regionalverwaltung, der Ingenieur Angelo Russo, Leiter des Umweltressorts, wird verhaftet. Die fünf Mitglieder der Vergabekommission werden der Vorteilsnahme im Amt beschuldigt. Einer von ihnen ist Giuseppe Orlandi, Vorsitzender dieser Kommission, Regionalsekretär der Region Sizilien (und damit ihr höchster Beamter), Leiter des Tourismusressorts, Vorsitzender des italienischen NOK, Verwaltungsratsmitglied dreier Regionalkörperschaften. Als der Skandal eine Woche alt ist, bittet Orlandi um seine Beurlaubung.

Von Costanzos Bau-Steine-Zitronen-Imperium wird im Kapitel über Catania noch ausführlich die Rede sein.

Als Folge der nach den Terroranschlägen auf La Torre und Dalla Chiesa eingeleiteten Steuerermittlungsverfahren ergingen Gerichtsbescheide an einige der bekanntesten Großindustriellen, Dutzende führender Unternehmer, den ein oder anderen Mafiosi sowie eine Anzahl von Bankangestellten. Insgesamt wurden 55 Personen der Steuerhinterziehung, des gemeinschaftlich organisierten Mehrwertsteuerbetrugs (Schaden für den Staat: mehr als 30 Milliarden Lire) und der Gründung von Scheinfirmen — die fingierte Rechnungen für nie geleistete Arbeiten ausstellten — beschuldigt. Unter ihnen so wichtige Männer wie Mario Rendo, Eigentümer einer Holding mit 4000 Beschäftigten, und als weitere Catanier (neben Costanzo) die Industriekapitäne Francesco Finocchiaro und Gaetano Graci. Daß der DC-Kongreß gegen die Mafia völlig unnütz war, daß die Parteioberen sich in keinerlei Weise engagiert haben, ist nicht nur mein Eindruck und der einiger anderer außenstehender Beobachter. Heftig kritisiert und als «verpaßte Gelegenheit» bezeichnet wurde die Veranstaltung schließlich auch vom «Basis»-Flügel innerhalb der DC. Um wieder Tritt zu fassen, war von dort weiter zu hören, müsse die DC den Kampf gegen die Mafia wirklich überzeugt führen und selbst völlig integer sein. Die heftigen Angriffe richteten sich gegen den sizilianischen Landesvorstand der DC. Rosario Nicoletti, Landesvorsitzender und Spitzenmann der Christdemokraten auf Sizilien, fühlte sich dadurch zum sofortigen Rücktritt veranlaßt.

Papst Johannes Paul II., bei dessen Sizilienreise eigentlich der Belice (1) und die Schwarze Madonna von Tindari auf dem Programm standen (die Region hatte fünf Milliarden Lire für Verschönerungsarbeiten bereitgestellt und eine überflüssige Straße zum Wallfahrtsort gebaut), verschiebt die Madonne auf ein andermal und fährt, nachdem er in dem vom Erdbeben zerstörten Belice war, nach Palermo weiter, wo er zwei Tage bleibt. In einer Werkshalle findet eine Zusammenkunft des Papstes mit Werftarbeitern statt, und einer von ihnen ergreift das Wort, um die verzweifelte Lage der vom «Mafia-Krebs» befallenen Stadt anzusprechen. Es folgt eine Veranstaltung mit dem Papst auf der Piazza Politeama; auch Bürgermeister Martellucci und Handelsmarineminister Mannino sind anwesend. Mit Martellucci gibt es nie Überraschungen, er redet von der «subtilen und erfüllenden Freude der Anständigkeit» und verteidigt Palermo gegen «einige ungerechte Qualifizierungen». Pfiffe aus der riesigen Menschenmenge. Und als Mannino das Wort ergreift, geht seine Rede in einem Pfeifkonzert unter.

«Die barbarische Gewalt beleidigt die Würde des Menschen», sagt der Papst unter anderem — vergleicht man aber seine Ansprache mit dem an Jounalisten verteilten Redemanuskript, so bemerkt man, daß er sechs wichtige Zeilen ausläßt, in denen die «omertà» (2) und das Verbrechen verurteilt und das seelsorgerische Engàgement der Bischöfe begrüßt werden. An dieser Stelle heißt es, der Papst teile «auch in diesem Bereich voll und ganz das pastolrale Bemühen und den «hochherzigen Einsatz» der Bischöfe. Das «Mafia-Phänomen» spricht der Papst lediglich bei seinem Treffen mit Stu-

1) Landschaft in Westsizilien, 1968 vom Erdbeben zerstört und bis heute nur notdürftig wiederaufgebaut.

2) Omertà — das Gesetz des Schweigens bei Mafia-Verbrechen

denten und Professoren in der Universität an.

Immer aber schwebt es über Publikum und Rednern, die es nicht aussprechen, und in großen Lettern ist es an die Wände geschrieben: das Wort «Mafia». Das Wort hat es in sich; schließlich verspricht sich gar Kardinal Pappalardo, sagt bei der im Stadion gefeierten Messe «la famigerata famia» und verbessert sich augenblicklich: natürlich meinte er «la famigerata mafia» (die berüchtigte Mafia»). Der Papst reist ab, und augenblicklich macht sich eine Schar eilfertiger Plakatkleber daran, die unbequemen Gewerkschaftsparolen an den Wänden (Forderungen nach Freiheit von der Mafia-Sklaverei) unter großformatigen Bildern der Schwarzen Madonna von Tschenstochau verschwinden zu lassen.

Finanzbehörden und Richter ermitteln weiterhin wegen Betrugs, Steuerhinterziehung, Verflechtung mit der Mafia. «Der Dalla-Chiesa-Effekt wird spürbar», sagen die Optimisten; ihnen gilt als sicher, daß die Tragödie Auslöser eines neuen Engagements sei, das allerdings bei der niedrigen Zahl der Richter in Palermo schwer wachzuhalten sein werde.

Am Fest des Hl. Stephanus geht das Geschäft des Mordens in Palermo weiter wie zuvor: Innerhalb von 36 Stunden werden sieben Menschen umgebracht. Außer dem siebten, der wahrscheinlich ermordet wurde, weil er Wuchergeschäfte betrieb, waren alle anderen Opfer der «vendetta trasversale», das heißt, sie wurden stellvertretend für einen anderen umgebracht. Niedergeschossen wurden der Schwiegervater und der Schwager von Giovannello Greco, Mitglied der bekannten Familie aus Ciaculli, von den Killern seines eigenen Clans gejagt, wahrscheinlich deshalb bisher erfolglos, weil er sich einer rivalisierenden Gruppe angeschlossen hat. Zwei weitere Verwandte mußten also, nachdem im Jahr zuvor schon sein Vater und sein Onkel ermordet worden waren, mit ihrem Leben dafür zahlen, daß man Greco selbst nicht ausfindig machen kann.

Kurz darauf wird ein Mann getötet, der nichts mit der Mafia zu tun hatte, aber bei der Beerdigung von Don Paolino

Bontade, Vater von Stefano Bontade, der zur «Verlierer»-Mafia gehört, fotografiert worden war. (Bei diesen miteinander verflochtenen Serien-Morden gelingt es einem allerdings kaum noch zu verstehen, wer die Sieger und wer die Besiegten sind. Man weiß nur, daß ganze Familien ausgerottet werden. Am 30. November wurden, wie schon oben erwähnt, sechs Mafiosi aus der Piana dei Colli von Gewehr- und Pistolenschüssen niedergestreckt; zwei Tage später sprach man plötzlich von zwölf, vielleicht sechzehn Führern der Mafia-Familien von Colli, Pallavicino und Partanna-Mondello, die allesamt vermißt würden. Geflohen? Entführt? Im Nichts verschwunden? Jedenfalls scheint ein Mann, dessen Name Ende des Jahres in aller Munde ist, etwas mit dem Fall zu tun zu haben: Tommaso Buscetta, für seine Freunde Don Masino, so etwas wie der Erfinder der Entführung ohne Rückkehr.)

In der Nacht von St. Stephanus wird noch mehr Blut vergossen, der Feiertagslärm in den festlich erleuchteten Straßen von den heulenden Sirenen der Ambulanzfahrzeuge übertönt. In der Pizzeria «New York Place» (Eigentümer ist Tommaso Buscetta, vor zwei Jahren nach Brasilien geflüchtet, aber laut Informationen der amerikanischen Drogenbehörde DEA seit einigen Monaten wieder auf Sizilien) herrscht lebhafter Betrieb, als zwei Kunden hereinkommen und vier Pizze «mit vielen Sardellen» verlangen, schön warm sollen sie sein, zum Mitnehmen. Die vermeintlichen Kunden treten nahe an den Ofen heran — und strecken die Pizzabäcker, den Schwiegersohn und zwei junge Vettern von Buscetta, durch Revolverschüsse nieder. Unbehelligt können die Killer in die Nacht entkommen, keiner der Anwesenden kann oder will sie beschreiben.

29. Dezember, Fest des Namenpatrons von Tommaso Buscetta. Ein Anlaß zur Herausforderung, zur Warnung? Ein weiterer Doppelmord geschieht. In einem der Familie Buscetta gehörenden Glaswarengeschäft werden Tommasos Bruder Vincenzo und sein Neffe Benedetto mit großkalibrigen Pistolen erschossen.

Eine Erklärung für dieses neuerliche Blutbad könnte sein, daß man versucht, alle Personen aus Tommaso Buscettas Umgebung zu beseitigen, um ihn gänzlich zu isolieren und aus seinem Versteck herauszutreiben. Gerüchteweise hört man, er sei nach Palermo zurückgekehrt, um den Tod seiner beiden Söhne zu rächen. Gerüchteweise hört man auch, daß von ihm die Initiative zu einer völlig neuen Einkommensverteilung innerhalb der Mafia ausgehe. Danach sollen die Einkünfte aus dem Drogenhandel unter Zugrundelegen des Umsatzes gerecht auf die einzelnen Gruppen verteilt werden, wobei alle Gewinne aus dem selbständigen oder im Auftrag anderer durchgeführten Export und Import von Heroin erfaßt würden. Eine echte Revolution für diese Geschäftemacher, die über Leichen gehen.

Calogero Lo Giudice, der neue Präsident der Region Sizilien, wird als «farbloser und anständiger Christdemokrat» bezeichnet. Er gehört innerhalb der DC zu dem von Ruffini angeführten «Dorotheer»-Flügel und wird von einer Fünf-Parteien-Koalition gestützt. Man erwartet von ihm, daß er das empfindliche parteiinterne Gleichgewicht stabilisiert, Maßnahmen gegen die sich ausbreitende Korruption und die Ineffizienz der Exekutive ergreift, natürlich die Mafia auf allen Ebenen bekämpft und neue Beziehungen zu den Kommunisten knüpft. Kein beneidenswertes Amt. Werden noch viele ins Stolpern kommen? Wird man sich an die «Unantastbaren» heranwagen? Wird die Achse Lima-Gullotti ihre Macht behaupten können? Wird Andreottis Verbindungsnetz allen Angriffen standhalten? Nicht nur die Pessimisten, sondern alle, die Palermo und seine Machtcliquen kennen, sagen voraus, daß man sicherlich noch einige unvorsichtige Unternehmer und Betrüger, die sich zu weit vorwagen, zu Fall bringen wird. Aber das werden mit Leuten der dritten Garnitur besetzte Provinzskandale sein. Um Bestechung wird es gehen, wie überall in Italien.

Die großen Bosse aber wird man nicht antasten. Gegen keinen der Drahtzieher, keinen der Mächtigen, die von den noch

Mächtigeren beschützt werden, wird es Ermittlungen geben. Es sei denn, jemand aus der obersten Etage der Macht dächte daran, einzugreifen, um endlich das richtige Ziel ins Visier zu nehmen.(1)

1) Das Kapitel über Palermo — wie übrigens auch die anderen, die sich mit Süditalien beschäftigen — berücksichtigt die Entwicklung bis Jahresende 1982. Es besteht aller Grund zu der Befürchtung, daß sich bis zum Erscheinen dieses Buches die Zahl der Opfer von Mafia und Camorra weiter erhöht haben wird. Im Jahre 1982 starben 151 Menschen in Palermo eines gewaltsamen Todes, mehr als hundert sind in diesem Zeitraum unauffindbar verschwunden.

# DIE VIER APOKALYPTISCHEN REITER

*Catania*

Palermo und Catania, das waren immer zwei verschiedene Welten, zwei eigenständige Zentren, rivalisierend und nicht verbindbar. (Man denke nur daran, daß die Autobahn Palermo-Catania erst 1974 gebaut worden ist.) Catania hat sich selbst immer für entwickelter gehalten, für die am wenigsten sizilianische Stadt der Insel, und gestand Palermo die Rolle der Hauptstadt nur widerwillig zu. «Falsch wie ein catanischer Taler», pflegt man in Palermo zu sagen und damit erkennen zu lassen, daß man die Bewohner der rivalisierenden Stadt für Lügner und Betrüger hält.

Was den kulturellen Aspekt angeht, ist sicherlich richtig, daß Catania gegen Ende des 19. und in den ersten Jahrzehnten unseres Jahrhunderts eine recht ansehnliche kulturelle Blüte erlebte. Und wohin zog es die Wohlhabenden und die Politiker aus Catania, wenn sie einmal aus ihrer Stadt herauswollten? Bestimmt nicht nach Palermo, sondern nach Rom. Die Reiseziele der Intellektuellen? Rom, natürlich, und Paris. Die Palermitaner — so die Catanier — erkennen nämlich nichts anderes an als sich selbst, ihre Geschäfte, ihre Macht. «Wir waren drei Sizilianer und ein Catanier», heißt es stolz in einer Erzählung von Vitaliano Brancati. Catania hat eine kulturelle Tradition, mit der Palermo nicht aufwarten kann; man denke nur an Verga, Capuana, De Roberto, Brancati. Und dann war Catania auch stolz darauf, nicht zu wissen, was das ist: «Mafia». Catania war für sein rühriges Kleingewerbe bekannt. (Adolfo Omodeo, der hier lehrte, nannte es sehr zutreffend «Stadt der Händler»).

Aber nach und nach hat Catania sich die unschöne Bezeichnung «italienische Spitzhacke Nr. 1» verdient. Die Altstadt hat man niedergerissen und seit den fünfziger Jahren durch eine chaotische Neubebauung ersetzt; parallel dazu hat eine neue, mit der Bauwirtschaft verbundene Unternehmerschicht aggressiv Machtpositionen erobert. Anstatt andere Sektoren, etwa die Lebensmittelbranche oder die lederverarbeitende Industrie (die in Catania Tradition hatten) zu fördern, wurden in erster Linie die Bauwirtschaft und mit ihr verbundene Zulieferbetriebe sowie die Metall- und Maschinenbauindustrie mit finanziellen Mitteln bedacht.

Wie in Palermo, Messina und Bari war auch in Catania die Bodenspekulation Basis des wirtschaftlichen Aufstiegs, den das süditalienische Kleinbürgertum nahm. Nachdem die Kleinbetriebe einen Niedergang erlebten und 1970 von der Bildfläche verschwunden sind, werden die Parteien heute von den großen Bauunternehmen finanziert. Bodenspekulation wird also auch ein Aspekt bei der Entscheidung über politische Machtverteilung.

Eine Schande für diese Stadt, in der es heute Industrieunternehmen von Weltgeltung gibt, sind die (durch illegales Bauen entstandenen) Armenviertel, in denen sechs- oder siebenjährige Kinder zu kleinen Diebstählen angehalten werden. Diebstahl auf Anweisung — meist irgendwelcher Verwandter — ist der erste Schritt zur Kriminalität. Ein deprimierendes Viertel ist beispielsweise Pigno, selbstverständlich illegal entstanden, zuerst ein elendes Barackenquartier, dann kleine Häuser, hier und da eine Straße. 30000 Menschen leben hier ohne fließendes Wasser und sanitäre Anlagen. Nachdem das Rathaus zweimal vierzehn Tage lang von aufgebrachten Demonstranten belagert worden ist, die sich auch nicht verjagen ließen, nachdem man ein paar Tankwagen mit Wasser nach Pigno geschickt hatte, sah sich die Stadt schließlich gezwungen, eine Kanalisation anzulegen. Die Wasserversorgung ist immer noch kläglich. Und da zwischen erbärmlichen Hütten auch gräßliche Mietskasernen entstanden sind, herrscht jeden Sommer Wassermangel.

Zu den planlos entstandenen Vierteln gehört auch S. Maria Goretti, an der Straße zum Flughafen gelegen. Wegen des tonreichen Untergrunds gibt es im Winter hier oft Überschwemmungen, im Oktober 1980 sind zwei Menschen ertrunken. Das Viertel Sant'Agata bietet mit seinen in ein unbeschreibliches Chaos hineingebauten Serienwohnzellen auch nicht gerade einen schönen Anblick. Wie man sich vorstellen kann, fördert eine solche Umgebung eine moralische Zerrüttung, die es dem Verbrechen leicht macht, sich einzunisten und als Bandenkriminalität zu organisieren. Als Hauptursache dafür muß die Entwurzelung von Tausenden von Familien betrachtet werden, die aus den umliegenden Dörfern nach Catania gezogen sind, um in der Stadt, die in den siebziger Jahren triumphierend «das Mailand des Südens» genannt wurde, ihr Glück zu machen.

Hundert Mordfälle im Jahre 1982 sind Beweis genug dafür, daß die organisierte Mafia sich in der Stadt ausgebreitet hat. Die Mafia-Achse Palermo-Catania ist eine Realität, und die Situation verschlimmert sich von Tag zu Tag. Die Heroin-Herstellung wird langsam nach Catania verlagert, und hier werden die Killer für Verbrechen in Palermo oder auch in Mailand angeworben.

Die Kriminalität hat Wurzeln gefaßt und sich ausgebreitet, als die illegale Bautätigkeit ungeahnte Ausmaße annahm, Randgruppen-Ghettos entstanden, und eine große Zahl von Jugendlichen, die die traditionellen Tätigkeiten ihrer Familie (Landwirtschaft und Handwerk) aufgegeben hatten, sich in der Stadt nicht die erhofften Lebensumstände schaffen konnten. Catania verfügte auch nicht über die notwendigen Strukturen, um die Zuzugswelle verkraften zu können. Während also auf der einen Seite die illegale Bautätigkeit zunahm, wurde auf der anderen Seite für viele Menschen das Provisorium zum Dauerzustand, und von da ist der Schritt zur leichten Kriminalität nur klein — und wird immer kleiner.

In der Zwischenzeit teilten die Mächtigen der Stadt den Kuchen unter sich auf. Der Bebauungsplan ist auf ihren Grundbesitz abgestimmt worden, den sie nach und nach — eben im Blick auf den kommenden Bebauungsplan — erworben haben.

Eine kurze Bemerkung verdient auch der «Sanierungsplan», z. B. der für das Altstadtviertel San Berillo, der die Stadt zu Beginn der siebziger Jahre an die hundert Milliarden Lire gekostet hatte. Ein guter Teil davon wanderte in die Taschen der Verwalter und ihres Klüngels. Die Unterschlagung der Gelder wird durch den Umstand bewiesen, daß das Prostituiertenviertel noch immer so ist wie vorher, nämlich unglaublich verfallen. Wenige Hundert Meter davon entfernt liegt die City von Catania mit ihren eleganten Wohnhäusern, Banken und Versicherungsgebäuden.

Die kleinen Kriminellen waren es auch, die den Neofaschisten (*MSI/Destra nazionale*) 1972 ihren Erdrutschsieg bescherten; sie gewannen damals mit 30 % die relative Mehrheit. Als weiterer Faktor dieses Erfolgs kann die Unzufriedenheit der kleinen Gewerbetreibenden betrachtet werden, die ihre Erwartungen von der DC nicht erfüllt sahen. Den Neofaschisten gelang es jedenfalls, ein heruntergekommenes und auf Straßenraub spezialisiertes Subproletariat zu sich herüberzuziehen. Angetreten mit dem Slogan «Gegen Verbrechen und Straßenraub (*sic*)», hatten sie die Enttäuschten und die Diebe aufgefordert, «eine Partei mit sauberen Händen» zu wählen.

Viel Blut floß 1982 bei den Auseinandersetzungen zwischen den mächtigsten Clans (Ferlito und Santapaola; wobei der Santapaola-Clan sich mit den Grecos aus Ciaculli, und den Mafia-Führern aus dem wenige Kilometer von Palermo entfernten Corleone und mit Tommaso Natale verbündet hat). Obwohl Polizisten und Carabinieri wissen, wer auf der einen und wer auf der anderen Seite steht, obwohl sie die Bosse und

Mitläufer kennen, wurde bisher kein einziger Mordfall mit Verhaftung des Mörders abgeschlossen. «Was macht die Polizei?» fragt man sich mancherorts. — «Ermitteln», ist die Standardantwort.

Vor diesen Auseinandersetzungen hatte es Raubüberfälle auf Pizzerias und Diskotheken gegeben, außerdem Erpressungen mit Schießereien und Toten, Autodiebstähle, Kokainkleinhandel. Der abscheulichste Fall ereignete sich 1981. Auf einen anonymen Anruf hin fand die Polizei am Garibaldi-Denkmal in der Via Etnea einen Männerkopf in einer Plastiktüte. Nach einem zweiten anonymen Hinweis entdeckte man den Körper auf einem Feld im Norden der Stadt.

Anfang Dezember 82 ergehen 93 Haftbefehle wegen Zugehörigkeit zu einer kriminellen Vereinigung. Fünfzig werden im Gefängnis zugestellt, vierzehn Festnahmen erfolgen. Einer der Verhafteten ist der 21jährige Salvatore Pappalardo, Mitglied des Santapaola-Clans. Die Handschellen werden ihm in der Kirche angelegt; er wollte gerade heiraten, in einer weißen Spitzenwolke steht neben ihm seine Braut. Ein einziger Aufruhr in der Kirche. Der Brautschleier fliegt zu Boden, und Salvatore, im blauen Hochzeitsanzug und mit weißen Handschuhen, wird abgeführt.

Mit dem Straßenraub, heißt es allgemein, sei es besser geworden. Ich habe allerdings nichts davon bemerkt. Als ich aus meinem Hotel im Zentrum von Catania um neun Uhr abends zum Essen gehen will und dem Portier meinen Schlüssel gebe, sagt er: «Entschuldigen Sie, aber so können Sie nicht ausgehen, besonders abends nicht. Lassen Sie das Goldkettchen hier, ich lege es in den Safe. Stecken Sie Ihren Ring ein, und tragen Sie möglichst keine Umhängetasche.» — «Und wo soll ich das Geld hintun?» — «Wir empfehlen unseren weiblichen Gästen, es sich in den BH oder den Ausschnitt zu stecken.» (Sehr bequem, wenn man zahlen will.)

Catania ist, wie andere Städte auch, durch die geschickte Machtausübung der Christdemokraten korrumpiert, ein feinverästeltes System, über das die Masse der Bevölkerung eingebunden wird. Die Klüngelwirtschaft gedeiht also prächtig. Wählerstimmen werden mit Anstellungen bei Banken und Posten überall im Öffentlichen Dienst bezahlt. Vor kurzem hat man in einigen Krankenhäusern den Patienten die zweite Mahlzeit gestrichen — sie wird jetzt in der Kantine serviert. Denn vom Krankenhauspersonal sind Stimmen zu erwarten, von den Kranken nicht.

Die Abneigung zwischen Palermo und Catania wird schwächer, als sich die regionale Macht in Palermo konzentriert, als Rom die Durchführung der in der *Cassa del Mezzogiorno* zusammengefaßten staatlichen Hilfsprogramme für Sizilien an Palermo delegiert, z. B. an den «Banco di Sicilia» und an die Regionale Entwicklungsbehörde, von denen sich, da Sizilien Region mit Sonderstatus ist, billige Kredite erhalten lassen. Die Catanier reisen immer noch nach Rom, sind aber gezwungen, den Weg über Palermo zu nehmen. Dort bekommen sie die «goldenen Aufträge», und wenn sie auch die Mafia im eigenen Haus noch nicht zulassen wollen, betrachten sie sie andernorts als notwendigen und wichtigen unternehmerischen Faktor.

Hören wir, was der Großbauunternehmer Francesco Finocchiaro in einem Gespräch mit dem «Corriere della Sera» sagt: «Schauen Sie sich Reggio Calabria an. Da baue ich gerade ein Krankenhaus mit 2000 Betten. Oder Palermo, dort habe ich andere Aufträge. Man muß nur den richtigen Mann finden, den, der in der Stadt etwas zählt. In Kalabrien ist das einfacher. Da weiß man, wer das Sagen hat. Mit einem Geschenk ist alles erledigt. Holzköpfe. . . Mit so einem Geschenk fährt man besser als mit den Arbeitskosten hier in Catania.» Bescheiden in den Anfängen, haben es die Großunternehmer von Catania verstanden, sich sehr bald an einzelne Politiker oder Gruppen zu binden und von ihnen privilegiert behandelt zu werden.

Ganz oben im Olymp der Mächtigen von Catania sitzen die vier «Ritter der Arbeit» (Cavalieri del lavoro), genannt «die vier apokalyptischen Reiter» (Cavalieri dell'Apocalisse), die erste Generation von Selfmademen, die von gleich zu gleich mit den Politikern reden kann. Wenn sich in Catania auch viele Leute durch die Art der christdemokratischen Machtausübung bereichert haben, wurde hier das Geld jedoch nicht parasitär, sondern für produktive Investitionen gebraucht. Und vor dem Skandal um Costanzo hörte ich in Catania von den vier Industriekapitänen wie von Göttern sprechen.

Sie bilden die unternehmerische Oberschicht («In Palermo gibt es keine Unternehmer, nur Spekulanten»), die Firmen mit höchstem Produktionsniveau leitet. Mitte 1982 kamen sie überein, sich untereinander keine Konkurrenz mehr zu machen, sondern eine Art von Trust zu schaffen. Bei der Hochzeit von Enzo, dem Sohn Carmelo Costanzos, wurde der Frieden der mächtigen Vier besiegelt: Mario Rendo, Carmelo Costanzo, Gaetano Graci und Francesco Finocchiaro erklärten den «Krieg der Aufträge» für beendet. Bei jenem Hochzeitsempfang, mit dem gleichzeitig diese wichtige Industriellenabsprache feierlich begangen wurde, war in der Mitte des Salons ein großes Boot aufgestellt, überladen mit Austern und Meeresfrüchten auf einen riesigen Eisbett. (Ein gewaltiger Brocken, der eigens aus Island herangeschafft worden war.)

Beginnen wir mit Mario Rendo. Der heute Siebzigjährige ist Sohn eines Maurermeisters. Er redet ununterbrochen und beantwortet mögliche Fragen seiner Gesprächspartner im voraus. Mit sich und seinen Unternehmungen ist er sehr zufrieden und präsentiert sich als Alleinunterhalter der etwas schmierigen Sorte mit einem großen Repertoire ordinärer Ausdrücke, brüstet sich und spreizt sich und redet und redet und hört nicht auf. Aber ein solch wichtigtuerischer Phantast, wie es scheinen mag, kann er in Wirklichkeit nicht sein: führt er doch schließlich ein modernes und leistungsstarkes Wirtschaftsunternehmen.

Dreizehn eingefriedete Villen stehen in Cannizzaro, auf dem (entsprechend parzellierten) Hügelgelände zwischen Catania und Acitrezza. Hier wohnen — samt Dienstpersonal und Leibwächtern — die Familien der Söhne und Neffen von Mario Rendo. Fast alle sind sie bei «Rendo und Campagna» angestellt. (Mit Ugo Campagna saß er in der Grundschule auf einer Bank und weil das fürs Leben verbindet, hat er ihn zu seinem Sozius gemacht.) Wenn der Chef in seinen gepanzerten Wagen steigt, um von hier aus zu seinem Verwaltungssitz in Novaluce zu fahren ertönt eine Sirene und auf der Landstraße schaltet sich eine spezielle Ampelanlage ein, um ihm freie Fahrt zu geben.

Das Verwaltungszentrum präsentiert sich als architektonisches Zwitterding, als Mischung von faschistisch-bombastischen Stilelementen mit Glas und Beton. Außerdem ist es eine Art Disney-Land für Autofahrer. Anfang der siebziger Jahre besichtigte eine von mir sehr geschätzte Kollegin aus Palermo die Rendo-Unternehmen (heute führt man schon Schulklassen hierher). Im Konvoi fuhr man auf dem Gelände umher — die Autos mit Telefon und elektronischem Signalgeber ausgestattet — und sobald der Chef ausstieg, umringten ihn mehr als ein halbes Dutzend bewaffneter Gorillas. Jeden Beschäftigten, den Rendo bei der Rundfahrt traf, sprach er auf seine lärmige Art an, klopfte ihm jovial auf die Schulter (dabei eine Reitpeitsche in der Hand) und steckte ihm Geld zu: «Ci rassì e' carusi» («Und das ist für die Kinder»), worauf dann jeweils eine Gruppe von Arbeitern zusammenlief, um das Geld zu teilen.

Beim Essen, so berichtet die Kollegin, wurde aufgefahren, was gut und teuer ist, und nachher gab es für jeden Besucher (es war eine Gruppe von Freunden und Journalisten) eine kleine Aufmerksamkeit: Süßigkeiten, Krokodilledertaschen, goldene Federhalter, Schmuckstücke — wohldosiert, je nach Bedeutung des Gastes.

Wer Rendo besucht — und sei es auch nur ein einziges Mal — wird auf seine Liste gesetzt, das heißt, er bekommt zu Ostern und Weihnachten Geschenke: Obst, Süßigkeiten und Wertgegenstände wie eine Silbervase, eine Goldkette, Korallen, einen Buddha aus Jade oder ähnliches. Diesem Geschenkfluß (der sich schon seit mehr als zehn Jahren über Journalisten und Beamte der Region ergießt) machte die Kollegin aus Palermo ein schnelles Ende, als sie als zweites Geschenk einen Brilliantring erhielt. Sie antwortete Rendo, daß seine vorzüglichen Orangen ihr sehr geschmeckt hätten, daß sie den Ring jedoch nicht annehmen könne und deshalb zurückschicke. Seitdem bekommt sie nicht einmal mehr Obst. «Ich muß hinzufügen«, sagt die Journalistin, «daß ich eine sehr hohe Meinung von dem habe, was Rendo für Sizilien tut, und mir wünschen würde, wir hätten zehn Männer wie ihn.»

Mario Rendo ist sicherlich Symbolfigur für die unternehmerische Dynamik der Stadt. Er gibt 5 000 Menschen Arbeit, hat einen Gesamtjahresumsatz von 200 Milliarden Lire, baut ganze Viertel vor den Toren von Mailand, exportiert Fertigbauteile in die Schweiz und nach Österreich, baut Brücken in Nigeria, Atomkraftwerke in Frankreich und konventionelle Kraftwerke in Südafrika. (Wenn er ab und an mit der Alitalia fliegt, drängt er immer, unterstützt von seinen Leibwächtern, als erster ins Flugzeug und bestimmt, während die anderen Passagiere erst einzusteigen beginnen, die strategisch günstige Platzverteilung: links und rechts von ihm müssen jeweils zwei Leibwächter sitzen.)

Rendo ist einfallsreich und wird von keinerlei Komplexen geplagt. So erinnerte er sich etwa, in der Grundschule gehört zu haben, daß die Ägypter die Wüste mit Nil-Schlamm fruchtbar gemacht hätten. Er läßt sich also den Auftrag geben, das Flußbett des Simeto auszubaggern; der Schlamm wird auf das Gut «La Costantina» bei Paternò gebracht. Heute gehört dieser landwirtschaftliche Betrieb mit 300 Hektar Obstbaufläche zu den größten in Europa. Rendo hat weite Teile der Ebene von Catania fruchtbar machen lassen; in Zusammenarbeit mit der Züricher Institut Bettelle hat er eine Stiftung zur Erforschung und Realisierung des Sojabohnenanbaus auf Sizilien gegründet; er produziert gefriergetrocknete Futtermittel, die nach Israel exportiert werden («so kleine Päckchen, und die werden solche Ballen»); seine Viehzuchtbetriebe sind auf modernstem Stand (6000 Rinder, 10000 Schweine und als neue Errungenschaft eine patentierte, sizilianisch-holländische Schafskreuzung). Rendo hat es gern, wenn man von ihm spricht, und sein jüngster Einfall ist, die Acitrezza vorgelagerte Insel Lachea mit ihren berühmten Klippen abends anstrahlen zu lassen. 75 Scheinwerfer mit 800 oder 1000 Watt sollten auf die Felsen gestellt und unterirdisch mit einem Generator im Hafen von Acitrezza verbunden werden.

Der Plan wurde zwar von der christdemokratischen Gemeindeverwaltung abgesegnet, traf aber auf Widerstand in der Bevölkerung. Im Mai 82 wurde die Insel von der Umweltschutzorganisation *Lega per l'Ambiente*, dem WWF, einer Gruppe von Universitätslehrern, Fischern und andren empörten Bürgern besetzt. «Ein unsinniges Projekt, ein Verbrechen an Natur, Kultur und Landschaft.» Das letzte Wort ist allerdings noch nicht gesprochen.

Bei den in Catania beheimateten Unternehmen internationaler Größenordnung stehen die von Carmelo Costanzo an zweiter Stelle. Sein Vater war Maurer, und am Eingang seines 20-Hektar-Besitzes in Misterbianco steht ein Denkmal zu seinen Ehren: ein Maurer in Bronze und Holz. Zusammen mit seinen Brüdern hat Costanzo auf dem Immobilienmarkt eine große Anzahl Grundstücke erworben und sich damit ein echtes Imperium aufgebaut. Die Familie besitzt 5000 vermietete Appartements. Costanzo gilt als guter Christdemokrat, obwohl in seinem Stab der erfolgreiche Architekt Giacomo Leone, ein Kommunist, eine führende Stellung hat. (In Catania sind Kommunisten und Christdemokraten für eine Zusammenarbeit offen.) Übrigens ist auch der Planungsleiter von Rendo, Ingenieur Bosco, Mitglied des PCI. Costanzo ist ein Optimist, der an die Mafia nicht glaubt oder nicht glauben will, und, wie schon erwähnt, ist er mit dieser Haltung bis zu einem bestimmten Punkt gut gefahren. Mit Gästen macht der stattliche Mann mit dem dichten graumelierten Schnurrbart im 9-Personen-Mercedes eine Besichtigungsrundfahrt zu seinen zweiundzwanzig Werken vor den Toren der Stadt. Als Führer durch die Abteilungen steigen jeweils die leitenden Ingenieure der einzelnen Arbeitsbereiche ein. Der Costanzo-Konzern beschäftigt in 24 Gesellschaften an die hundert Ingenieure und Planer.

Costanzo ist ein überzeugter Anhänger von Nino Drago, dem mehrmaligen Staatssekretär und catanischen Verbündeten von Salvo Lima. In seinen Werken arbeiten 2500 Beschäftigte und im Aufschwung der sechziger Jahre hat er begonnen, in Catania Straßen, Flughäfen, Brücken und Wohnviertel zu bauen. Sein Konzern hat einen Jahresumsatz von ungefähr 200 Milliarden Lire, der von einer hauseigenen Finanzgesellschaft verwaltet wird, deren Geschäftsvolumen größer ist als das der «Banca Popolare di Catania». Costanzos Firmen haben Aufträge in Syrien, Arabien und Venezuela ausgeführt. Der Chef selbst ist ein Verehrer der Madonna del Carmine, die es übersehen haben muß, den Haftbefehl von ihm abzuwenden.

Costanzos Motto: «Kauf alles von deinen eigenen Fabriken.» In Misterbianco produziert er denn auch alles, was er braucht: Nägel, Schrauben und Nieten genauso wie Elektromotoren, Saugpumpen, Eisenbrückenträger, Fertigbauteile, Kranbrücken oder Fenster, Türen, Treppen, hydraulische Kompaktanlagen, Betonrampen und und und. Zu seinem Imperium gehören auch die catanische Agrarindustriegesellschaft SCIA und das auf den Bau von Touristenunterkünften spezialisierte Unternehmen RTA, Bauträger und Verwalter des 1600-Betten-Feriendorfs «La Perla jonica» an der Riviera dei Ciclopi. (Dieser verflixte Urlaub von Mafia-Boss Santapaola!) Im Palermo, wo es — nach Costanzos Worten — keine Unternehmer, sondern nur Spektulanten gibt (will sagen: kein kreatives Unternehmertum), hat er 40 % seiner Baustellen.

Costanzo besitzt auch Anteile an den größten Zeitungen Siziliens, an der in Catania erscheinenden «Sicilia» und dem in Palermo herausgegebenen «Giornale di Sicilia»; sein Gesellschafter ist Mario Ciancio, Leiter und Lizenzinhaber des Blatts aus Catania. Als er seinen «Fehltritt» beging, baute sein Unternehmen gerade den Flughafen von Lampedusa und einen Staudamm bei Vercelli. Aber schon vor dem «goldenen Auftrag» hatte er dadurch Mißfallen erregt, daß er als erster in Italien das gerade zwei Tage alte Anti-Mafia-Gesetz angewandt hatte. Wie man sich vorstellen kann, tat er dies auf seine eigene Art. Er nahm das Gesetz, das strenge Kontrollen bei der Weitergabe von Aufträgen anordnet, zum Vorwand, um zwei Baustellen in Kalabrien zu schließen und hundert Arbeiter zu entlassen. (Die Unteraufträge waren Gesellschaften angeboten worden, an deren Verbindungen zur Mafia kein Zweifel bestand.)

Der vierte Großunternehmer Catanias ist der aus Agrigent stammende Gaetano Craci. Seine politischen Verbindungsmänner sind der Christdemokrat Nino Gullotti und insbesondere Salvatore Lauricella, einer der wichtigen Sozialisten auf Sizilien und Präsident des Regionalparlaments. Auf einigen Gebieten arbeitet Graci mit Rendo und Costanzo zusammen, aber sein Hauptbeschäftigungsfeld liegt im Bankenbereich. Er ist Eigentümer der Landwirtschaftsbank «Banca agricola etnea» und leitet ein Wirtschaftsimperium, das 57 Gesellschaften in den Bereichen Bau, Landwirtschaft, Fischerei, Tourismus und Versicherungen umfaßt. Sein Umsatz belief sich 1980 auf 50 Milliarden Lire. Auf Graci lastet allerdings ein Schatten, der bis heute noch nicht verjagt werden konnte. Er gilt als Freund von Sindona, und zu allem Überfluß wurde von Joseph Macaluso, einem Mitarbeiter des Bankrott-Bankiers, im Oktober 79 ein von Graci unterzeichneter Scheck über einen Rechnungsrückstand von 250000 Lire im Hotel San Domenico in Taormina zurückgelassen. Wußte Graci, wer Macaluso war und für wen er arbeitete? Richter in Mailand und Rom, die wegen der vorgetäuschten Entführung von Sindona ermitteln, versuchen eine Antwort auf diese Frage zu finden.

Die Liste der Unternehmer, die in Catania beheimatete Firmen von internationalem Rang leiten, ist noch lang. Werke mit hochentwickelter Technologie wären noch zu nennen, Holdings, die in Zürich und Luxemburg operieren, Firmen, die in Jordanien die Züge fahren lassen oder in Afrika Flugplätze bauen, oder solche, die Italien nähren.

Einer der Italien nährt, ist der Agrarindustrielle Salvatore Puglisi Cosentino, Mitinhaber eines schönen Guts aus dem 18. Jahrhundert, der «Fattoria del Sole», ursprünglich Erzeugungsstätte der als «Latte Sole» in Italien bekannten Milch, die heute auch von anderen Betrieben des Konzerns in Frosinone, Fiorenzuola und Modena geliefert wird; die Gesamtmilchproduktion liegt bei einer Million Liter am Tag. Neben der Erzeugung von Milchprodukten aller Art widmet Puglisi Cosentino sich sehr erfolgreich der Viehzucht. Sein mit modernsten Anlagen ausgerüsteter Betrieb beschäftigt 600 Arbeiter und gehört auch international gesehen zum Spitzenfeld von Einrichtungen dieser Art.

Die Affäre Costanzo war jedoch Auslöser für eine ganze Serie richterlicher Ermittlungen, und auch die anderen drei Industriekapitäne sind ins Visier der Finanzbehörde geraten. Vorgeworfen werden ihnen Steuerhinterziehung und Fälschung der Bilanzen. Mario Rendo und sein Sohn Eugenio werden (neben einer Reihe von Angestellten, Buchhaltern und Planern) des gemeinschaftlich begangenen Betrugs beschuldigt; dic Pässe der Großindustriellen hat man eingezogen. Die schwerwiegendste Anschuldigung geht angeblich davon aus, daß der größte Teil der fingierten Forderungen in Milliardenhöhe auf ausgefeilt-unübersichtliche Weise mittels Überbringerschecks, die auf nichtexistente Personen lauteten, in die Kasse der Großunternehmer geflossen sei. Auf diese Art sollen aus der offiziellen Buchführung Milliarden Lire verschwunden sein, die als Eingänge in der geheimen Buchführung der Konzerne auftauchen.

Am heftigsten hat Rendo auf diese Vorwürfe reagiert. Schon nach einem in der «Repubblica» erschienenen Intervierw, das Giorgio Bocca mit dem inzwischen ermordeten

Mafiabeauftragten, General Dalla Chiesa, geführt hatte — der Präfekt hatte darin die Überzeugung geäußert, die Verbindungen zwischen Mafia und Wirtschaft seien sehr eng und der Run der vier Großunternehmer aus Catania auf öffentliche Aufträge in Palermo sicherlich in Absprache mit der örtlichen Mafia erfolgt —, hatte Rendo protestiert. Damals (so wiederholt er später auf einer Pressekonferenz) habe er sofort an den Präfekten geschrieben und sei seines Wissens der einzige gewesen, der das getan habe: «Verehrter Herr General, ich habe niemals an öffentlichen Ausschreibungsverfahren in Palermo und Umgebung teilgenommen und kann Ihnen versichern, daß ich keinerlei Absicht habe, meine Unternehmen nach Westsizilien zu verlagern.» Dem Präfekten habe er eine umfassende Zusammenarbeit angeboten.

Rendos Sohn, Eugenio, Ritter des Großkreuzordens, der die demütigende Übergabe seines Passes an einen Gerichtsbeamten nicht verwinden kann («wie ein Mörder wird man behandelt»), folgt dem Beispiel seines Vaters und gebärt sich als unschuldig Verfolgter. «Wir zahlen die meisten Steuern auf Sizilien, letztes Jahr sieben Millionen Lire am Tag. Heute erkennen sie, daß wir in den letzten Jahren einen Riesensteuerbetrug inszeniert haben. Amen. Wir haben für den Erlaß bezahlt.» Er fordert die Behörden zur Schnelligkeit bei den Ermittlungen auf, damit die 15 000 Familien, die von den Unternehmen abhängig seien, sich keine Sorgen zu machen brauchten. Und die falschen Rechnungen? «Die Firmen, an die wir Aufträge weitergeben, machen falsche Angaben, um weniger Steuern zahlen zu müssen. Wir haben uns unsere Erfolge immer ehrlich erarbeitet.» Graci nimmt eine ähnliche Schuldzuweisung vor: «Es handelt sich um Manöver der Unterauftragnehmer, die ihre realen Gewinne verschleiern wollen.» Er befürchtet, daß diese Kampagne «sich äußerst nachteilig auf die Wirtschaft Siziliens auswirken wird».

Die Meinung, daß ein großer Schaden entstände, wenn die führenden Industriekonzerne Catanias infolge der Ermittlungen — auch nur vorübergehend — ihre Tätigkeit einstellen müßten, wird von vielen geteilt. Ein leitender Funktionär des christdemokratischen Gewerkschaftsbunds Cisl erklärt dazu: «Diese Konzerne bilden die tragende Struktur unserer Wirtschaft, sie sichern 50 % der Arbeitsplätze in der Provinz, 12000 Menschen sind bei ihnen beschäftigt. Und außerdem stellen sie jenen Teil der Wirtschaft Catanias dar, der die Krise durch Expansion über die Grenzen Siziliens hinaus unbeschadet überstanden hat. Wenn auch sie aufgeben müssen, werden wir der Unruhe in der Arbeiterschaft nicht mehr Herr.» Was die Ermittlungen angehe, «sollte die leider von fast allen Unternehmen in Italien praktizierte Steuerhinterziehung nicht mit Steuerhinterziehung in Verbindung mit dem organisierten Verbrechen auf eine Stufe gestellt werden». Das von den Vermögensüberprüfungen und Ermittlungen wegen finanzieller Unregelmäßigkeiten erregte große Aufsehen läßt indessen von Tag zu Tag mehr nach.

Keinen Ärger mit Ermittlungsbehörden hat zu dieser Zeit ein Unternehmer ganz anderen Typs. Er heißt Mario Ferrini, ist geschäftlich im Immobilienbereich und in der Freizeitindustrie tätig und betreibt den privaten Fernsehsender «Telesud», der von ihm persönlich geleitet wird. Er beherrscht lediglich sizilianischen Dialekt und kann seinen Namen nicht schreiben. Früher gehörte er einmal zur republikanischen Partei, dann vorübergehend zur sozialdemokratischen. Im Fernsehen erzählt er mit Vorliebe, wie er es gemacht hat, aus eigener Kraft reich zu werden. So zeigte er etwa einmal in einem Quizprogramm das Bild eines Jungen, der einen Korb voll Brot auf der Schulter trägt, und kommentierte: «Als ich ein Junge war, habe ich Brot an den Lido Arcobaleno gebracht, und später habe ich ihn gekauft.» Und weiter (immer in Dialekt): «Ich verstehe euch besser als andere, Leute aus Catania, weil ich gearbeitet und geschwitzt habe, genauso wie ihr arbeitet und schwitzt.» In diesem herzlich-volkstümlichen Plauderton bestreitet Ferrini sein Programm.

Als er bei den Wahlen zum Parlament kandidiert, ist er sicher, gewählt zu werden, beruhigt aber seine Zuschauer: «Ich gehe nicht nach Rom, das verspreche ich euch. Ich bleibe hier, um euch zu helfen.» Um Mitternacht hält er eine Antrittsrede und als er dann erfährt, daß nicht er, sondern der Sozialdemokrat Maldaudo aus Messina mit wenigen Stimmen Vorsprung gewählt worden ist, bekommt er einen Wutanfall, vermutet Wahlumtriebe und verlangt eine gerichtliche Überprüfung des Ergebnisses.

Analphabeten wie Ferrini gibt es in Catania nur noch recht wenige. «Der Bildungssektor bläht sich hier maßlos auf», sagt mir ein Lehrer aus der Stadt in einem Gespräch. «Die Schulpflicht wird allgemein eingehalten. Viele gehen später zur pädagogischen Hochschule oder zur Universität; wir haben eine Akademikerschwemme.» Der Frauenanteil dabei sei sehr hoch. «Endlich eine gute Nachricht», ist mein Kommentar. «Eine gute Nachricht? Das Gegenteil. Und zwar deshalb, weil es überhaupt keine staatliche Bildungsplanung gibt», belehrt mich mein Gesprächspartner. Die unglaubliche Überfüllung der Philologie- und Lehramtsstudiengänge ist ein landesweit zu beobachtendes, kein spezifisch süditalienisches Phänomen, wenn auch hier besonders stark ausgeprägt. Die Studentenzahlen in diesen Fakultäten wuchsen seit den sechziger Jahren und verstärkt nach 68 maßlos an. Ein Autoreproduktionsprozeß: Der Bildungsbereich erzeugte Akademiker, die er als Lehrkräfte wieder absorbierte. Aber weil es in einer Schule immer mehr Schüler als Lehrer gibt, war auch der Bedarf einer Schulpflicht-Gesellschaft zwangsläufig bald gedeckt. Die jetzige Aufblähung der Fakultäten für Landwirtschaft und Veterinärmedizin ist wiederum landesweit zu beobachten und liegt wiederum außerhalb jeglicher Bildungsplanung, nimmt also einen völlig willkürlichen Verlauf.

Einen Doktortitel zu besitzen war in Italien von jeher ein weitverbreiteter Wunsch, insbesondere in den am schwächsten entwickelten Landesteilen. Mit dem Titel verbanden sich eine sichere Stellung und sozialer Aufstieg. Außerdem gab es wegen des Industriemangels im Süden weniger Arbeitsmöglichkeiten und waren aufgrund des geringeren Wohlstands die

Chancen für ergeizigere unternehmerische Projekte gering. Auf dieser Grundlage hat sich eine Abneigung gegen seit Jahrhunderten tradierte Tätigkeiten in Landwirtschaft und Handwerk entwickelt, die als alarmierender Kultur- und Identitätsverlust begriffen werden muß. «Ein Möbelstück zu schreinern oder ein Pfropfreis aufzusetzen», sagt der Lehrer aus Catania, «lernt man nicht in der Schule, selbst wenn es spezielle Schulen dafür gibt. Das lernt man in der Werkstatt oder auf dem Feld. Und wenn die Alten nicht die Möglichkeit haben, den in Jahrhunderten angesammelten Erfahrungsschatz weiterzugeben, kommt es zu einem enormen Kulturverlust, genauso schlimm, als wenn man mit einem Hammer auf Michelangelos David herumschlagen würde.» Und so steht auch am Ende meiner letzten Begegnung in Catania die Sorge, was die Zukunft bringen mag.

INHALT